# 新・地域と大学

地方国立大学は「個性ある地域」を創れるか?

# はしがき

本書は、２０１６年12月に刊行した『地域と大学―地方創生・地域再生の時代を迎えて』（南方新社）の続編である。前著のはしがきに次のように書いた。

「地方から地域から、日本を変えていく。そして21世紀の日本の「あたらしい国のかたち」を創る。それが日本の喫緊の課題である」

その後5年経って、この喫緊の課題は、さらに緊急度を増している。２０１４年に始まった当時の安倍政権の「地方創生策」が、「ふるさと納税制度」以外に目立った効果が出ていないからだ。その理由は明白である。

①東京から指令される省庁縦割りの全国画一政策が、地方や地域の多様性に十分に対応できなくなった

②地方の主力産業は農・水・林業と観光業であり、中小企業が圧倒的多数を占める。経産省主導型の大企業中心・ものづくり中心の経済政策は、地方への波及効果（トリクルダウン）がほとんどなくなってきた

言い換えれば、東京から地方を画一的にコントロールできる時代が終わったということである。

いまから10年前の東日本大震災発生３カ月後の２０１１年6月22日、一般社団法人国立大学協会は「国立大学の機能強化―国民への約束」を発表した。そこにはこう書かれていた。１０００年に1回という東日本大震災の被害に日本中が茫然自失のころの発表だ。

「今、わが国が直面しているこの厳しく、困難な状況を克服して、安全かつ安心な社会を構築するために、（中略）（国立大学は）次世代を担う卓越した人材の育成を計画的に実現できる公的な教育研究組織として（中略）その機能を抜本的に強化することが不可欠です」として、以下の機能強化を掲げている。《ナショナルセンター機能の徹底的強化》《リージョナルセンター機能の抜本的強

化》《有機的な連携共同システムとしての機能強化》の3つである。
この《リージョナルセンター機能》（+有機的な連携共同システム）を、令和の今、特に期待されているのが、2016年の国立大学のミッション（使命）区分けで、《地域活性化の中核（大学）》を選択した全国55校の地方国立大学である。（序章参照）
このリージョナルセンター機能を発揮するために、地方国立大学が早急に取り組むべきことは、
①県ごとに地域の（国立大学を中心とした）全高等教育機関と地域が連携テーマの設定や費用負担を検討するための「高等教育地域連携プラットフォーム」を早急に設置すること
②県域を越えた地域活性化のための研究と教育を目指す「近隣国立大学ネットワーク」を早急に結成すること
の2つである。

一方、地域側の意識改革や具体的な行動も必要だ。国（文科省）は国立大学の独法化（2004）以降、あの手この手で地方国立大学に合理化・効率化を迫ってきた。また特別枠を設けて（短期的に成果の出やすい）プロジェクトに傾斜配分をするなど地方国立大学の尻を叩き続けている。果たしてそれは正しいやり方なのか。地方国立大学は心理的にも財政的にも追い詰められている。この窮状に地域住民は気付いていない。国立大学だからお金に困っていないだろうという思い込みが、国民にも県民にもある。

また地方の住民には政官財とともに〝地域の国立大学は、自分たちが守り、育て、尻を叩く〟という当事者意識を持ってもらいたい。地方の行政機関は中央集権に慣れきって自主自立の気概を失っている。地方の活性化のために「文理融合の知の蓄積」がある地方国立大学をフル活用しない手はない。

このまま地方の各地域が手をこまねいていると、地方国立大学はガス欠で、地域活性化の中核どころか、地方の衰退（人口減少）とともに消滅の危機すら現実味を帯びてくる。地方や地域の自治体や産業界、そして住民は、地方国立大学とともにふたたび地方（地域）が活気と輝きを取り戻す目標を共有すべきだ。

2021年10月に発足した岸田新政権は「新しい資本主義の実現」の具体策として、地方活性化に向けた基盤

づくりを掲げている。具体的には農林水産業の高付加価値化と輸出促進、家族農業や中山間地農業の持つ多面的な機能の維持である。地方国立大学の研究開発機能がますます期待される状況になってきた。

小説家の司馬遼太郎は明治維新後の日本が30年そこそこで西欧列国に肩を並べるまでに急成長した要因を、260年間の江戸時代に磨かれた日本人の「多様性」「民度の高さ」「公の精神」だと指摘している。(『明治という国家』NHK出版) 第二次世界大戦敗戦から77年が経った今、先進国の中で際立って経済が停滞して「失われた30年」とも言われる平成時代の日本は、司馬の指摘にならえば、「多様性」「民度の高さ」「公の精神」が失われたからではないだろうか。

第二次世界大戦後に世界から賞賛された日本の高度成長はこの日本人の強みである「公の精神」「民度の高さ」と、あえて「多様性」を封印して、戦後復興に国民が一丸となって成し遂げたものだった。しかし、東京に集中する政官財の統治システムは昭和時代にはすでに役割を終えて、平成時代には逆に障害にすらなっていた。

今思えばGDP世界2位の地位を人口14億人の中国に譲った2010年(平成22年)が、日本が成長社会から成熟社会へ転換するタイミングだった。しかし経済成長の旗は降ろされず、東京中心の縦割りの中央集権全国統治システムにもメスは入れられなかった。その「歪」があちこちで露見していて、先進国では日本だけが停滞と閉塞感から今も逃れられない。

そんな平成時代にずっと封印され続けてきた「多様性」と並んで日本を劣化させているのが「公の精神」の喪失である。特に日本を動かす政治家と高級官僚の「公の精神」は地に墜ちている。権力の私物化と忖度の蔓延である。かろうじて首の皮一枚、繋がっているのは「民度の高さ」だけだ。30年近く続くこの停滞と閉塞感から抜け出すには、戦後70年以上封印されてきた日本と日本人の「多様性」を再び生かすしかない。そのためには官主導、東京主導にもたれ切った「地方人の覚醒」も必要だ。自主・自立・自転の精神を取り戻す「地方の時代」がきている。地方国立大学のリージョナルセンター機能に期待が高まるゆえんである。

本書では、地方国立大学への様々な注文と期待が、多様な視点から語られている。地方国立大学の関係者だけでなく、地方の行政関係者、特に知事など幹部と議会関係者、地方の経済団体の幹部・地方金融機関の幹部、さらに基礎自治体の首長にもぜひ読んでもらいたい。
なかんずく、地方国立大学に在籍する学生・大学院生諸兄に読んでもらい、21世紀の日本を地域からつくり替える「使命感」を持ってもらえれば望外の幸せである。

コロナ後の日本が問われる令和3年暮れに

著者

新・地域と大学　地方国立大学は「個性ある地域」を創れるか？——目次

# 序章
# 地方国立大学の時代が来た！

## （1）すべては国立大学法人化から始まった

### ①2004年、国立大学は「法人化」された

国立大学の「独法化」は大学にある程度の自由裁量を認める代わりに、競争原理を導入することが目的だったが、しかし過剰な競争原理を「大学村社会」へ適用し続けた結果、大学の自治や研究の自由が脅かされる事態も生じている。地方国立大学は自己防衛に走るのではなく、法人としての自由裁量権をフル活用してもらいたい。

### ②2011年、国大協は「国立大学の機能強化」を国民に約束した

東日本大震災の3カ月後、一般社団法人国立大学協会は「国民への約束」として、3つの機能強化を掲げた。《ナショナルセンター機能の徹底的強化》《リージョナルセンター機能の抜本的強化》《有機的な連携共同システムとしての機能強化》の3点である。この時に国民に約束したことが、果たして実践されているのか、十分チェックしてもらいたい。その時の思いは以下のように書いてあった。

「私たちは、この度の東日本大震災により、自然に対する人類の知識とそれを活かす人の力はまだ不十分であることを確認させられました。（中略）このように、わが国が直面している課題は世界のすべての国の安全・安心の保障と持続可能社会構築のプロセスに直接影響する現代社会の構造的課題であります。（中略）世界各国は日本が、現下の困難をどのように克服するのか、新たな「価値社会」を構築することができるのか、固唾を呑んで見守っています」

### ③２０１３年、ＣＯＣ（Center of Community）事業がスタート

安倍前々政権の地方創生策と連動する形で、ＣＯＣプロジェクトが7年間続けられたが、その成果がどこまであったのか、冷静な評価が必要だ。その地域でしかできない研究・教育を学生や住民に示すことができたか？学生に地域に誇りと愛着を持たせる研究・教育ができたのか？またＣＯＣ＋に変更された最後の2年間は公私立大学も加えて地域の大学を束ねたプロジェクトに変えられたが、地域の大学全体の力が十分結集されたのか？

ＫＰＩとして掲げられた「卒業生の地域内就職率の向上」だったが、その成果は次に繋がるものだったか、大いに疑問である。ほとんどの大学で、「学生が地元企業のことを知らない」という結果が出たが、知っていれば地元企業に就職したのかは定かでない。

### ④２０１５年、「文系学部はいらない」論争が起こった

戦後75年、停滞の平成が終わって令和の時代が始まった今、日本は国家と地方のあり方を決める分岐点にいる。地方に分散している地方国立大学の存在意義が、厳しく問われる局面である。令和日本の行く末は、全て現場の見直しから始まる。文理融合の知識と議論と決断が必要だ。地方国立大学こそ地域に根付いた「歴史・文化・生活・産業」を文理融合で判断できる。

しかし地域と大学のすり合わせの場が多面的でなければ、地方国立大学と地域の相互発展の道筋は見えてこない。

### ⑤２０１６年、国立大学のミッション区分けが実施された

東大、京大など16校が「世界最高水準の教育研究」を、東京芸術大学、お茶の水女子大など15校が「特定の分野での世界的な教育研究」を、そして岩手大学、鹿児島大学、和歌山大学など55校が「地域活性化の中核」を選択した。

今、新型コロナ感染の蔓延で、中央政府と地方政府（都道府県）の関係はギクシャクし、多くの国民が不安と不信感を抱いた。地方の政治・経済・社会構造の早急な改革を多くの国民も地域住民も望んでいる。「地方の時代」の到来である。地方国立大学の教職員には、地域の期待に応える覚悟と行動が求められている。

2016年に「地域貢献志向」大学になることを選択した地方国立大学55校（著者作成）

| 地区 | **太字　（文理総合型・34大学）** 細字　（専門単科大学型・21校） |
|---|---|
| 北海道 | 北海道教育大学、室蘭工業大学、小樽商科大学、帯広畜産大学、旭川医科大学、北見工大学 |
| 東北 | **弘前大学**、**岩手大学**、**秋田大学**、宮城教育大学、**山形大学**、**福島大学** |
| 上信越 | **新潟大学**、長岡技術科学大学、上越教育大学、**信州大学**、**山梨大学** |
| 関東 | **宇都宮大学**、**茨城大学**、**埼玉大学**、**群馬大学**、**横浜国立大学** |
| 東海・北陸 | **静岡大学**、**三重大学**、**岐阜大学**、名古屋工大学、愛知教育大学、豊橋技術科学大学、浜松医科大学、**富山大学**、**福井大学** |
| 近畿 | **和歌山大学**、**滋賀大学**、滋賀医科大学、京都工繊大学、京都教育大学、大阪教育大学、奈良教育大学、兵庫教育大学 |
| 中国・四国 | **鳥取大学**、**島根大学**、**山口大学**、**香川大学**、**徳島大学**、鳴門教育大学、**愛媛大学**、**高知大学** |
| 九州・沖縄 | 福岡教育大学、**佐賀大学**、**長崎大学**、**大分大学**、**宮崎大学**、**熊本大学**、**鹿児島大学**、**琉球大学** |

**⑥２０１６年、地方創生系学部が新設された**

多くの大学は教員を横滑りさせたり、新規に公募したりで、苦心の跡がうかがえる。そもそも「地域創生学」という学問が体系つけられているわけではない。５年経ったが、各大学がそれぞれ試行錯誤中であろう。多くは文理融合をうたい文句にしているが、どこまで進展したか定かでない。当面の課題は「地域学」の共通化だ。高知学・栃木学・福井学・佐賀学・宮崎学・愛媛学の「共通論と各論」の共通教科書化へ挑戦してもらいたい。

**⑦２０１８年、国立大学協会が「国立大学の将来像」を公表した**

この将来像には、岡目八目的にみるといくつか疑問点もある。

○「全都道府県に少なくとも一つの国立大学を設置する」という戦後の国立大学発足時の基本原則は、教育の機会均等やわが国全体の均衡ある発展に大きく貢献して

地域創生系の新学部（著者作成）

| 年 | 大学名と新学部 |
|---|---|
| 2015 | 高知大学地域協働学部 |
| 2016 | 宇都宮大学地域デザイン科学部、福井大学国際地域学部、佐賀大学芸術地域デザイン学部、宮崎大学地域資源創生学部、愛媛大学社会共創学部 |

きたものであり、この原則は堅持する」としているが、戦後のある時期までの貢献は認めるにしても、ここ10年以上、地方の人口減少（特に18歳人口）と高齢化が著しい中で、将来に向けて「各県に少なくとも一つの大学は堅持する」という方針は国民や地域住民の理解を得られるだろうか？

○全国の国立大学が、地方自治体との緊密な連携の下に、地域の人材育成と地域の個性・特色を生かしたイノベーションの創出に貢献し、とあるが、それはどこまで実現しているのか？　大学側から自治体への働きかけが不十分なことは確かだし、自治体の側にも地域の国立大学との連携について、十分議論されているか、はなはだ疑わしい。まずは２０１８年に文科省から要請された地域連携の議論と方針決定の場、「高等教育地域連携プラットフォーム」を設置することが第一歩である

### ⑧２０１９年『２０４０年　大学よ甦れ』が刊行された

前年に刊行された『検証　国立大学法人化と大学の責任』の続編である。前著は、「国立大学独法化」が進められた当時の責任者の一人として、国の方針に歯止めをかけることができず、今日の国立大学の苦渋にみちた大学運営への道を許してしまったという、80歳を超える元地方国立大学学長３人の慚愧と悔恨の本である。

その1年足らず後に出されたこの本は、「知の拠点としての国立大学を国民の手に取り戻す道筋を探る試み」を記す本である。80代と高齢の３先生の〝このままでは国立大学の本来の機能が失われてしまう、日本は駄目になってしまう〟という危機感をなんとしても国民に伝え、具体的な行動に移さないといけない。この背景には「財界から提示された大学改革論が、官邸主導の大学改革論に取り込まれ、中教審の「答申」を通じて、今後の大学政策の中で、関連法の改正や制度改革の指針として現実化される」という強い危機感がある。「このままでは国立大学は産業界のための大学に成り下がってしまう」というものだ。地方国立大学から声を挙げ、勇気をもって動かないと日本の将来に暗い影を落とすに違いない。

**参考文献**

『２０４０年　大学よ甦れ』（田中弘允・佐藤博明・田原博人

共著／東信堂／２０１９年10月）
『「私物化」される国公立大学』（駒込武編／岩波ブックレット／２０２１・７）

## （2）地方に国立大学がある強みは、十分、発揮されているか

元和歌山大学学長で２０１５年5月～２０２０年3月まで国立大学協会専務理事を務めた山本健慈現顧問に、地方国立大学がある強みについて、経団連企業１００社以上が会員の経営倫理実践研究センター（ＢＥＲＣ）が発行する季刊『経営倫理』に寄稿をお願いしたのは２０１９年秋だった。（本章 COLUMN ①に転載）

和歌山大学一筋、38年の学究生活を続けられた山本元学長の地域に対する姿勢は明確だった。「地域の国立大学は地域の苦悩を共有すること」「中高校生を励ます地域の国立大学であること」「学生を農山村のフィールドで育てる国立大学であること」を標榜されていた。

地域に国立大学がある強みとは何か、地域の側も地域の国立大学の側もじっくり考え直す時が来ている。

**参考文献**

『地方国立大学　一学長の約束と挑戦』（山本健慈／高文研／２０１５）

## （3）地方国立大学が「地域活性化の中核」になる5つの条件

地方国立大学へ国民的関心が高まっている。２０２０年に突然、日本を急襲した新型コロナパンデミックによって、地方への国民的な関心が高まったこと、また２０１４年に始まった国の「地方創生策」がなかなか成果に結びついていないことなどがきっかけとなって、シンクタンクとしての地域の国立大学に期待が高まっているのだ。

### ①最大のミッションは「個性ある地域」を創ること

２０１１年の東日本大震災からの復興活動に地域とともに取り組んできた岩手大学は（否応なしに）地方国立大学の存在意義を考えさせられてきた大学である。その

## ▼COLUMN①
# 地方国立大学がある強み

国立大学協会専務理事・元和歌山大学学長　山本健慈
（2019年4月執筆）

### 五神東京大学総長の描く未来図

表題の「地方国立大学がある強み」は、五神真東京大学総長の近著『大学の未来地図――「知識集約型社会」を創る』（ちくま新書／2019・2）のタイトルの一つである。日本の大学のピラミッドの頂点にある東京大学総長の言に耳を傾けていただきたい。

五神氏は、次のようにいう。

「すべての都道府県に国立大学は必要か……そんな議論が時々沸き起こります」「戦後の学制改革によって、それらは（山本注：戦前の帝国大学、師範学校、高等専門学校等）4年制の「大学」へと再編されます。そして各都道府県には国立大学が最低でも1校、設置されることになりました」「私はこの決断は非常に先見性のある投資だと思っています」「ところが産業界の中には大学に対して厳しい見方をされる方もいます」「現在大学が輩出する人材と、産業界が必要とする人材にはミスマッチが生じているというのです。……そういう大学はリストラすべきだ、と」「しかし、私は知識集約型の社会において、日本全国のすべての大学は、これからの産業を創るための貴重な資源であると考えています」「例えば、北海道には北海道大学工学部に加え、室蘭工業大学、北見工業大学がありますが、これらは地域社会にとって大きなメリットがあります」

さらに当時大きな話題となった文科大臣通知「人文・社会科学系の学部・大学院についての組織の見直し」（2015年6月）について言及し、「人文・社会科学系の学問が不可欠です。これらが揃ってはじめて、新しい技術を社会に取り込み、それによって人々をより豊かにすることはできるのです」「理系、文系が揃った国立大学が、少なくとも各県に一つあることは、これからの知識集約型社会にとって重要な社会インフラであるといえるでしょう。産業界のみなさまにも、ぜひこのインフラを活用してもらい、一緒に行動していきたい」と産業界への呼びかけでこの項を閉めている。

## 国立大学協会が描く将来像

２０１８年１月、国立大学協会（国立大学86大学で構成）は、全学長の討議を踏まえて「高等教育における国立大学の将来像」を発表している。

○国立大学は、すべての都道府県に設置され、全国各地域の社会・経済・産業・文化・教育・医療・福祉の拠点として、わが国全体の均衡ある発展に貢献してきた。各地域の高等教育進学率の確保、若者の地域定着、地方自治体や地域産業界のリーダー養成などに果たしてきた役割は大きい

○今日、地方創生が国の重要課題となっているが、将来の社会の姿として想定されている超スマート社会においては、産業形態が大規模集積型から遠隔分散型へとパラダイムがシフトし、各地方に高度な教育研究機能を持つ大学が存在することの意義はますます大きくなる

山本健慈元和歌山大学学長

○全国の国立大学が、地方自治体との緊密な連携の下に、地域の人材育成と地域の個性・特色を生かしたイノベーションの創出に貢献し、地域の国公私立大学の連携の中核拠点としての役割・機能を果たすことが求められる

○国立大学全体の規模は、留学生、社会人、女子学生などを含め優れた資質・能力を有する多様な入学者の確保に努めつつ、少なくとも現状程度を維持し、特に大学院の規模は各大学の特性に応じて拡充を図るとともに、学部の規模についても、進学率が低く国立大学の占める割合が高い地域にあっては、さらに進学率が低下することのないように配慮する。全都道府県に少なくとも一つの国立大学を設置するという戦後の国立大学発足時の基本原則は、教育の機会均等やわが国全体の均衡ある発展に大きく貢献してきたものであり、この原則は堅持する

## 地域・自治体との協同への国立大学の決意

帝国大学の設立から始まる日本の大学は、その目的が国家官僚の養成など国家への貢献人材の養成であり、地域社会への貢献は顧慮されてはいなかった。戦後改革で高等教育を地域格差なく均等な機会を保障することを目的として、新制国立大学の『一大学一府県の実現を図る』（新制国立大学実施要綱／１９４８）としたものの、長く国立大学総体として地域発展への貢献ということは意識されていかなかったと思う。

特に12年６月文科省の政策「大学改革実行プラン…社会変革のエンジンとなる大学づくり…」において、「地域再生の核となる大学づくり（Center of Community）構想の推進」として、①地域と大学の連携強化、②大学の生涯学習機能の強化、③地域雇用の創造・課題解決への貢献等を明示し、13年度予算で「地（知）の拠点整備事業」（COC事業）、15年度予算からは「地（知）の拠点大学による地方創生推進事業（COC＋）」として、地域の複数大学が連携し、自治体や企業等と協働して「学生に魅力ある就職先の創出をするとともに、その地域が求める人材を養成するために必要なカリキュラムの改革を断行する大学」への支援を事業化するなかで、国立大学と地域（経済界を含む）・自治体との対話、協働は加速していると思う。

さらには文科省が、16年度からはじまる第３期６年間の目標を〈地域貢献志向〉〈特定分野志向〉〈世界卓越志向〉から選択することを国立大学に求めたなかでは、55大学が〈地域貢献志向〉を選択し、地域との対話を重ね組織の改革を行ってきている。

## 日本の学術と地域の衰退を不可逆的なものにしないために

日本の学術のすそ野を支えてきた地方国立大学は、「運営費交付金の削減により疲弊する中堅以下大学」（自民党科学技術イノベーション戦略調査会）のなかにあっても、地域の信頼に応え、時代にふさわしい新たな大学像を探求する強い意志で時代に立ち向かっている。

国立大学の経営、研究、教育の最前線の苦悩に同伴する筆者としては、読者諸賢には、今日の高等教育政策が、「財政基盤の弱い大学の存在自体を危うくし、ひいてはわが国の高等教育及び科学技術・学術研究の体制全体の衰弱化、さらには崩壊をもたらしかねない」（18年11月国大協会長声明「国立大学法人制度の本旨に則った運営費交付金の措置を！—国立大学が将来を見通した経営戦略の下に改革を実行していくために—」）事態にあることをご賢察いただき、日本社会の衰退が不可逆的なものにならないように、地方国立大学を含めた高等教育の未来発展にかかわる議論にご参加いただきたいと切に願っている。

（『経営倫理』２０１９年夏号より転載）

## ▼COLUMN② 「地方国立大学がある強み」は生かされているか？

「地方国立大学といえども、地域の信頼なくして、生き残っていけない」とは東日本大震災時の岩手大学学長故藤井克己先生の述懐である。（前著『地域と大学』第1章）

いま地方国立大学は（日本という国と並列で）歴史的な岐路に経たされている。地方国立大学が直面する財政的ひっ迫や期限付き雇用問題などより、もっと重要な日本の高等教育機関としての使命を問われているのだ。いくつかの自己チェック項目を掲げてみる。

○「個性ある地域を創る」という使命感を全教職員が共有しているか

○地域の抱える多様な課題の中から（地域と大学の連携課題を）《重点化することに価値があること》を全教職員が認識しているか

○これからの「地方活性化」は第一次産業と観光（産業）の統合であること、を全教職員が理解しているか

以上の検証とともに第7章「地方国立大学の存在意義」をテーマにした岩渕昭前岩手大学学長インタビューをぜひ読んでいただきたい。また番外編の辛口リモート座談会の発言も参考になると思う。

復興活動に最初から関与し、2016年から2020年まで5年間は学長の立場にあった岩渕明前学長は「個性ある地域をつくること」が岩手大学のミッションだと語る（第7章参照）。これこそが、地方国立大学の最大の存在意義である。これは平時にはなかなか感じられないミッションかもしれない。また思い立っても、一朝一夕に実現できる目標でもない。地方の国立大学には、地域の多くの関係者（ステークホルダー）とともに、「個性ある地域の実現（＝日本の多様性の復権）」に一日も早く取り組まないと、地方・地域はじり貧になり、国も衰退するという危機感を持ってもらいたい。

### ②早急に「高等教育地域連携プラットフォーム」を設置する

2020年10月、文部科学省は「高等教育地域連携プラットフォーム」の構築のガイドラインを地方の関係先に配布した。この地域連携プラットフォームの構想は、すでに2018年11月に中央教育審議会から提言されている。本来はCOC、COC＋事業終了後に、それぞれの県と地域の国立大学＋高等教育機関がこの事業をどう継続させるのかを決めるべきだった。それがほとんど進捗していないことに業を煮やした文部科学省は、半ば腰が引けた形で、地域の関係者に要請している。農業、観光、文化芸術、医療・福祉・介護など、幅広い分野に関連する「高等教育地域連携プラットフォーム」は地方創生・地域再生に欠かせない組織であり、手段である。一日も早く設置し、県ごとにその運営を試行錯誤で改善していけばいいのだ。県知事の決断か、地域の国立大学学長の決断か、いずれにしても焦眉の急である。岩手県と岩手大学、岩手県立大学は2021年6月7日に、正式に「いわて高等教育地域連携プラットフォーム」を立ち上げている。

### ③論文の数で地域社会は救えない

このプラットフォームを立ち上げる上で、羽田貴史広島大学・東北大学名誉教授が指摘する以下の3点が重要である。

○経済のグローバル化が進み、国民国家の機能が解体し始めると、コミュニティは不確実性を増す社会における安全弁ともなりうる（デレイネイ／2006）。日本の地方分権政策は、財源移譲が不徹底で、地域の自立

性を推進しているとは言い難いが、生産・消費・生活の基盤として、その再生が急がれなければならない

○地域社会を視野に入れるということは、論文の数を誇ったり、受賞を目的とするのではない。大学が地域に向かい合おうとすれば、日本社会が直面している問題について識見を持ち、住民自治の主体を育てること（ではなかろうか）

○**地域の抱える課題は地域の文脈に沿って多様であり、地域を活性化する特定の課題への重点化に価値があり、**多様な分野で関係をつくることだけが重要とは言えない。高等教育研究の責任は政策的に進められている連携が大状況において有効かどうかを検討することであり、アプリオリに政策を是認してそれに適合することではない

（「人口減少社会における地域連携、高等教育の役割・機能、教育学の課題を問う」「教育学の研究と実践」第15号2020年6月掲載）

**④地域社会に不可欠なファンクションは何かを見直す**

国大協のＰＲ誌『国立大学』（２０１９年12月号）に、劇作家・演出家の平田オリザさんが、地方国立大学の存在意義について、正鵠を突いた指摘をしている。「これまでの日本は何もかも「経済成長」がスケール（基準）になってきたが、芸術や文化や自然をスケールに、特に地方国立大学の「知の資産」を〝横串にして〟再編すれば、ものすごい研究・教育パワーが地方それぞれに生み出される」と。また「大学個別の経営ばかり優先するのは、部分最適が全体最適を壊す典型的な事例です。国立大学というのは、大学だけの機能ではなく、社会全体の中でそのファンクションが位置づけられるべき存在なのです」とも。

**⑤重層的な地域国立大学連携が今後の方向**

地域と国立大学による連携の新しいパターンがスタートした。２０２１年10月に創設された「北陸未来共創フォーラム」である。北陸経済連合会と富山大学・金沢大学・福井大学・北陸先端科学技術大学院大学の国立４大学が中心となり、北陸地域の持続的な活性化に向けた新たな価値の共創を目指す産学官金プラットフォームだ。業種・組織を越えた連携・交流によって「課題解決型の地域」への生まれ変わりを目指す。北陸地域には工作機

械工業・繊維産業・製薬産業・アルミニウム産業・メガネ産業など世界的競争力を有する地場産業があり、コマツ、ＹＫＫ、セーレン、津田駒工業など、有力な世界企業の拠点が多数ある。ここに地域の国立４大学がハブ役となることの意味は大きい。山崎光悦金沢大学学長（当時）は「地域にとって大学は包括的な受け皿として重要な機能を果たせる」と語る。（『中央公論』２０２２年２月号）

このフォーラムの立ち上げに先立つ２０２０年には富山・金沢・福井の３国立大学が「マルチリンク共創プラットフォーム」を創設し、各大学の強みを活かした特定分野の連携研究に取り組んでいる。

この「北陸未来共創フォーラム」は県境を越えた地方国立大学の地域連携の形としては全国のモデルケースとなり得る取り組みである。今後はこのフォーラムでの連携と並行して、３県ごとの高等教育地域連携プラットフォームの設置や、２０２２年度にスタートする金沢大学と富山大学の教員養成課程の共同運営など〝重層的な地域国立大学連携〟が進展し、新たなイノベーションの創出や国立大学経営の効率化への進展が期待される。

**北陸未来共創フォーラムの地域基盤**（著者作成）

| 項目 | 富山県 | 石川県 | 福井県 | 地域合計 |
|---|---|---|---|---|
| 人口 | 102 万 | 111 万 | 75 万 | 290 万人　（茨城県とほぼ同じ） |
| 県民幸福度（全国順位） | 2 | 4 | 1 | 特に３県共通して「教育の満足度」が高いことが強み（なお総合３位は東京都） |
| 県内 GDP（全国順位） | 31 | 29 | 42 | 計約 12 兆円は茨城県とほぼ同じ |
| 国立４大学・学生数 | 8530 | 10235 | 4575 | 23340 人　（うち大学院生 4625 人） |
| 国立４大学・教職員数 | 2231 | 2852 | 2044 | 7127 人　（うち教員 2675 人） |

※ 2021 年度県民幸福度：（生活・仕事・健康・教育・文化が基準／日本総合研究所発表）
※大学データ：2019 年度文科省

# 第1章●令和日本、いっそ、幕藩体制に！

# 1 再三の危機を乗り切った江戸時代の政治

江戸時代はおよそ２６０年間、約３０００万人がそれなりの幸せな生活を送った世界にもまれな時代だった。評論家の日下公人は『世界は3年で江戸になる』（ビジネス社刊）を２００７年に出版したが、さすがに3年ではそうはならなかった。しかしその予言は十分納得できるものだ。曰く、江戸時代の政治理念は「脱軍備、脱武器輸出、脱宗教、脱イデオロギー」「経済第一、清潔第一、勤勉第一、平和第一」だったとし、江戸時代の日本には大名が３３０人もいたが、各藩はそれぞれ独立国だが、同時にみんな一緒の日本人であるという意識を持っていたと指摘する。つまり別々でありながら、各藩は天皇や徳川将軍を上にいただく秩序に服していた、と。

なぜ、このような「江戸時代が実現したのか」、５つのポイントが重要だ。

### ① 〝創業者の精神・美しい平和な国〟が貫かれた

「厭離穢土・欣求浄土」は仏教・浄土宗の言葉で初代家康が本陣ののぼり旗に掲げた言葉。岡崎大樹寺の住職登誉から家康が説かれたものだ。厭離：穢れた、この世を嫌になり離れる事、穢土：この世を穢れた世界として厭い離れる事、欣求：よろこび求める事、浄土：こころからよろこんで浄土に往生することを願い求めること、である。〝乱れたこの世を、美しい平和の世にしたい〟という家康の願いを込めた言葉である。

### ② 「藩の多様性」によって国中が活性化した

「藩」による地域の多様性を実現させた江戸時代のニッポン。それは教育の多様性、産業の多様性、文化の多様性、人材の多様性、気質の多様性である。中でも藩独自の気質の違いは現代の「県民性」に繋がる。日本の地域の多様性は参勤交代と街道・海路の整備による「人の移動と交流」によって磨かれた。キリスト教を排除するために海外とは壁を作ったが、国内に壁はなかった。

### ③「自然との共生」が社会の価値観の根幹にあった

「士農工商」という身分制度の下で、農民は苛斂誅求に苦しんだ、という思い込みの歴史観は間違いである。江戸時代の260年は封建体制下で農業を基盤とした経済システムが機能していた。その中で、日本人に根付いた「村社会」「コミュニティ」「コモンズ」といった組織価値が形成された。一方、季節ごとの農業技術、治水技術、品種改良などが「農書」と言われる書物を通じて全国に普及し、経済運営の主役、農民の知的レベルは高かった。

### ④日本の「アイデンティティ」を形成した3極構造

政治の中心は「江戸」、権威（天皇）の中心は「京都」、商業の中心は「大坂」という3極構造が見事に分散していた。その下に、「海運」と「陸運」を担う街道や宿場が整備されていた。このヒトとモノと情報のネットワークは創業三代（家康・秀忠・家光）でほぼ完成していた。天皇を京都に残しておけば日本の統治構造はもっとバランスが取れていたはずだ。

### ⑤「命の大切さ」を浸透させた〝名君綱吉〟

犬公方として、教科書的には評判の悪い5代将軍徳川綱吉であるが、最近の研究者の評価は違ってきている。「生類憐みの令」は生きとし生けるものの命の大切さを3000万日本人に浸透させた「カンフル剤」だった、と。応仁の乱から戦国時代を経て150年続いた「人の命」を虫けらのように扱った日本人（特に武士階級）の意識を大転換させたという評価である。綱吉は学者肌の勉強家で、仏教と儒教を政治の両輪に据えた「有徳の人」だったことは案外知られていない。

**参考文献**

『最悪の将軍』（朝井まかて／集英社文庫／2019）
『貧農史観を見直す』（佐藤恒雄＋大石慎三郎／講談社現代新書／1995）
『江戸時代の設計者―異能の武将・藤堂高虎』（藤田達生／講談社現代新書／2006）
『逝きし世の面影』（渡辺京二／平凡社ライブラリー／2005）

# 2 国内の平和を260年も持続させた「江戸徳川政治」

るまで、江戸時代の基盤となる〝豊かな農村社会の原型〟がこの時期に創られたわけです」（『徳川がつくった先進国日本』文春文庫／2017／108頁）

江戸時代は「家族」を中心にした「封建小農の時代」であり、約3200万人の人口の85％が農民で、自然と共生する家族農業を基本とする「農業立国の時代」だった。開幕から約50年、1649年に幕府が発布した「慶安のお触書」の14条にはこう書いてある。「（中略）物見遊山にうつつを抜かす女房は離縁するように。たとえ顔かたちが悪くても、夫と所帯を大切にする女房を大切にするように」（『貧農史観を見直す』佐藤常男／講談社現代新書）。幕府は自然環境保護のために、新田の過剰開発を禁止し、灌漑整備などに注力したが、しばしば自然災害（火山噴火や寒冷）に悩まされた。江戸時代は自然災害との闘いの歴史でもあった。

## 現代の日本人は江戸時代から何を学ぶべきか

歴史学者の磯田道史氏は江戸徳川時代を次のように分析している。

「現代に置き換えると、右肩上がりの成長を続けた昭和はまさに「元禄」、その後のバブル崩壊後の平成の低成長時代が「宝永」にあたるといえるのではないでしょうか。宝永以後、江戸時代の人びとは与えられた資源の中で身の丈にあった豊かさを見出していく努力を続けました。そうした思考の転換を図った徳川社会に、昭和元禄を経て平成宝永を生きる現代人が学ぶことはたくさんある、と私は思うのです。この時期の江戸社会は、「量的な拡大から質的な充実へ」と価値観の大転換を図り、安定した成熟社会へと向かいました。そして、幕末に至

**「成長の時期」から「成熟の時期」を乗り切った徳川政治の260年**（著者作成）

| 50年刻みの流れ | 政治・経済・文化芸術 | 自然災害・飢饉・火事 | 人口推移 |
|---|---|---|---|
| １６００〜（徳川政治の基盤構築／家康・秀忠・家光の三代） | 幕府開幕（１６０３）<br>参勤交代（１６１７）<br>鎖国完成（１６４２）<br>国内流通網整備（海運網・五街道など陸運網） | 島原の乱（１６３７）<br>（政治の大転換に大きなインパクト） | １２２７万人<br>（開幕） |
| １６５０〜（国民の意識改革＆文化芸術隆盛・５代将軍綱吉再評価） | 綱吉（１６８０〜１７０７）<br>生類憐みの令（１６８７〜）<br>捨て子禁止令（１６９０）<br>（元禄時代：１６８８〜１７０４） | 明暦の大火<br>（１６５７／死者10万人） | １７５０万人<br>（経済成長と人口急増） |
| １７００〜（中興の祖・８代将軍吉宗の政策） | 宝永（１７０４〜１７１１）<br>吉宗改革（１７１６〜１７３６）<br>新田開発令（奨励）（１７２２〜） | 宝永地震津波・<br>富士山噴火（１７０７）<br>享保の大飢饉（１７３０） | ３１２８万人 |
| １７５０〜（人口抑制と災害と社会福祉政策） | 享保政治改、郷蔵※・囲籾令（１７８９）<br>※「郷蔵」：年貢米を上納するため貯蔵し、凶作に備えて穀類を保存した共同倉庫 | 浅間山爆発（１７８３）、<br>天明大飢饉（１７８３・８７）<br>約92万人？餓死 | ３１００万人<br>（人口抑制策） |
| １８００〜（藩財政破綻と鎖国政策限界へ） | 異国船打払令（１８２５）<br>フェートン号事件、シーボルト事件、<br>伊能忠敬（日本全図）、安藤広重<br>（東海道五十三次絵）、葛飾北斎（富岳三十六景） | 天保の飢饉（１８３０） | ３０７０万人 |
| １８５０〜（殖産興業・富国強兵へ邁進） | ペリー来航（１８５３）<br>大政奉還（１８６７）<br>藩閥政治、西南戦争・日清戦争・日露戦争 | | ３０５４万人<br>（明治５年） |

# 3「地方創生、いっそ幕藩体制に」

## ――藤田一知南日本新聞社論説委員長に聞く

政府が「地方創生」を重要施策に掲げて丸7年が経過した。しかしその成果は目に見える形になっていない。鹿児島県の地元紙、南日本新聞の藤田一知論説委員長は、『文藝春秋』2018年10月号の全国の地方紙論説委員長に聞く、特集「安倍総理に直言する」に〝いっそ幕藩体制に〟を寄稿した。その真意と鹿児島県の地方創生について聞いた。（2020年4月15日インタビュー）

〝いっそ幕藩体制に〟

（「安倍首相に直言する」文藝春秋／2018年10月号投稿文）

地方創生のお題目をしばらく聞かなくなった。森友・加計学園問題の対応に追われ、熱気は冷めてしまったのか。東京五輪もある。ところが、自民党総裁選挙が近づき、再び地方創生が語られる。これまでも統一地方選や国政選挙のたびに有権者の心をくすぐってきた言葉である。安倍政権が看板政策として地方創生を打ち出してから約4年になるが、鹿児島県の地元経済界は景気回復の実感がないと口をそろえる。人口減少にも歯止めがかからない。

鹿児島県の人口はこの4年間、毎年1万人以上減少している。地域の中核を担うべき学校や郵便局、スーパーが次々と消え、高齢者だけが取り残されて過疎化に拍車がかかる。多くの地方でそんな悪循環が続いている。

新たな交付金制度も創設された。平たく言えば、本気でやる気があると認めた自治体だけに財政支援するという制度だ。地方が競い合うのは大いに結構だが、やる気と知恵を引き出したいなら、いっそ幕藩体制を見習うのも一考に値する。

江戸時代、幕府は各藩に石高に見合う奉公を課した。薩摩藩は江戸城の修築や木曽三川の治水工事に従事し、膨大な借金を抱えた。そこで薩摩藩は奄美の黒砂糖専売化や、琉球王国を隠れみのにした密貿易などで懐事情を改善した。菜種やタバコ、かつお節なども作って売りさばき、金庫を潤していった。褒められる政策だけではないが、自らの手で藩財政を立て直そうと必死になったのだ。その結果、産業が発達し有力な商人も育った。

安倍晋三首相は鹿児島で総裁選立候補を正式に表明した。本気で日本を変える、地方を変えるというのなら、まずは中央集権国家から脱して、自治体が自らの責任で自立できる国造りを進めてもらいたい。

薩摩藩は蓄えた富などを原動力に、長州藩とともに討幕を主導し明治維新の立役者になっていく。

## 〝経済成長〟だけでは再生できない地方

――文藝春秋の特集では、地方紙の論説委員長のうち、わずかに14人しか、「直言」していませんでしたが、私がもっとも共感したのがわが鹿児島県の南日本新聞だったことは偶然とは思えませんでした。あれから1年半経ちましたが、政府の地方創生の動きは？

何も変わっていないというのが実感です。2月末に安倍晋三首相は新型コロナウイルスの感染拡大で全国の小中学校、高校などに臨時休校するよう要請しました。子供の健康を第一に考えた措置とはいえ、急な要請に現場は混乱しました。都道府県によっては感染が広がっていない地域もあるのに、なぜ一斉なのか。本来は各自治体の教育委員会に判断を任せるべきでしょう。鹿児島県内の学校も時期は異なりましたが、休校になりました。政府は要請だから従わなくてもいいですよ、と言うかもしれません。しかし従わざるを得ないのが、国と地方の今の関係です。地方創生には実効性ある国の政策が必要なことはもちろんですが、地方自治体にも国にモノ申す覚悟が欠かせないと思います。

――にもかかわらず、国は相変わらず「経済成長」を旗印に掲げています。地方にとって経済成長戦略はどう映っているのですか

アベノミクスの効果で輸

**藤田一知《ふじたかずとも》**

昭和37年10月3日生まれ　鹿児島市出身、早稲田大学卒

1986年7月　南日本新聞社入社
2000年4月　東京支社報道部
2002年4月　編集局政経部副部長
2004年4月　大島支社長（現奄美総局）
2007年4月　論説委員会委員
2010年4月　政経部長
2013年4月　報道本部長
2016年4月　編集本部長
2018年4月　論説委員会委員長

出産業を中心に企業業績は改善しました。高い内閣支持率はこうした好調な経済に支えられている感があります。ただ、消費力低下や地域経済縮小といった構造的な問題には対応できていません。特に地方ではそれらの効果は限定的で、景気回復が戦後最長になった可能性があると言われても実感が伴わないのが現実です。

消費が伸びない理由の一つは持続可能な社会保障制度が確立されていないからです。老後への不安から節約志向が強まり、消費拡大につながっていない。地域経済も何とかやりくりしていますが、規模が縮小していることが否めません。

有効求人倍率は地方でも高水準で推移しています。鹿児島県の2019年平均は前年比0・04ポイント増の1・35倍。全国平均は下回るものの、1963年の統計開始以来、最高になっています。

数字だけを見ると、地方にも経済成長の波が来ているように見えます。しかし、実際には東京の好景気が呼び水となって、さらに一極集中が進み、地方から人口が流出した結果、人手不足が進んでいることが背景にあります。人手不足が深刻化し忙しくなるばかりで可処分所得は上がらない。こうした現状が好景気を実感できない理由ではないでしょうか。大企業が潤えば中小企業や地方に波及するという（かつて政府が喧伝した）「トリクルダウン」は働いていません。

**――小泉・竹中改革以来、新自由主義によるアメリカ流の競争至上主義が国の根本政策になっていますが、地方からはどう見えるのですか**

政府は（経済成長の牽引車として）日本の大企業、特に製造業を中心とするグローバル企業に焦点を当ててきました。トヨタなどのグローバル企業が国際競争力をつけて稼げば、日本経済にプラスではありますが、日本経済全体を浮揚させることには直接つながらない時代になっているのではないでしょうか。

一方で地方の経済はほとんどが中小企業なのでバブルの恩恵があまりなかった代わりに、バブルが崩壊しても大きなダメージにはならなかった。そもそも世界と戦う大企業とは土俵が違います。地方の小売業や観光、教育には限られた選択肢しかないために競争原理が働かず、そこへ県外大手の大規模商業施設などが続々と進出し、地元商店街は打撃を受けて経営が行き詰まり、シャッター通りを生んできました。このことが都市と地方の格差を広げた大きな要因のひとつです。

**――すでに10年近くを経過した「国の地方創生策」の成果は上がっているのですか**

安倍内閣の地方創生関連施策の5カ年計画「まち・ひと・しごと創生総合戦略」は2019年度が最終年次でした。総合戦略を大まかに言えば、農林水産業や観光業を活性化させ、若者の雇用を増やし定着させようというのが柱です。地方へ移住する若者には支援金も出す。大学関係では東京23区の新増設抑制や地方大学振興の交付金制度も創設しました。

たとえ選挙目当てであっても、地方に対して手厚く配慮するのは評価できますが、残念ながら、その効果が上がっているとは言い難いのが現状です。

**――ますます深刻な地方の人口減少に対する地方自治体の対策は**

鹿児島県の人口は毎年およそ1万人ずつ減っています。2019年の転出超過は4105人でした。人口の流出に歯止めがかかりません。全国的に見ても、東京圏（埼玉、千葉、東京、神奈川）は転入者が転出者を15万人近く上回っていますが、8割以上の都道府県は「転出超過」で、東京一極集中が進んでいます。

一年延期されましたが、東京オリンピック・パラリンピックに合わせ、東京のインフラ整備はさらに加速し、働き手は賃金の高い首都圏などの都会へどんどん流れています。政府は地方創生に躍起になっているようにも見えますが、どこまで本気なのか疑問です。もし、本気で地方を活性化しようと考えているなら、地方に本社機能を移す企業の税負担を軽くするといった「アメ」よりも、本社機能（あるいは工場）を地方に移さない企業にはペナルティーを課すぐらいの「ムチ」があってもいいのでは……。

**――鹿児島県の産業界は国の地方創生策に、何を一番、期待しているのですか**

とにかく優秀な若者、人材が地元に帰ってくる政策を期待しています。大学進学でいったん郷里を離れるのは視野を広げ、人間の幅を広げる上でもいいことだと思います。だからこそ、卒業後に帰ってきてもらえる受け皿をつくらなければいけません。

大学で学んだことを生かせる場、つまり最先端技術を持った企業がなければ、たとえ故郷であろうと、就職先としての選択肢になりません。

**――鹿児島在住の知人に聞いたら「優秀な学生が鹿児島に残らないのは東京や大阪に比べて賃金が低いから」と言っていましたが**

たしかに若者の定着を図るには賃金や福利厚生も重要です。九州経済同友会が2018年6月に、人口減少・少子化対策について、出生率向上には若者の経済的安定が不可欠だとして「25歳～34歳の正規雇用比率を現在の60%台から80%台に高める」目標を掲げています。若者の地元定着の対策も重要ですが、若い人だけでなく、キャリアを積んだ人材にも帰ってきてもらいたいです。実際、50歳前後で大都市の会社を辞めてUターンしている知人もいます。親の介護などやむを得ない事情もあるようですが、高校や大学を卒業して30年近く都会で働けば本当は故郷に帰りたくなるはずです。都会には都会の魅力がありますが、都会にはない地方の魅力をつくっていくことにももっと真剣に取り組むべきです。

**――地方創生には地方金融機関の役割が大きいのでは**

地元金融機関にとって地元の衰退は金融機関自体の衰退につながります。なので、お互いに発展できる道を探っていかなければなりません。いずれの金融機関も金利では競争できず、地元中小の衰退、廃業すれば融資先を失うといった危機感が感じられます。こうした形で企業を支援し、地域活性化につなげていくのが、今後の金融機関の役割であり生き残り策でもあると思います。

**――ふるさと納税は東京都など大都市から地方への税源移譲の一つですが、今後どうすべきでしょうか**

私もここ数年、ふるさと納税をしています。赴任したことのある自治体や子供が通っている大学のある自治体など縁があるところに寄付しています。いろいろな特産品が返礼品として届きます。寄付を受けた自治体は税収だけでなく、PRにもつながる効果があります。

**――自治体が自らの責任で自立できる「地域づくり」を進める具体的な手法はイメージできますか**

実質的に地方自治体の財布を握っているのは国ですから、逆らえないのが中央集権国家です。地方のやる気と知恵を引き出したいなら、自由にやらせればいいのです。知恵を出した自治体が勝ち組になれる仕組みこそ健全な地方分権国家ではないでしょうか。

## 江戸時代に倣う地方分権の形

——地方が自由に判断できるための具体的なイメージはありますか

いっそ江戸時代の幕藩体制を見ならうのも一考に値するのではないか、と思います。江戸時代、幕府は各藩に石高に見合う奉公を課しました。薩摩藩には江戸城の修築や木曽三川の治水工事が課せられ、薩摩藩は人材の喪失という大きな犠牲とともに膨大な借金を抱えました。そこで薩摩藩は奄美の黒砂糖専売化や、琉球王国を隠れみのにした密貿易などで懐事情を改善しました。菜種やタバコ、かつお節なども作って販路を広げ、金庫を潤していきました。今でいう特産品を作り出し、売りさばいていったのです。贋金までつくるなど褒められる政策だけではありませんでしたが、自らの手で藩財政を立て直そうと必死になったのです。

その結果、産業が発達し有力な商人も育ちました。江戸時代の先人の気概を思い出して、国への依存心をなくし、自尊心を持って自治体の運営に当たる覚悟が今こそ求められるのではないでしょうか。

——覚悟と自尊心をもって取り組んでいる自治体はありますか

肝付町は高齢者らが自由に移動できる仕組みづくりとして、人工知能（AI）で配車を管理する乗り合いタクシー導入を目指して実証実験に取り組むほか、鹿児島銀行と日本政策投資銀行とも連携協定を結び、ロケット基地のある町の特色を生かそうと、民間の宇宙関連産業の誘致にも力を入れています。

また大崎町は一般廃棄物のリサイクル率日本一が10年以上続いています。町に一般ごみ焼却施設がないため、埋め立て処分場を延命化する目的で、それぞれ27品目の分別により資源化を進めています。持続可能なリサイクル事業運営に加えて、高齢者の安否確認をしたり、定住外国人に分別方法をわかりやすく教えたりするなど、ごみを通したコミュニケーションで多文化共生社会を形成し、インドネシアのごみ減量化支援にも関わっています。こうした取り組みが町民らの暮らしに変化を与え、自信にもつながっていくのではないでしょうか。（本章COLUMN②参照）

**――今年度から米政権との実質FTA交渉が始まります。2018年末にはTPPが発効、日本の農畜産水産業界に与える影響は多大だと予想されます。農業県、鹿児島から見た国の農政の評価は**

政府は日欧EPAによる国内の農業生産額への影響を、最大で年1100億円減少、TPPで年1500億円減少すると試算しています。だが、実際はもっと影響が大きいのではないでしょうか。足腰の強い農業へ国内の生産基盤の強化を進める必要があります。

一方で、巨大な自由経済圏ができることで輸出拡大のチャンスとの期待もあります。たとえば和食ブームで海外での人気が高まっている和牛やしょうゆ、緑茶、水産物などの市場拡大です。鹿児島県内でも欧州市場を見据え現地法人を設けて需要拡大を図る茶製造販売業者や、EU向け輸出の増加を見込んで加工場の整備を検討する漁協などの対応が始まっています。

**――その荒波に取り込まれる不安もあるのでは**

自由化は時代の流れと受け止める農家も少なくありません。県も「稼げる農林水産業」を掲げて予算を確保し、県の基幹産業として力を入れています。課題は中小規模の農家をどう支えていくかです。農商工が連携して6次産業化を進め、ブランド力のアップを図るなど付加価値を高めることも欠かせません。中小の農家にとって事業継承も大きな課題です。後継者をどう育成していくか。鹿児島は以前から日本の食糧基地を掲げてきました。県の将来像を描くとき、農業で稼ぎ自立できる県を目指すべきだと思います。

## 地方紙が真価を発揮すべき「地方創生」

**――地方の衰退、特に人口減少や高齢化は、地方紙にとっても死活問題かと思いますが**

部数減をどう食い止めていくかは地方紙に限らず全国の新聞社に共通する課題です。人口減少も原因でしょうが、スマートフォンなどネット媒体の普及が大きな原因だと思います。そのため、新聞に親しんでもらおうと、各紙はさまざまな取り組みをしています。本紙は「NIE（Newspaper In Education＝教育に新聞を）の一環で『よむのび教室』を開いています。「読む子は伸びる」の略で、小中高生やPTA、高齢者クラブ、地域サークルを

## ▼COLUMN ③ リサイクルの町から、世界の未来を作る町へ

鹿児島県大崎町長　東　靖弘

### 鹿児島県曽於郡大崎町とは

大崎町は県東部に広がる大隅半島のほぼ中央部に位置し、志布志湾に面した人口1万2千人の農業を基幹産業とした町です。

年間を通して温暖な気候と町の約4割を占める広大な農地を背景として、さつまいも・大根・キャベツなどの野菜や牛・豚・鶏など、農畜産物の生産が盛んです。また、ウナギの稚魚（シラス）がよく獲れ、火山灰大地のミネラルを豊富に含んだ地下水にも恵まれ、ウナギ養殖に最適な条件が揃っていて、国産ウナギの40%を占める生産量日本一の町でもあります。

このように豊富な食材を中心とした「返礼品」が全国から注目され、2015年度にはふるさと納税で27億円を集め、全国の自治体中第4位、町村では第1位になりました。本年度までの累計額は約200億円を突破し、3割程度が貴重な財源として、高校生までの医療費無料化、小中学校での学校給食費半額補助などに活用されています。本町は一般会計予算が平均60億円程度の自治体なので、この納税額が本町に与えたインパクトは大きいものがありました。また財政上のメリットだけでなく、商圏が地元に限られていた「町内の小規模事業者」が全国を対象に商品開発を進め、さらに事業者が共同で商品開発を行うなど、町内の小規模事業者の意欲が引き出される効果もありました。

大崎町の航空写真

### 第2回ジャパンSDGsアワード受賞

2018年12月21日、大崎町は「持続可能な開発目標（SDGs）推進本部（本部長内閣総理大臣）」が創設した第2回「ジャパンSDGsアワード」にて、リサ

イクル事業を中心とした経済面、社会面、環境面からの統合的な国内外での持続的な取り組みが評価され、副本部長（内閣官房長官）賞を受賞いたしました。

大崎町は住民・企業・行政の三者連携により、焼却に頼らない27品目分別による一般廃棄物の持続可能なリサイクル事業経営に加えて、ごみステーションでの分別時における安否確認等を通じた「高齢者の安否確認」や人口の約２％（２５０人）を占める外国人技能実習生との「多文化共生コミュニティ形成」、ＪＩＣＡ草の根技術交流事業によるリサイクルの概念を活用した「環境・グローバル人材育成事業」を実施しています。

東靖弘大崎町長

これらの取り組みをＳＤＧｓの各ゴールおよび経済面、社会面、環境面から「誰一人取り残さない」社会の実現という視点で、改めて捉えなおし、地域の循環共生圏創造を目指す考えが評価され、応募団体２５０のうち、唯一の自治体による受賞となりました。この受賞を機に「ＳＤＧｓ推進宣言」「ＳＤＧｓ条例」も制定しました。

### 資源リサイクル率14年連続日本一

大崎町にはもともと焼却炉がなく、すべてのゴミが埋め立て処分されていました。現在の埋め立て処分場は１９９０年に供用開始され２００４年までの15年間で一杯になる計画でありましたが、増え続けるゴミにより、この埋め立て処分場の残余年数が逼迫したことから廃棄物処理方式の検討を始めました。第一の選択肢として焼却炉の建設を検討しましたが、莫大なランニングコストがかかり、本町の財政状況では困難であるとの理由で断念しました。第二の選択肢として新しい埋立処分場の建設を検討しましたが、現在利用中の埋立処分場を建設する際にも地元住民による反対運動があり、新たな埋立処分場候補地でも住民の反対が予想されることなどから断念しました。そこで第三の選択肢として、焼却に頼らない徹底した分別による再資源化及び埋め立て廃棄物の減量化を進めることにしたのです。こうして1998年の缶・ビン・ペットボトルの3品目分別からはじめて、その後、順次、分別品目を拡大し、現在の27品目分別にまで至ったわけです。

その結果、家庭から排出される廃棄物の約80％を超える再資源化を達成し、環境省が発表する一般廃棄物処理実態調査において資源リサイクル率日本一を13回達成しています。経費的にも一人あたりのゴミ処理経費が全国平均（約15000円）の約3分の2程度で済んでおり、その浮いた経費を教育や福祉など、他分野へ投資できております。

**多文化共生への取り組み**

大崎町には300人を超える外国人が居住しており、そのほとんどがアジア各国からの外国人技能実習生です。その国籍は約半数がベトナム人ですが、フィリピン、中国などアジアの数カ国に及んでおり、大崎町の基幹産業である農業および食品加工業の貴重な担い手となっています。一方、前述の資源リサイクルの取り組み等については、言葉の壁もあり、地域住民とのトラブルも少なからず発生していました。そこで地域住民が主体となり、外国人と共生できる地域づくりを目指して、住民、町、企業でつくる「多文化共生環境安全連絡会議」を立ち上げ、技能実習生と地域の関係づくりに注力しています。この会議の活動によって、外国人に選ばれる大崎町を目指します。

ベトナム人技能実習生の着付け教室の記念写真

対象に、本紙社員が新聞の読み方や学習への活用法を分かりやすく解説します。また、2018年夏に「高校生新聞RAP甲子園2018」を鹿児島市で開きました。県内の高校生12組が新聞を読んで感じたことや考えたことを乗りのいいラップに体を揺らしながら表現した。「新聞は新しい」という感想もあったそうで、若者が新聞を手に取るようになってほしいですね。

**——若者以外の取り組みは**

2018年春から、企業や自治体職員、学生らにビジネスへの新聞活用法を紹介する「NIB」の「新聞活用ビジネス講座」を始めています。「NIB」は「Newspaper In Business（ビジネスに新聞を）」の略で、身近で確かなニュースを掲載する新聞を活用することで、情報収集能力や企画力、コミュニケーション能力など〝社会人力〟を高めてもらうのが狙いです。講座では、記者経験のあるデスクや担当者が、効率よく新聞を読むコツや地元ニュースの解説、メディアが注目するプレスリリースの書き方などを分かりやすく紹介しています。

**——地方紙の情報ネットワークと情報分析力は地域課題の設定と提案力で地域再生、地域活性化の鍵を握る存在だと思うのですが**

南日本新聞社は県内に19の総局・支局があり、東京、大阪、福岡、宮崎にも支社局を置いています。そのネットワークが一番の武器だと認識しています。一人ひとりの記者が日々、地域の話題を追いかけて、地域の活性化に取り組んでいる人々を取り上げています。取り上げられることで自信を深め、より一層奮起してもらえればうれしいですし、他の地域の人々の参考にもなっていると思います。

一方、現場にいるからこそ疑問を肌で感じ、課題に気づくこともあります。東京、あるいは鹿児島市で暮らしていては分からない、地方ならではの悩みもあります。課題や悩みが少しずつでも解消に向かうように、専門家らの意見を交えながら記事にし、解決策を提案するよう常に心掛けています。新聞記事がきっかけとなって行政などを動かすことも確かにあります。

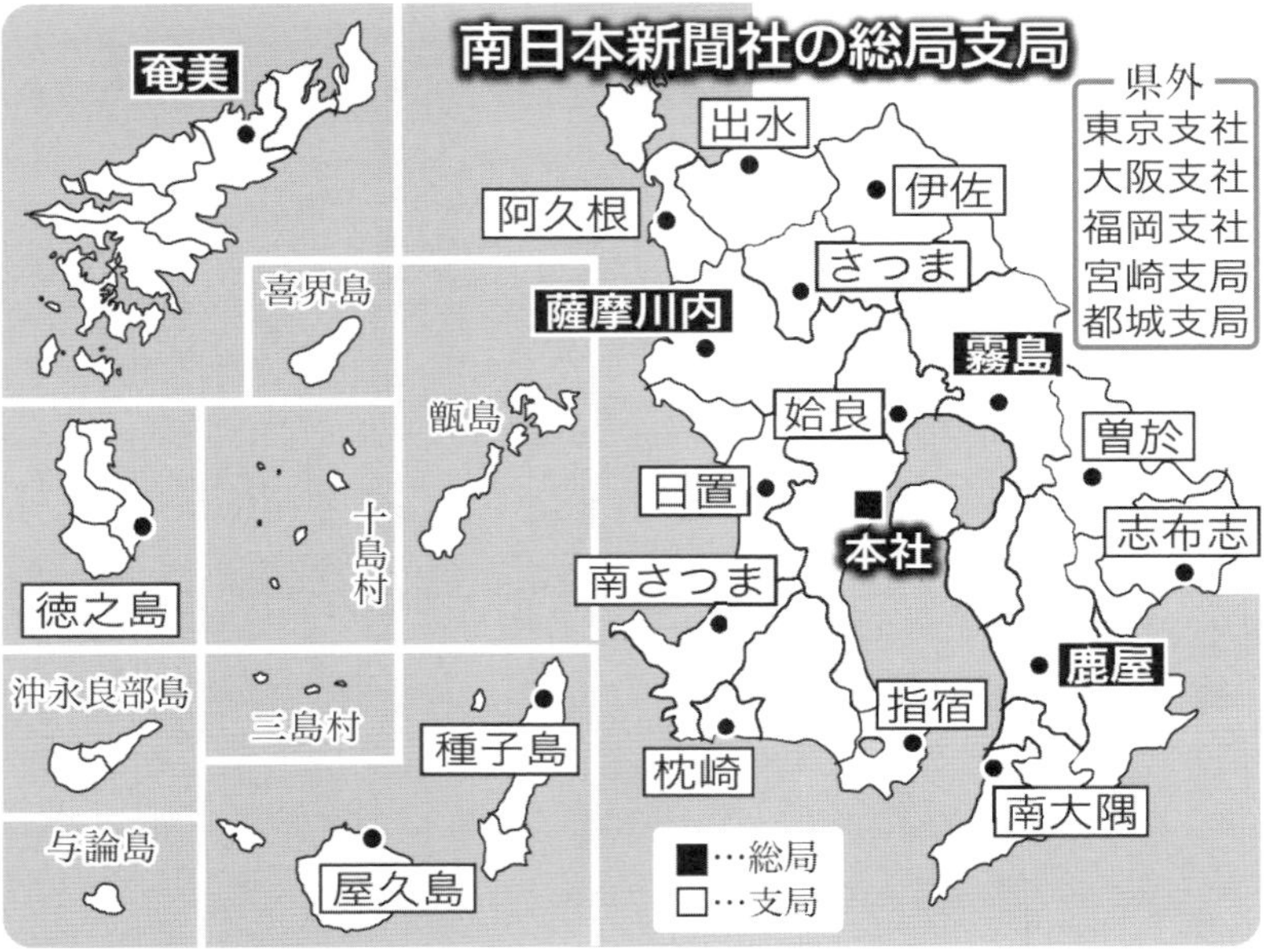


**南日本新聞の支局網**（南日本新聞社提供）

**——地方紙の「論説」で心がけていることは**

社説は政治、経済、社会、国際など幅広いテーマを題材にしていますが、県内の出来事もできるだけ取り上げるようにしています。社説を読んだ読者が膝を打って共感するようなものを書こうと心掛けていますし、国会がテーマであっても常に《地方からの視点》を意識して書くようにしています。

**——《地方からの視点》とは**

県民の意識を大事にするということです。問題点や論点を明示しながら、どうしたら鹿児島県がよりよい県になるのか、温暖な気候や自然の豊かさ、温泉、食材、明治維新などの歴史、鹿児島が今後飛躍できる潜在的な資源は多いと思います。それをどう生かしていくかなど読者とともに考えていきたいと思っています。

**——同じ課題を抱えた全国の地方紙が共同企画を強力に推進したら、国を動かせるのでは**

南日本新聞、琉球新報、高知新聞の3社で1991年4月から約1年間、合同企画「われら黒潮民族」を連載しました。鹿児島、沖縄、高知の3県の地方紙が取材班を組み、黒潮を多角的に取材。黒潮文化圏の構築、相互協力などをめざして、地方からの情報発信を試みました。また、静岡新聞社とは合同企画「平成茶考」に取り組みましたし、ウナギ養殖産地である静岡新聞社と宮崎日日新聞社とは合同企画「ウナギＮＯＷ」を連載しました。

**――全国の地方テレビ局、ケーブルテレビ局が「地方の時代、映像祭」をやっています。南日本新聞は地元のテレビメディアと連携した番組制作やイベントをやっていますか**

南日本放送（ＭＢＣ）とは新幹線全線開業時に共同企画に取り組みました。また奄美復帰60年に合わせ、合同でシンポジウムも開きました。

いずれの企画も新聞とテレビという2つの媒体を通じて読者と視聴者双方にアピールし、県民の関心を高める狙いがありました。どの程度効果があったのか測ることはできませんが、テレビ局と新聞社がタッグを組むことで訴求力が高まったと思います。

## 日本屈指の離島県の責任

**――鹿児島県は日本屈指の離島人口を抱える県です。離島の活性化について国や離島に期待することは**

徳之島・伊仙町は合計特殊出生率2・81の日本一を達成し、長寿世界一を2人も輩出しています。町内には25の集落があり、8小学校と3中学校がありますが、この5年間ですべての学校で児童生徒数が増えているそうです。その結果、伝統文化が復活、町民が自信と誇りを持つようになったといいます。「集中から分散」を掲げ、医療やケアシステムを充実させ、一つひとつの集落を大事にしている成果でしょう。「敬老祝い金」を「出産祝い金」に転換した時も、初めは難色を示していた高齢者が「孫のために」ということで納得してくれたという話も聞きました。

離島に限らず鹿児島には地域の食文化や祭り、伝統芸能などの無形資産がたくさんあります。「集中から分散へ」という考え方は地域の伝統文化を守り、人々の真の幸福を追求する上で今後、ますます重要になってくると思います。無形資産を大いに活用してこそ、飛躍の原動力になるのではないでしょうか。

**――南日本新聞の離島の情報収集、情報発信の体制は**

奄美群島は奄美総局2人と徳之島支局1人の記者でカバーし、その他の島には協力員を配置して情報を収集しています。また、種子島と屋久島にも支局があります。世界自然遺産のほか、安全保障に関わる問題など離島にはさまざまな課題がありますが、残念ながら県本土の人々の関心は必ずしも高くありません。県民一人ひとりの関心を高め、離島住民とともに考えるきっかけとなる紙面作りを心掛けています。

――人口減少が著しい熊毛・奄美諸島の経済的な仕組みの将来は

奄美群島振興開発特別措置法（奄振法）が２０１５年度に延長された際、自立的発展を促すため、奄振交付金が創設されました。地元裁量で活用できる交付金です。奄美で大きなネックとなっていた農産物の輸送費が全額補助され、特に恩恵を受けたのはバレイショ。１kg10円の輸送費が浮き、その分、肥料購入や病害虫対策に手が回るようになり、農家の意欲も高まってきたといいます。２０１９年度からは農産物以外に加工品も対象になり、黒糖焼酎の業界には期待が高まっています。こうした自由裁量で使える交付金は島の経済のメリットになるのは間違いありません。しかし、次の奄振法の延長期限である２０２３年度末までに具体的な結果を残し、交付金なしでも利益があがるよう足腰を鍛えていかなければなりません。奄美の人口は減少が続いています。これまでのように奄振に頼っていては自立への道は遠くなるばかりです。

――その島民の自立の手助けになる仕組みや人材、そしてサポート体制はできているのでしょうか

奄振交付金によって、いくらか光が当たった面はあるようですが、いつまでも制度が続くわけではありません。奄美にはいったん島外へ出てUターンしている人も大勢います。そうした有為な人材を今後どう支え、島の発展につなげていくのかが大きなテーマだと思います。奄美や種子島・屋久島には、本来有るべき大学がありません。現時点では鹿児島大学を中心とした本土の大学がもっと積極的に関わり、サポート体制を構築していくべきだと思います。

## 地方から日本を創り直す

――50年後、１００年後の日本のビジョンは示されていません。地方紙が連携して、それぞれの地方のビジョンを県民を

**日本の主な離島都県**（著者作成）

| | 離島数 | 有人島 | 主な離島 | 特色 |
|---|---|---|---|---|
| 長崎県 | 971 | 59 | 対馬、壱岐、五島列島、平戸島 | 世界文化遺産、漁業、韓国航路 |
| 鹿児島県 | 605 | 27 | 種子島･屋久島、奄美群島、トカラ列島 | 黒潮文化、世界自然遺産、火山島 |
| 北海道 | 509 | 6 | 国後島、択捉島、利尻島、奥尻島 | 北方領土、水産業、観光 |
| 沖縄県 | 363 | 40 | 沖縄本島、宮古島、石垣島、西表島 | 米軍基地、観光産業、琉球文化、亜熱帯気候、世界自然遺産 |
| 東京都 | 330 | 13 | 伊豆群島、小笠原諸島 | 観光、火山島、世界自然遺産 |

**巻き込んで作成し、国民全体に訴えてみてはどうでしょうか**

東京支社に赴任して国の予算案を取材する機会がありました。そのときに感じたのは霞が関には鹿児島県の実情が伝わっていないということです。たとえば、鹿児島湾の埋め立て工事です。県民には海を埋め立てることにアレルギーがあると感じていましたが、霞が関の役人は鹿児島の埋め立て地はどこも有効に使われていると認識しているように見えました。（代議士からの情報など）一部の声しか伝わらないので、それが実情だと捉えているのだと思いましたが、それでは鹿児島のためになるどころか、県民が望まない方向へ事が進んでいくこともあります。

**——だからこそ地方紙が各地方の共通課題を連携して提起すれば国も霞が関も動かざるを得なくなるのでは**

たしかに地方紙が連携すれば、どこの地方も同じような問題を抱えていることを読者だけではなく霞が関にも伝えられるかもしれません。各県民同士のネットワークができれば、問題解決の糸口を探ることも可能になるし、地方の声が大きな力になって国を動かすことができるのではないでしょうか。子や孫の世代に、どういった故郷を残したいのか。県民とともに考える紙面づくりができればいいと思っています。

**——いま言われた「子や孫に、どういった故郷を残したいのか」を活発に議論し、共有して決めることが喫緊の課題です。地方紙の役割が大きいのでは**

東京で決めることが日本の将来ではないことが次第に明確になってきました。中央集権の行き詰まりの象徴です。それをいま故郷に居る人だけでなく、東京や世界中に散らばった出身者が、故郷の将来を真剣に考えるときが来ていると思います。

――その点で、唯一沖縄県の人たちは、それを実践している（ウチナンチュー世界大会など）ので、アイデンティティが明確です

気候風土や歴史文化といった日本の多様性は戦後の高度成長の過程で、見事に破壊されてしまいました。これをもう一度、戻すべきものは何なのかをみんなで議論して、戻すべきところへ戻すことが地方創生の正しい道ではないでしょうか。その意味で〝いっそ幕藩体制に〟と申し上げたわけです。

# 第2章●そして、令和日本がスタートした

# 1　30年後の日本が、令和の日本人に突きつけている難題

## ①人口減少と高齢化の深刻さ（＋3大都市圏への人口集中のリスク）

明治時代のスタートの人口は約3300万人（1868）、第二次世界大戦敗戦時（1945）の人口は約7200万人、そして戦後の人口のピークは2004年の1億2784万人、その後の日本は人口減少・高齢化率上昇トレンドに入っている。《国土審議会・平成23年2月》のレポートでは、30年後の2050年の人口は9500万人（高齢化率39・6％）と予測されている。WHOのデータで日本の寿命は84・3歳で世界一（2位スイス）、中間年齢も45・9歳で世界一（2位ドイツ）、すでに世界一の高齢国だ。新型コロナパンデミックを奇貨として人口の地方分散に本気で取り組まないと3大都市圏は高齢者対応でやがて身動きが取れなくなる。特に首都圏の自然災害リスク（首都直下地震・富士山噴火）は看過できない。

## ②国民の「幸福度」、世界56位の衝撃

日本は第二次世界大戦の敗戦後に、焼け野原から世界が驚嘆する経済成長を実現させた。その象徴が1964年の東京オリンピック＋東海道新幹線の開通だった。アメリカの経済学者エズラヴォーゲルが「ジャパンアズ№1」（1979・昭和54）と賞賛したころ。国民は「1億総中流」という意識に満足しきっていた。それから約30年経って、日本の国際的地位は大きく地盤沈下した。（1980年世界GDPの9・8％→2019年、5・8％へ）国民の所得は30年間ほぼ横ばい、国連の持続可能な開発ソリューションネットワーク（SDSN）が発表した2021年度ランキングで日本の幸福度は世界56位と悲惨である。

### わが国における総人口の長期的推移

○ 我が国の総人口は、2004年をピークに、今後100年間で100年前（明治時代後半）の水準に戻っていく。この変化は、千年単位でみても類を見ない、極めて急激な減少。

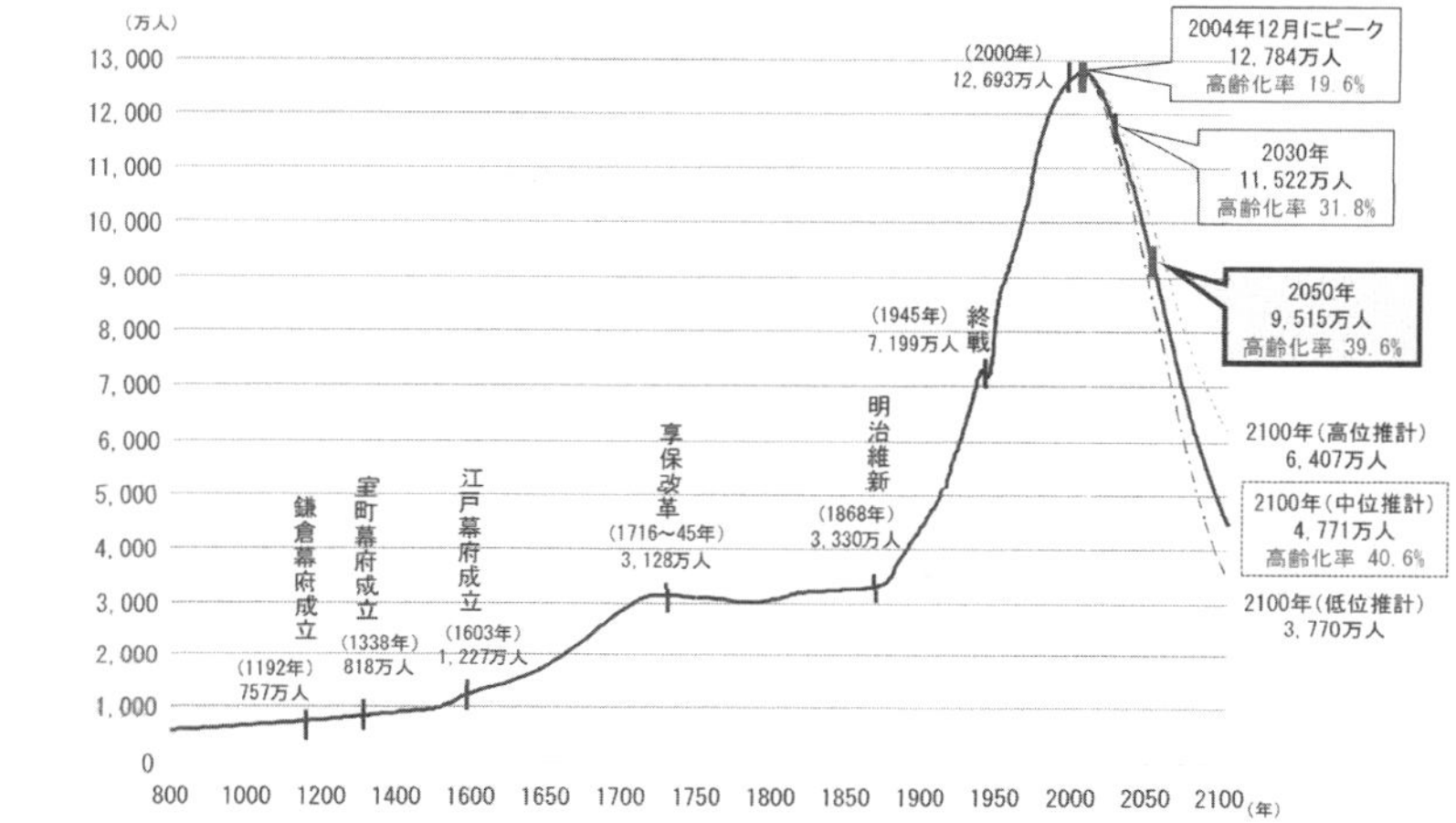


出典:「国土の長期展望」中間とりまとめ　概要（平成23年2月21日国土審議会政策部会長期展望委員会）

## ③食料自給率38％（穀物29％）では国民の安全・安心は守れない

日本は戦後の高度成長の後遺症がいまだに治癒できていない。外貨獲得。輸出振興を旗印に「ものつくり産業」最優先の政策を進め、米以外の食料は工業製品の輸出で稼いだ金で輸入すればいいという政策を取った。今も大豆、小麦、トウモロコシなど、主力穀物は90％が輸入である。先進国の中で、これほど食料自給率の低い国は他にない。このことの弊害は地方の人口減少の加速、農業従事者の高齢化、耕作放棄地の拡大、里山・棚田の荒廃という生態系の危機にまで及んでいる。岸田総理は就任演説で地方重視、農業重視策を掲げたが、農業漁業林業の再構築を最優先すべきだ。農水産業が主力産業の地方が強い声を挙げないと岸田総理の約束は空約束になる。そうなると日本の将来は非常に危い。

**参考文献**


『農業消滅―農政の失政が招く国家存亡の危機』（鈴木宣弘／平凡社新書／2021）

## ▼COLUMN ①
## 日本が目指すべき国家像は〝世界から尊敬される国〟

人口1億2千5百万人の日本は世界の大国の一つである。その日本は長寿世界一の国であり、世界一のお金持ちの国（純対外資産世界一）、ノーベル賞もほどほどに受賞しているし、オリンピックのメダルもほどほどに獲得している。しかし30年後の日本は人口は9500万人に減り、65歳以上の高齢者が人口の40％になる。

その20年後へ向けて、「日本国」が早急に取り組むべきことはまず、食料自給率を70％に戻すことだ。1965年の食料自給率は73％だったのに工業生産最優先で食料生産を軽視した結果が今の自給率の低さである。2000年以上、日本人の主食だった米と魚を食べずにパンと肉食にシフトし過ぎたことが、食料自給率の危機的低迷の原因の一つだ。だから日本列島の自然を守る農業と水産業を復活させるために肉食から魚食へ、パンからごはんへ食習慣をできる限り戻さないといけない。もう一つの課題は再生エネルギー比率を早急に40％に上げることである。同時にエネルギーの節約を国民に要求することだ。例えば夜中のテレビ放送は止める。過剰なテレビショッピング番組は公共の電波の私的流用だ。そして何といっても「国民が幸せを感じる国（世界10番以内）」にすることを国民運動にしなければいけない。そして世界に向けては、「平和を守り・戦争をしない国」「芸術・文化・スポーツで存在感を示す国」「科学と技術で世界に貢献する3本指に入る国」になることである。そうすれば世界のすべての国（の政府ではなく国民）から「世界一尊敬される大国」になれる。それは世界で日本しかできない目標であり、唯一の被爆国としての日本の責任でもある。

2022年2月のロシアのウクライナ侵攻によって、ロシアと領土を接するアジア唯一の民主主義国として、世界の平和を維持する日本の責任は益々、重くなる。

**参考文献**

『日本多神教の風土』（久保田展弘／PHP新書／1997）

## 2 令和日本の方向が見えた令和元年（2019）の出来事

2019年（令和元年）は、5月1日の令和天皇即位から、年末にかけて「停滞した平成時代」からの大転換を示唆する5つの出来事があった。それらの出来事から令和時代の価値観は、「平和」「共生（多様性）」「武士道」であることを日本人全員が肝に命じるべきだ。

**①令和天皇、即位（5月1日）・即位礼正殿の儀（10月22日）**

平成天皇の生前退位によって、5月1日、30年続いた「平成の時代」が終わって、「令和の時代」が始まった。長い日本の元号の歴史（248番目）で、初めて中国の古典（漢籍）でなく、日本の古典（万葉集）からとられた元号である。その意味は小さくない。「独立不羈の日本」への一歩である。「遣唐使廃止」（894年）以来の中国からの決別なのかもしれない。

10月22日には新天皇即位を世界に披露する「即位礼正殿の儀」が開催された。令和天皇のお言葉は「上皇陛下が三十年以上にわたる御在位の間、常に国民の幸せと世界の平和を願われ、いかなる時も国民と苦楽をともにされながら、その御心をご自身のお姿でお示しになってきたことに、改めて深く思いを致し、ここに**国民の幸せと世界の平和を常に願い**、国民に寄り添いながら、憲法にのっとり、日本国及び日本国民統合の象徴としてのつとめを果たすことを誓います。……」だった。

**日本人招待客の中には前年（2018年）の沖縄全戦没者追悼式で「平和の詩」を朗読した沖縄県浦添市の相良倫子がいた。彼女の詩「生きる」は、多くの日本人を感動させた歴史に残るものだった。**（付録に全文掲載）

**②東電元トップ3人の「無罪判決」（9月19日）**

東電福島第一原発事故の責任者として「業務上過失致

死傷罪」で起訴された東電元トップ3人に東京地裁はこの日、無罪判決を言い渡した。ウクライナのチェルノブイリ原発事故に匹敵する原発過酷事故を引き起こしながらこの3人は一貫して「無罪」を主張してきた。

地元ジャーナリストのK氏（福島民報OB）は「この理不尽な判決を聞いて、福島県民の怒りと失望は尋常ではありませんでした」という。「強制起訴された事故当時の最高責任者3人（勝俣恒久元会長、武黒一郎元副社長、武藤栄元副社長）に対して、東京地裁の永渕裁判長は《あれだけの津波の予測は不可能だった》という理由で無罪判決を言い渡しました。彼らは2008年に東電社内調査で試算した最大15・7mの津波の可能性の報告を受けていたのです。にもかかわらず、新たな対策は何も取っていませんでした。そのことが明白なのに3人はあくまで無罪主張に終始しました。さらに、福島県民の旧経営3トップへの怒りに油を注ぐような〝国や経営者寄りの判決〟がでたことに県民のやり場のない怒りは増幅しました」

公益企業にあるまじき彼らのような自己中心のリーダーを跋扈させてはいけない。武士の風上に置けない情けないリーダーたちだ。評論家の日下公人は日本のリーダーたちの昨今の道徳の退廃についてつとに指摘している。「現代の日本でも、一般の人には倫理道徳は生きている。正直や勤勉は善であると、よく分かっている。ところが人の上に立つ者の倫理道徳が、跡かたもなく崩れているのである。江戸時代の武士なら、こういう卑しい不正が発覚すると切腹である。現代は切腹させられることがないので調子に乗っている」（『道徳という土の上に経済の花は開く』祥伝社黄金文庫／2004）

※2022年7月13日、東京地裁（朝倉佳秀裁判長）は東電福島第一原発事故の株主代表訴訟の判決で、「信憑性ある地震と津波予測が出ていたにも関わらず「津波対策」を取らなかった経営責任」を認めて旧経営陣（勝俣・清水・武藤・武黒4氏）に約13兆円の支払いを命じた。

### ③ラグビーワールドカップ日本大会（9月20日～11月2日）

この年の秋に、日本で初めて開催されたラグビーワールドカップは、9回目にして「空前絶後の成功」と世界から賞賛された。日本チーム初のベスト8入りが、日本人を熱狂させたこともあったが、参加20チームの事前合宿地や試合会場になった自治体やラグビー関係者、ボランティアの「もてなしの心」が海外からの参加チームやサポーターをいたく感動させた。中でも試合会場で出場国の国歌を歌って歓迎する（特にマスコットキッズたちの）「スクラムユニゾン」の取り組みは、選手とサポーター、そして祖国でテレビやSNSを見た参加国のファンたちに感動の輪を広げた。

日本チームのキャプテン、リーチマイケルは日本チームのベスト8入りの後、コメントを発表している。「日本のラグビーも、日本の社会も、外国人なしでは難しい。日本人と外国人が一緒にうまくできることを、ラグビーを通じて見せたかった」。実際、日本チーム31人のうち外国ルーツの選手は半数の15人だった。日本に帰化した選手も国籍は外国のままの選手もいた。サッカーと違って、**ラグビーは多文化共生のお手本のような競技だ。**

事前合宿でもっとも盛り上がったのは北九州市立大学とウェールズのカージフ大学の縁で実現したウェールズチームの合宿地北九州市である。9月16日にミクニワールドスタジアムで行われた公式練習には1万5千人もの市民が集まり、全員がウェールズ国歌「Land of My Fathers」（わが父祖の大地）を大合唱して歓迎した。その光景はSNSでウェールズばかりでなく世界中に拡散し、ラグビーに関心のある世界中の人々を感動させたのである。日本国の好感度はさらに上がった。

## ④「平和の伝道師」ローマ教皇フランシスコ訪日（11月22日～26日）

日本にキリスト教を初めてもたらした人物はフランシスコザビエル。１５４９年、いまの鹿児島市祇園の洲に上陸した。同じイエズス会出身のローマ教皇フランシスコはかねてから日本訪問を切望していたという。

フランシスコ教皇の訪日は原爆被災地の長崎市と広島市を訪問することが主目的だった。特に長崎市はバチカンとの縁が深い。日本のカトリック信者は約40万人であるが、長崎にはいまも6万人のカトリック信者がいる。世界のカトリック信者13億人の頂点にいるフランシスコの願いは「命の尊さ」であり、「世界の平和」であり、「核兵器廃絶」である。

フランシスコは日本訪問に先立つ２０１７年に、世界のカトリック司祭に一枚の写真を配っていた。「戦争のもたらすもの」というキャプションがつけられたモノクロ写真には（長崎原発投下後に）死んだ弟を背中に背負って火葬の順番を待つ「焼き場に立つ少年」が映っていた。

### ⑤「利他・無私」のサムライ、中村哲の死（12月4日）

医師、中村哲の突然の訃報は多くの日本人にとって衝撃だった。中村哲医師は31歳の時にキリスト教医師団の一員としてパキスタンのペシャワールへ派遣された。やがて隣国アフガニスタンへ移り診療を行う傍ら、住民の食料を確保するために灌漑用水路をつくって砂漠を緑地にかえることに取り組んでいた。そんな中村の存在を、多くの日本人はメディアの報道で断片的には知っていた。しかし彼の突然の死によって、紛争の絶えないアフガニスタンの地で、65万人もの命を守るために人生を捧げた「利他・無私のサムライ」がいたことを知り、多くの日本人は驚き、感動し、やがて誇りに感じたことは確かだ。

作家瀬戸内寂聴は朝日新聞の「寂聴　残された日々」に中村哲さんの死を書いている。「中村哲さんの死のニュースは、97歳の長寿を持て余していた私に、強烈なショックを与えた。中村さんに私はたった一度しか逢ったことはない。まだ建て替わる前の旧いパレスホテルの一室であった。（中略）私にも、中村さんから話を聞けば聞くほど、目の前のおだやかな、自分の息子のような年齢の男が、人間でない尊いものに思えてきた。（中略）ただ無私の忘己利他の奉仕の報いが、この無残な結果とは！　仏道に身を任せたわが身が、この事実をどう考えたらいいのか！　中村さん！　近く私もあなたの跡を追いますよ。必ずまた逢いましょう。ゆっくり長い話をしましょう」（2019年12月12日付）

中村哲医師の生き方には火野葦平の小説『花と龍』の主人公として有名な玉井金五郎夫妻の教えが色濃く反映されているという。それは「身を捨てて人のために尽くせ」だった。中村医師は多くのインタビューに答え、また多くの著書を残した。中村哲医師の言葉は一つひとつが重たい。人生訓は親鸞の言葉で「一隅を照らす」であった。「人の命を粗末に扱ってはいけない」「憲法が日本製だろうがアメリカ製だろうが、いいものはいい」「我々は日本政府からは一円の援助ももらっていない」「百の診療所より一本の用水路」。医師中村哲の73年の生涯は日本人の「武士道」を身をもって貫いた人生であった。

※瀬戸内寂聴は2021年11月19日に99歳でこの世を去った。

## ▼COLUMN②
# ローマ教皇のメッセージと長崎の歴史の重層性

長崎市長　田上富久

令和元年11月24日、ローマ教皇フランシスコが、長崎においでになりました。

昭和20年8月9日、長崎市の浦上地区の上空500mで原子爆弾が炸裂した、その真下にある爆心地公園で、教皇が車から降りられた瞬間。それは、長年の私たちの願いが実現した瞬間でもありました。

田上富久長崎市長

### ヨハネ・パウロ二世のメッセージ

ローマ教皇が長崎に来られるのは38年ぶり、2度目です。

昭和56年（1981）2月、教皇として初めて日本を訪れたのは、当時の教皇ヨハネ・パウロ二世でした。その際、ヨハネ・パウロ二世が語られた言葉は、今も長崎の人々の心にしっかりと刻まれています。

「戦争は人間の仕業です」

この短い言葉は、戦後長い間、もつれていた長崎の人たちの心の糸をほどいてくれました。

少し背景をご説明します。戦後、著書『長崎の鐘』などを通じて長崎の原爆を世に知らしめてくれたのは、永井隆博士です。永井博士は長崎市初の名誉市民であり、今も敬愛の的となっています。その永井博士が、当時唱えられた「原爆は神の摂理」という考え方は、「原爆さえも神の意思として受け入れなければならないのか」「神と人間の関係をどう考えればいいのか」という論争を信者の間に巻き起こしました。この論争は、明確な結論に至ることなく、澱のように沈殿していきました。そのため、心の中の晴れない霧のように、迷いを抱えたままの人たちもいました。ヨハネ・パウロ二世の言葉は、この霧をきれいに晴れさせてくれたのです。

それだけでなく、ヨハネ・パウロ二世の言葉は、多くの被爆者にとっては、「人間がつくった核兵器は、人

**フランシスコ教皇の訪日日程（2019年11月23日～26日）**（著者作成）

| 日 | 訪問地 | 主な行事 |
|---|---|---|
| 23 | 東京 | 17:40　訪問先のタイから、東京国際空港到着 |
| 24 | 長崎<br>広島 | 9:20　長崎到着、「原爆殉難者名奉安箱」の碑に献花、「核兵器に対するメッセージ」発表。「核兵器は安全保障の危機から人を守らない」、日本二十六聖人像に安置された聖遺物に献花、県営野球場でミサ<br>16:35　長崎空港発、広島平和記念公園で献花、2度目の「核兵器に対するメッセージ」発表 |
| 25 | 東京 | 東日本大震災の被災者と面会、天皇と面会、東京ドームでミサ（5万人） |
| 26 | 東京 | 上智大学でイエズス会会員との私的なミサ、上智大学での講演<br>11:35　羽田空港から離日 |

間の力で無くせます」という励ましの言葉でもありました。

長崎市民は、この経験を通して教皇の言葉の重さを知っているだけに、爆心地から発する平和メッセージに期待を寄せたのです。

## フランシスコ教皇の平和メッセージ

爆心地公園に到着されたフランシスコ教皇は、原爆で亡くなられた人たちの名前が納められた奉安箱の前に花輪を捧げられました。

そしてそのまま花輪に手を添えられ、1分半ほど目を閉じて、静かに祈りを捧げられました。その時間は、教皇の深い思いを全員が感じるのに十分な時間でした。言葉の前に、その自然な行動を通して、実に雄弁に私たちに原爆犠牲者への慰霊の思いを伝えてくれました。その後、マイクを通して伝えられた38年ぶりの平和のメッセージは、実に明快でした。

「ここは、核攻撃が人道上も環境上も破滅的な結末をもたらすことの証人であるまちです」「核兵器のない世界。それはあらゆる場所で、数えきれないほどの人が熱望していることです。この理想を実現するには、すべての人の参加が必要です」「核兵器のない世界が可能であり、必要不可欠であるという確信をもって、政治をつかさどる指導者の皆さんに求めます。核兵器は、今日の安全保障の脅威から私たちを守ってくれるものではない、そう心に刻んでください」「核兵器の脅威に対しては、一致団結して応じなくてはなりません。それは現今の世界を覆う不信の流れを打ち壊す、相互の信頼に基づくものです」

それらはどれもシンプルで根源的なメッセージでした。フランシスコ教皇の言葉は、必ず時代を超えて語り継がれる〝原点〟の役割を果たしてくれると思います。

## 教皇のもう一つのメッセージ

実は、フランシスコ教皇には、平和のためのメッセージのほかにもう一つ期待していたメッセージがありました。

昨年の夏、世界文化遺産に登録された「長崎と天草地方の潜伏キリシタン関連遺産」の価値を世界に伝えるメッセージです。17世紀はじめから約250年間続いたわが国の禁教時代に、一人の神父もいない中、隠れて信仰を守り続けた人々が示した価値は、世界遺産に登録されましたが、実はわが国の中でもまだ十分に伝わっていません。それを伝えたいという思いが、長崎にはありました。今回の長崎訪問では、世界遺産に関する具体的な言及はありませんでしたが、3万人が集まった県営野球場でのミサや、日本二十六聖人殉教地でのミサそのものが、キリスト教における長崎の意味を示してくれました。

数年前に、遠藤周作の代表作『沈黙』が、巨匠マーチン・スコセッシ監督の手で映画化されました。ご覧になった方も多いと思います。見つかれば拷問にかけられ、教えを捨てなければ命に危険が及ぶという状況の中で信仰を守り通す人々の強さは、現代の日常生活を過ごす私たちにはとても想像できないものです。

当時、隠れて信仰を守ろうとした人たちのことを「潜伏キリシタン」と呼びます。彼らの間では「七代たてば神父がやって来て、自由に信仰できる世の中がくる」という言い伝えがありました。そして現実に、長い禁教と弾圧の時代を経て、明治6年に禁教令が解かれ、再び自由に信仰できる時代が来たのです。かつてそんな言い伝えがあったまちに、ローマ教皇がおいでになる。そのことの重さは、潜伏キリシタンの末裔の人たちにとっても、長崎市民にとっても、格別のものでした。ローマ教皇が長崎の地でミサを開かれている様子を、禁教時代の人たちに見てほしい。「あなた方が命を懸けて願い続けた時代が訪れましたよ」と伝えたい。私自身はキリスト教徒ではありませんが、一人の人間として、心からそう思いました。

**長崎の歴史の重層性**

ローマ教皇フランシスコの来崎という歴史的な出来事を経験して改めて感じるのは、長崎というまちがたどってきた歴史のユニークさです。今回、フランシスコ教皇の訪問地の一つであった「日本二十六聖人殉教地」は、長崎駅のすぐそばにあります。豊臣秀吉の時代に、わが国で初めて神父や信徒たちが殉教した場所です。実は、この二十六聖人の殉教を描いた絵は、世界のあちこちにあります。私自身、ポルトガルやブラジルの教会で見て、長崎の歴史が世界史と直接つながっていることを実感しました。

昨年、ラグビーワールドカップが日本で開催されました。長崎ではスコットランド代表チームがキャンプをしてくれたのですが、その理由は幕末に長崎で活躍したトーマス・B・グラバーがスコットランド出身であるという縁でした。グラバーが関わった造船所や炭鉱の歴史は、今や「明治日本の産業革命遺産」という世界文化遺産になっています。

長崎にはさまざまな歴史が重層的に重なっています。そして、ローマ教皇やスコットランド代表チームの訪問で示されるように、そのつながりは過去から現代に、そして未来につながっています。

（『経営倫理』BERC発行／2020年秋号より転載）

# 3　コロナに明けて、コロナに暮れた令和2年（2020）と令和3年（2021）

## ①日本中が慌てふためいた令和2年初の数カ月

誰もが予想もしなかった新型ウイルスCOVID-19が、2020年1月、隣国中国の武漢から日本列島を急襲した。感染症の恐ろしさを実感したことの無い日本人は浮足立って、国中がドタバタ騒ぎになった。

・1月15日　日本で武漢から初感染者帰国
・1月後半～　マスク不足が全国で深刻に
・2月5日～　横浜港クルーズ船感染者発生で、国は右往左往（12人死亡）
・3月11日　新型コロナウイルス（COVID-19）をWTOはパンデミック（世界的な感染症流行）と認定
・3月24日　東京オリンピック・パラリンピック1年延期決定
・4月16日　全国に緊急事態宣言が発布

そのころ台湾の新型コロナ感染対応の手際のよさは日本政府とは際立って違っていた。迅速な水際対策、衛生福祉部長（厚労大臣）陳時中氏の24時間国民との危機対話、デジタル大臣タン氏のコロナ対応のシステム開発などなど。2003年に台湾を襲ったSARS（重症急性呼吸器症候群）※を教訓として迅速な判断と対応ができたという。日本はSARSの被害が僅少だったので、「感染症対応体制の強化を提案する報告書」が出ていたにも関わらず、政府はそれを無視して国立感染所研究所の人員削減や保健所の合理化を進めた。そのことが、17年後の新型コロナウイルス襲来に対して、一時は医療崩壊の瀬戸際まで行った政府と行政のドタバタ劇の遠因だった。

※ＳＡＲＳ（重症急性呼吸器症候群）：２００２年11月〜２００３年7月、８４２２人感染、９１６人死亡。対応成功国はシンガポール、失敗国は台湾と評価された。

## ②気鋭の社会思想家・斎藤幸平の警告（6月）

コロナパンデミックは「すでに深刻化している気候変動（温暖化など）と同根だ」と指摘して一躍注目されたのが斎藤幸平大阪市立大学准教授である。月刊誌『群像』6月号に寄稿した「コロナ・ショックドクトリンに抗するために」で次のように指摘した。「人間が森林を大規模に破壊することで、その場に生息していた細菌が別の場所へ引っ越さざるを得なくなった。環境破壊を続ける「資本主義的アグリビジネス」を止めることしか根本的解決策はない。（だから）地産地消型の持続可能な農業へ移行すべきだ」

斎藤が突然、世間の脚光を浴びたのは、その半年ほど前の令和元年秋だ。8月に出版した『未来への大分岐―資本主義の終わりか、人間の終焉か?』（集英社新書）という刺激的な題の本が、民放の深夜のニュースワイドショーに取り上げられて、斎藤は女性キャスターの質問に答えていた。この本は、日本でも急に風向きがおかしくなってきた「新自由主義、市場至上主義経済」を強烈に批判した本だ。欧米の気鋭の哲学者・ジャーナリストであるマルクス・ガブリエル（ドイツ）、ポール・メイソン（イギリス）、マイケル・ハート（アメリカ）と斎藤のインタビューとも対話ともつかない本だが「人間の終焉か?」という問いかけは強烈だった。

そのわずか3カ月後、突然、中国武漢から未知のコロナウイルスが日本に襲来して日本はてんやわんやの大騒ぎになった。そんなタイミングだったから「ポストコロナは気候変動問題だ」という斎藤の御託宣はインパクトがあった。

もっとも新自由主義経済の破綻を理論的に分析して警鐘を鳴らした学者は既に6年前の日本にいた。２０１４年に『資本主義の終焉と歴史の危機』（この本もなぜか、集英社新書）を書いた当時日大教授（現法政大教授）の水野和夫である。この本はインテリ層を中心に大ベストセラーになったが、暴走する日本の安倍・竹中新自由主義政治に歯止めを掛けることはできなかった。ところが新型コロナ感染騒動のお陰で、安倍総理は敵前逃亡、日本で20年も猛威をふるった新自由主義経済にブレーキが掛かった。10月に第100代日本国総理大臣に就任した岸田文雄が「新自由主義から脱却した新しい資本主義を！」と言い出したのである。

安倍政権時代に、アメリカのアグリビジネス大手（モンサントなど）は日本の種子法の改正にまで手を突っ込んできた。競争原理一辺倒の新自由主義に歯止めが掛かりそうな今こそ、日本伝統の自然と共生する「持続可能な農業」を地方の各地域で見直し、再構築しなければいけない。「全国農学系学部長会議」や地方国立大学の農学部長は地域にふさわしい農業や漁業のあり方を積極的に発信し行動してもらいたい。それは国立大学の国民に対する責任である。

### ③コロナ感染者ゼロが最後まで（～7月28日）続いたのは「岩手の県民性」？

日本中が新型コロナ感染者の増加で浮足立っていたころ、最後まで感染者ゼロで頑張っていたのは東北地方の岩手県だった。日本で最初の感染者が出てから半年、6月に入っても岩手県だけ感染者ゼロが続いていた。結局、岩手県の感染者ゼロは7月28日まで続いた。（本章COLUMN ③参照）

### ④北海道・北東北の縄文遺跡群（17カ所）がユネスコの世界文化遺産に登録された（7月）

地球の地殻変動が生んだ奇跡の島々、日本列島はおよそ300万年前にユーラシア大陸から切り離されて形成された。大小6852の島で構成され、南北3000㎞に広がる。国土の約68％を森林（含む人工林）が覆い、110もの活火山が今も活動している火山列島でもある。年間降雨量は1668㎜、先進国ではとびぬけて水資源に恵まれている。さらに日本列島の沿岸には4つの寒流と暖流が衝突して、世界でも稀にみる明確な春夏秋冬の季節の移ろいがある。

こんな日本列島の気候風土の中で暮らしてきた日本人の自然観や感性は、地震も火山もないユーラシアプレートの上で生きてきた大陸型の西洋人や中国人とは根本的に違っている。科学や技術が自然を支配できると考える「西欧流の自然観」は、過酷かつ豊かな自然の中で生きてきた日本人の自然観や宗教観とは相いれない。北海道・

北東北の縄文遺跡群が世界文化遺産に登録されたことはそのことを強く示唆したのである。

この北海道・北東北の縄文遺跡群の世界文化遺産登録の半年前に、縄文中期（約５０００年前）の縄文人の密集地であった八ヶ岳山麓の縄文遺跡群を見学した。尖石考古博物館（茅野市）、井戸尻考古資料館（富士見町）、北杜市考古資料館、そして八ヶ岳山麓から高速を1時間ほど南下した「釈迦堂遺跡博物館」（笛吹市・甲州市）の4カ所。中でも尖石考古博物館の国宝土偶「縄文のビーナス」と「仮面の女神」、そして釈迦堂遺跡博物館の１１１６個の土偶はすごかった。帰京して読んだ縄文の書物から縄文人の心を知った。令和の日本人にも確実に受け継がれている。

○自然を畏敬する心→自然（現象）への恐れと崇拝
○命を慈しむ心→生まれてくる命、死んでいった命を敬う
○実用性より審美性を尊重する心→十日町・津南町の火炎式土器

**参考文献**

『信州の縄文時代が実はすごかったという本』（藤森英二／信濃毎日新聞社／２０１７）

## ⑤「岸田文雄内閣誕生」で日本は変われるか？（10月）

新型コロナ対策に行き詰まって政権を投げ出した安倍総理に代わって登場した菅政権は思わぬ失敗で、たった1年で退陣した。そこに登場したのが岸田新首相だった。岸田総理は、行き過ぎた格差社会と地球を破壊しかねない気候変動を引き起こした「新自由主義（資本主義）」に代わる「新しい資本主義」へ転換すると宣言した。なかなか具体像が見えないが、それは10数年前に日本の経済界でさんざん議論したＣＳＲ（企業の社会的責任）や偶然とは思えない２０２１年度のＮＨＫ大河ドラマの主人公「渋沢栄一」の「論語とそろばん」の資本主義に先祖返りすることではないだろうか。ノーベル経済学賞に一番近い男と言われた経済学者宇沢弘文の「社会的共通資本」という社会思想も今、見直されている。世界の資本主義は、日本型資本主義に収斂してくる可能性が高い。

（本章COLUMN④参照）

## ▼COLUMN③

## 岩手県はなぜ新型コロナ感染者がゼロなのか？

岩手大学客員教授　小野寺純治
（２０２０年６月15日執筆）

世界中をパンデミックに陥れている新型コロナ感染症（COVID-19）はわが国においても発症者1万7千人、死者920人（6月9日現在）の犠牲を出しており、一時の勢いは衰えたとはいえ未だに新規感染者がでている。その中で人口123万人の岩手県は未だ発症者が出ていない唯一の県であり、今回、「なぜに岩手県だけが発症者ゼロなのか」ということについて、土着の岩手県人である筆者が思うところを述べてみたい。

### 岩手感染者ゼロの様々な報道から

Googleで検索するといろんな情報が飛び込んでくる。4月22日の神戸新聞NEXTでは手洗いや外出自粛を励行する「真面目な県民性」を挙げる一方、PCR検査数が全国最少であり、本当に感染者はいないのか？とも指摘されている。5月22日のFNNプライムオンラインでは「東日本大震災が人々にもたらした〝変化〟が、感染者ゼロの背景にあるのではないか」を挙げ、「復興教育」の果たした役割にフォーカスしている。同日付の読売新聞オンラインでは、達増岩手県知事のコメントとして「来県後2週間の不要不急の外出自粛を求めた独自の行動制限が功を奏した。3～4月の異動の時期にお願いしたところ、結構徹底された」また、「岩手県の人口密度や中国からの観光客が少ない」ことも要因として挙げている。

5月31日発刊のサンデー毎日では「奮闘　知事のリーダーの条件」において大阪府知事や東京都知事等とともに岩手県知事にもフォーカスを当て、「外交官時代に米国のジョンズ・ホプキンス大の高等国際問題研究大学院を修了しており、その学びが確実に生きている」とし、いち早く具体的な対策を講じたことが詳細に記述されている。

そのような中で、地元紙の論壇に「なぜ岩手は感染者ゼロか」と題した投稿があったので紹介したい。投稿者は花巻市在住の83歳の県民であるが、理由の第一を「岩手は森林が多く緑豊か、光合成が盛んで新鮮な酸素が大気中に放出されている。その新鮮な大気が雑菌の侵入を防いでいるのではないか」、第二は「日光をいっぱい浴びて肥えた大地に育つ滋養豊かな食材をふんだんに食べており、丈夫な体をつくっているからではないか」、さらにもう一つ、「岩手の人は他人の話を素直に聞き入れ正しいと信じたことをやり通す。その県民性が背景にあるのではないか」を挙げていた。

### 岩手で発症者が出ていない理由の検証

これらマスコミ等で取り上げられた発症者ゼロの理由を含めて検証してみたい。

最初に達増拓也岩手県知事のリーダーシップについてであるが、知事は学生時代から危機管理に興味を持ち、ジョンズ・ホプキンス大学でも自ら希望してカーター大統領の補佐官を務めたブレジンスキー教授の下で危機管理を学んでいる。そして２０１１年の東日本大震災においても岩手県知事として陣頭指揮を執っており、危機管理の専門家といっても過言でない。

次に県民性であるが、知事の発言に従うように多くの県民が2月後半から外出の自粛を行っており、発症者が一人もいない県でありながら他県に率先して学校の臨時休校を徹底している。このような中で千葉県から県内の実家に帰省していた最中に破水した妊婦の受け入れを新型コロナの感染リスクを理由に岩手県立の2病院が断っていたことが判明し、新聞でも大きく取り上げられた。断った病院の事務局長は「県外から来た人には来県から2週間後の受診をお願いしている。手術室や分娩室の感染症対策が整っていないことも考慮し断った」と述べており、県民性の真面目さの上に融通の利かない一面も見せている。

続いて岩手県の地理的自然的環境であるが、県土は15・２７５㎢、人口は１２３万人で首都圏では東京、神奈川、千葉、埼玉の1都4県に茨城県の１／３を加えた面積と同規模であるが、首都圏人口37百万人の1／30の密集度に過ぎない。県都盛岡市の人口は29万人であり県人口に占める割合は23％に過ぎず、首都圏人口の割合（30％）に比較しても岩手の方がより人口分散が進んでいる。

次に人々の暮らしについてであるが、まず一住宅あたりの延べ面積は全国9位の154・6㎡（首都圏は100㎡前後）であり、通勤時間は全国14位の62分（同100分前後）、通勤方法は自家用車が一般的となっている。

筆者が思う最も大きなポイントは、人との接し方にあると考える。多くの岩手県民はゆったりとした話し方で口もあまり大きく開けず、話すときの距離も肩が触れあうような「密」の状態を嫌う。居酒屋や喫茶店もゆったりとした配置となっており、大声を出す客は少ない。

このような人との接し方にバカが付くほどの真面目な県民性、さらには危機管理の専門家としての知事の陣頭指揮が相乗効果を発揮し、結果として発症者ゼロを更新し続けているのではないか。

なお、PCR検査数についてであるが、確かに現時点でも767件と少ない。しかし、これは国が当初国民に指導していた「軽々にPCR検査を受けるべきではない」ということをバカ正直に受け取った県民性によるものであり、体の変調に気づいてもじっと我慢して治癒しようとする県民性にあると考えられる。当然に、岩手のきれいな大気や新鮮で滋養豊かな食材も治癒効果を高めたことは想像に難くない。

## 「人間中心社会」の到来

日本は明治以降一貫して中央集権が進んできた世界的にも希有な国であり、均衡ある国土の発展の名の下にヒト、モノ、カネを首都圏に集めてきた。その結果として地方独自の文化は廃れ、若者もいなくなった。数年前から地方創生が声高に叫ばれるようになったが、〝地方〟創生の名が示すとおり、これらの施策は国（東京）からみた地方の創生であり、地方の実情を踏まえた施策となっていたか甚だ疑問であった。国は来たるべき社会としてリアルとバーチャルな世界が高度に融合した人間中心の社会〝Society5.0〟の社会の到来を目指しているが、COVID-19は図らずもその社会の実現を早めるトリガーとなったのではないか、と筆者は発症者ゼロを続ける岩手の地でほくそ笑んでいる。

（『経営倫理』2020年秋号から転載）

## COLUMN ④
## 「新しい資本主義」とは何か
## ―宇沢弘文と内橋克人

令和3年は「日本型資本主義の復活」が始まる年になる。それを証明する3つの出来事がある。6月に新会長に就任した十倉雅和経団連会長が経済学者宇沢弘文の「社会的共通資本」の考え方に触れて、経済活動にも「社会的な観点（from the Social Point View）」が必要と言及したこと。9月に経済評論家内橋克人が亡くなったことで、彼が提唱していた「FEC自給圏」構想が社会の注目を浴びたこと。そして10月に新自由主義から脱却して「新しい資本主義を実現させる」と岸田文雄新首相が宣言したことである。この3人の考え方は底流で繋がっている。日本型資本主義を復活させると言っているのだ。

新自由主義資本主義を日本に持ち込んで「お金がすべて、市場競争がすべて」の政治・経済思想を日本中に浸透させた政商学者や御用学者たちの退場の時がきた。経済格差と価値観の分断を放置した挙句に、先進国で唯一GDPはずっと横ばい、日銀が異次元金融緩和をしてもデフレの岩盤は梃子でも動かない。もともと日本人には、アメリカ型の強欲金融資本主義はなじまなかった。日本は聖徳太子の時代から「和を以て貴しと為し」、近江商人の「三方良し」の共同体社会（Community）なのだ。とうに限界を超えていた。

宇沢弘文と内橋克人は、2009年に岩波書店から『始まっている未来―新しい経済学は可能か』を共著で出版している。宇沢は世界的に有名な経済学者で「資本主義と戦う男」と称されていた。一方の内橋克人は経済評論家で、もともと新聞記者だったので経済活動の現場を取材して、「安さと効率を至上価値とする経済のあり方」（新自由主義）を厳しく批判し続けた「炎の人」だった。この2人の共通点は「人間中心の経済を考えたこと」「日本の風土の理解と歴史観があったこと」であろう。

内橋が晩年に提唱した「FEC自給圏」構想は、農村や漁村を主役にしたもう一つの経済の提案だった。Fは食と農、Eはエネルギー、Cは介護・医療・福祉、の頭文字だ。ここ10年以上、国が進めてきた地方創生がうまくいかないのは、地方創生の主役は本来、農村や漁村、山村であるはずなのに、地方創生も大企業が主役と勘違いしているからだ。〝大企業が潤えば地方にも波及効果がある〟と主張していた「トリクルダウン効果」をいつの間にか言わなくなったことがその勘違いを証明している。

宇沢の死の3年後に出版された『人間の経済』（新潮新書）は生前の講演やインタビューをまとめたもので宇沢の思想の真髄に触れることができる。一つだけ紹介しよう。

「人間は心があって初めて存在するし、心があるからこそ社会が動いていきます。ところが経済学においては、人間の心というものは考えてはいけない、とされてきました。マルクス主義経済学にしても人間は労働者と資本家という具合に階級的にとらえるだけで、一人ひとりに心がある、とは考えません。

また新古典派経済学においても、人間は計算だけをする存在であって、同じように心を持たないものとしてとらえている。経済現象の間にある経済の鉄則、その運動法則を考えるとき、そこに人間の心の問題を持ち込むことは、いわばタブーだったわけです。

次のようなことを記憶しています。1983年（昭和58年）、私が文化功労者に選ばれたときのことでした。顕彰式が終わったと、宮中で昭和天皇がお茶をくださることになり、実はそれまで天皇制に批判的な考えをもっていたので、違和感を抱えたまま席に臨みました。

昭和天皇を囲んで一人ひとりが、それぞれ自分が何をしてきたかを話し、ときおり天皇がそれにお答えになります。昭和天皇は思いのほか気さくな話しぶりでしたが、私は自分の番がきたときには、すっかりあがってしまい、ケインズはここがおかしいだの、新古典派の理論がどうだとか、社会的共通資本※とは何か、などと懸命に喋りたてました。しかし、われながら支離滅裂なのが分かって混乱していたところ、昭和天皇が話をさえぎって、こうおっしゃったのです。

「君！　君は経済、経済というが、つまり〝人間の心〟が大事だと、そう言いたいのだね」

心の中をピタリと言い当てられたようで、私自身、ハッとしたものでした。それから四半世紀にわたって社会的共通資本の考え方、人間の心を大事にする経済学の研究を進めてこられたのは、あのときの昭和天皇のお言葉に勇気づけられたからでもありました」(17～18頁)

※**社会的共通資本**：すべての人々が、豊かな経済生活を営み、優れた文化を展開し、人間的に魅力ある社会を維持し可能にする「自然環境」と「社会的装置」のこと。具体的には、自然環境(大気、水、森林、河川など)、社会的インフラ(道路、上下水道、交通機関など)、制度資本(教育、医療、金融など)の総称。「社会的共通資本」は、国家の官僚支配や市場による利潤追求の対象にしてはならない、と宇沢は主張した。

一方の内橋は、死の1年前に『コロナ後の世界を生きる―私たちの提言』(岩波新書/288頁/2020・7)に遺言ともいうべき「コロナ後の新しい社会像を求めて」を残している。

「コロナ禍という大災厄が私たちの時代認識を劇的に切り替える契機となった。求めるべき《新たな社会の仕組み》として、筆者はかねて「FEC自給圏」の形成を訴えてきた。「FEC自給圏」とは、まずFood(食と農)、次いでEnergy(エネルギー)、そしてCare(介護、医療、福祉)の3要素を「産業関連表」として、一定の地域ごとに築いていく。こうすることでAという産業の廃棄物はBという産業の原料になり、Bという産業の廃棄物は、さらにCという産業の原料となる。この循環する「自給圏」の形成によって、社会的必要労働は満たされ、人々の生き甲斐と働き甲斐が、働く者の孤立でなく、真の自立労働として成立する。

グローバル化追随を「改革」という言葉にすり替え、本来、国家として整備しておくべき強靭な防波堤を自らの手でせっせと内側から切り崩してきた。それが歴代政権の置き土産であり、構造改革を叫び続けた過去の政権の正体であった。そして何よりも安倍政権がその極地を行く。コロナ禍が暴き出した「不均衡国家の現実を直視すべき時がきている」として、新自由主義資本主義がもたらした負の遺産を3つ挙げている。

①働く者の間に正規雇用と非正規雇用という「差別の制度化」をいっそう強めた

②「均衡ある国土の発展」という理念を放棄して「大都市集中」を進めた

③家計が「得べかりし利得」を金融・企業部門へと移転させ消失させてしまった

宇沢弘文の「社会的共通資本＝コモンズ」と内橋克人の「ＦＥＣ自給圏」を融合したところに、日本がこれから進めるべき「日本型資本主義の復活」と「地方創生（地方復権）」のヒントがある。個性ある地域の創造へ向けて地方国立大学の奮起を促したい。

**参考文献**


『会社はこれからどうなるか』（岩井克人／平凡社／２００３）
『長期腐敗体制』（白井聡／角川新書／２０２２）
『私物化される国家』（中野晃一／角川新書／２０１８）

# 第3章●地方創生は「農業」と「観光業」が車の両輪

## 地方創生の最大の戦略は第一次産業（農・水・林業）と観光産業の融合

地方の基幹産業は農業、漁業、林業（第一次産業）である。だから「地方創生」とは第一次産業の強化策を地域ごとに再構築することが最優先課題である。加えて、その第一次産業と観光産業を融合させることが、地方創生の起爆剤になることは間違いない。その日本の農業は江戸時代から《自然と共生し、地域を守ること》が基本であった。最近、再評価が進んでいる「社会的共通資本」（第2章COLUMN④参照）の提唱者宇沢弘文は「人類と農の営み」について、次のように記している。

「農の営みは、経済的、産業的範疇のなかでとらえる農業をはるかに超えて、すぐれて人間的、社会的、自然的な意味を持っています。そして農の営みは、自然環境をはじめとする多様な社会的共通資本を持続的に維持しながら、人類が生存するためにもっとも大切な食料を生産し、農村という社会的な場を中心として、自然と人間との調和的な関わり方を可能にすることで、文化の基礎を作り出してきました」（『人間の経済』新潮新書／156頁）

ベストセラー『国家の品格』（新潮新書／2007）で知られる数学者の藤原正彦さんが、『文藝春秋』の巻頭エッセイ（2021年11月号）に書いていた「このままではノーベル賞がとれなくなるどころか、極東の一農業国となってしまいそうだ」には驚愕した。最近の、日本人による論文の質と量の低下に警鐘を鳴らすエッセイだったが、数十年後に予測される人口8000万人の高齢化日本は農業（漁業・林業）が産業の基盤になることは間違いない。ノーベル賞より、まず食べることだ。

日本は、狭い国土、狭い農地という弱点の一方、豊かな海、豊かな森林、豊かな降水量という強みがある。国内外からの観光客には、そんな日本の第一次産業の現場を体感してもらうことを観光のひとつに据えるべきだ。日本の地方（田舎）は「自然環境」「歴史文化」「生活（特に食）文化」も多種多様で魅力にあふれている。それこそが令和時代の観光産業の基盤である。

# 1　地方創生と家族（小農）農業の重要性

――萬田正治鹿児島大学名誉教授に聞く

萬田正治氏は、1942年佐賀県鳥栖市生まれ。農業（霧島市溝辺町竹子《たかぜ》）、霧島生活農学校代表、小農学会共同代表。鹿児島大学農学部卒業、東北大学農学部助手、酪農学園大学講師を経て、鹿児島大学教授・副学長。鹿児島大学名誉教授。全国合鴨水稲会世話人、全国ヤギネットワーク世話人。主な著書『農的生活のすすめ』『生活農業の時代』（いずれも南方新社）『わが家で作る合鴨料理』（共著／農文協）。（2020年3月取材）

## 日本の農と食の現状

――人間にとって農業とは

国民の命と暮らしを守ることが農業の一番重要な役割です。第二次世界大戦が終わった時、私は3歳でしたが、310万人もの日本人が犠牲になったあの戦争のことは、今も鮮明に覚えています。あの時の日本人が心の底から思ったのは、二度と戦争をしてはいけないということと食料の大切さです。戦争中の日本人は食うものがろくになくひもじい思いをしました。「腹が減っては戦はできぬ」ということわざを身に染みて感じました。その食を支えている農業は、すべて太陽の恩恵だということも忘れてはいけません。人間が生きていく上に欠かせないもの、空気も、水も、エネルギーも、みんな太陽の恵みなのです。

――日本の農業の特色は

日本列島は四面を海に囲まれ、大陸から切り離された島国で、温帯湿潤気候帯に位置しています。西の日本海と東の太平洋では寒流と暖流がぶつかり合い、春夏秋冬の四季が明確です。国土の68％が森林、降雨量は年間1718㎜で人口が1億人を越える先進国としては豊かな水資源に恵まれています。農業の視点で見ると平野部が限られており、小規模な農地がほとんどで、弥生時代から2000年以上にわたって主食であるコメつくりを農業の伝統としてきました。一方、火山列島でもあり、台風や土砂崩れ、豪雨、河川の氾濫など、災害列島でもあります。日本人はそれらのメリットやデメリット（制約）に巧みに対応して、「稲作」を中心に多様な野菜や果物の栽培技術を高めてきました。日本列島の多様な自然環境と「共生」し、水の利用や収穫作業などを集落で「協働」すること、そして飼料作物の入会《いりあい》や稲藁や家畜の糞尿などを利用した堆肥など「循環」型の農業が日本の農業の基本形です。

## ――現在の日本の農業と食の根本問題は

国民の命と暮らしを守る食の安全が確保されていないこと、戦後の高度成長期に工業化を進めた競争論理を農業にも持ち込んだこと、そしてアメリカ追随の農業政策を続けていることです。

## ――具体的には

食の安全がないがしろにされているのが過剰なまでの農薬の使用です。一番分かりやすい例が、ミツバチが方向感覚を失って失踪したり、死んでしまう可能性が指摘されているネオネコチノイド系農薬が日本で禁止されていないことです。ヨーロッパではすでに使用が禁止されています。日本ではこのネオネコチノイド系の農薬が使用されており、ミツバチの大量死など、自然界の生き物の減少に影響しています。スーパーで売られている食品の残留農薬や食品添加物も国民の健康を守る視点からは看過できないケースが多いのです。

## ――いつからそうなったのですか

諸悪の根源は昭和36年（1961）に制定された『農業基本法』です。この法律によって日本の農産物は、江戸時代から長く続いてきた「食料自給」の考え方から「市場商品」の考え方に変わりました。日本の農家の基本だった「多角経営」から「単品経営」に転換してしまったのです。

## ――いまも変わってないのですか

それは、安倍政権になってもっと強化されつつあります。農業政策や農産品の輸出振興政策が、その象徴です。

農業に企業参入を許可して農業の大規模化と効率化を図る、という工業製品と同じ政策を加速させているのです。日本の農業や農村が果たしてきた根本理念は「自然との共生」と「農村共同体（コミュニティ）の維持」、そして「食料の自給自足」です。その日本の農業の長い伝統と自然条件を無視した、競争原理主義による「農業の成長産業化」や「攻めの農業」という考え方は、日本の農業にとっては明らかに間違っています。

## ――戦後の農業人口はなぜ激減したのですか

それは第二次大戦後の復興政策が工業中心、輸出中心、それに伴う公共投資（工業団地・高速道路・新幹線網など）で経済成長を最優先してきた国策の必然的な結果です。その間、工業生産や公共投資のために農村部から大量の人材を首都圏や関西圏、中部圏など都市部へ大移動させました。また農地や畑が工場へ変わり、ここ数十年はショッピングセンターに変わるなど農と食の基盤が大きく崩れてしまいました。多くの若者が経済的な豊かさを求めて、都会へ都市へと移動して、農業を担う地方は次第に高齢化が進んでしまいました。その間、「足りない食料は輸入すればいい」という考え方が日本人の間にいつの間にか定着してしまいました。その結果、農業は衰退し、農村という共同体も破壊されています。

## ――そのせいでしょうか、日本の食料の自給率の低さは先進国の中で際立っています

世界の各国が長期的には自給率を高めようとしているのに対して日本は低下の一途をたどっています。唯一自給率100％の米も日本人の食生活の変化によって消費量が低下し、農村の衰退につながっています。日本の食文化を代表するうどん、ラーメン、お好み焼きなどの原料である小麦、また納豆やしょうゆの原料である大豆も90％は輸入頼みです。

## ――トウモロコシの輸入比率がこんなに高いのは

アメリカの農業戦略に組み込まれた典型例です。日本の畜産の飼料は70％以上を占めるアメリカとブラジルからの輸入品のトウモロコシによって支えられています。そのために輸入関税もゼロなのです。

**主要品目の輸入比率**
（農水省／2015年）

| 品目 | 輸入比率（%） |
|---|---|
| 小麦 | 86 |
| トウモロコシ | 100 |
| 大麦 | 92 |
| 大豆 | 95 |
| 豚肉 | 49 |
| 牛肉 | 58 |

## 生活としての農業、産業としての農業

### ――農業には2つの側面があると主張されています

私は大学の農学部で教師をしていた40代の後半から、「合鴨農法」の研究に没頭しました。合鴨は田んぼの雑草や害虫を食べ、排せつする糞は肥料になり、無農薬によるコメや野菜の栽培が実現しました。毎年開催された全国合鴨フォーラムには家族経営の小さな農家が集まり、夫婦連れも多く、会場内は笑い声が絶えず、いつも明るい集会でした。まさに農業を楽しんでいる人たちの集まりでした。このフォーラムを通して農業には２つの側面があると気付くようになりました。一つは「産業としての農業」、もう一つは「暮らしとしての農業」です。

### ――産業農業と暮らしとしての農業は両立できるのですか

もちろん両立できますが、いまの政府の農業政策は大規模化、効率化、輸出拡大という産業農業の強化に偏り過ぎています。工業化や経済成長を至上命題としてきたこれまでの国家目標は役割を終えたと思います。これからの日本は、暮らしとしての農業を中心として、国土保全、自然との共生、地域コミュニティの維持、食料自給率の向上の方向へ大きく舵を切るべき時が来ています。

### ――「小農（家族農業）」という考え方はどこから出てきたのですか

小農とは小規模な家族農業という意味です。政府の農政は営農品目の単一化、大規模化、企業化、輸出拡大などの政策を推し進めていますが、日本の農業の基本的なあり方を理解していない工業化、成長産業化を図る間違った政策です。日本の気候風土や地形・地質、そして少なくとも数百年にわたって維持されてきた農村コミュニティを守ることとは真逆の政策です。単作中心の大規模農業を進めてきたアメリカの一戸当たりの農地面積を考えると日本の農業が大規模化を目指すことそのものが間違いだということは誰にでもわかることです。

### ――小農と家族農業は、どう違うのですか

同じだと考えていいです。

### ――日本は家族農業＝小農がやりやすいという理由は

兼業できることが一番の理由です。日本は道路網が非常に発達しています。国土が狭い上に、全国の人口過疎地域にも製造業や小売業が分散しており就業機会は豊富

にあります。週末に都市部から田舎部へ行って、農業体験をしたり、貸し農園で農業を楽しむことも十分可能です。これらの都市住民も小農の中に含まれます。このように多様な形の小農が拡大することによって、日本の農業の可能性が拡大すると考えています。

――小農を中心とした農が拡大したときに、長年日本の農業を支えてきた農協やＪＡの役割はどう変わるのでしょうか

直売所やネット販売を通じて農業の生産者が消費者と直結することが可能になりましたし、事実、直販の比率はじわじわ増えています。農協やＪＡもその大きなうねりに合わせて変わっていかないといけません。農協の原点である営農指導や選別、物流、直売所の経営など生き残るための改革や協業はいくらでもできます。

――２０１６年に小農学会を立ち上げられた理由は

既存の学者集団の学会が、農家を真に守る学会とは必ずしも言えないからです。小農が大同団結し、社会的発言力を増すための、小農の小農による小農のための学会です。設立趣意書には、都市文明の下で、農に根差した価値や知識が次第に消滅しつつある今日、農の衰退状況を打開するには、これまでの価値観から抜け出し、斬新な発想に立って、自らの生き方とわが国の進路、とりわけ農業・農村社会の方向性を探求する必要性を感じるからです。グローバル化や市場原理だけで農業という人間の営みを推し量っていいかという疑問が根底にあります。

## 世界では家族農業が圧倒的主流

――国連が家族農業の支援に取り組んでいることを知りませんでした

世界の農業の90％は家族農業だと言われています。それを踏まえて国連は２０１４年を「家族農業年」と宣言しました。さらに２０１７年12月20日の第72回国連総会本会議で２０１９年～２０２８年を「家族農業の10年」と定めました。これは食物メジャーと呼ばれるアメリカの多国籍企業が途上国の農地を開発・集約して大規模農業を推進する動きやアメリカの余剰農産物のはけ口を確保しようとする動きに歯止めをかけるための政策です。

――多くの日本人は、国連が家族農業を推進している活動を知りません

家族農業の重要性は途上国も日本も同じです。日本の

家族農業は国土を守り、自然を守り、食の安心安全を確保し、食料の自給率を維持拡大する重要な手段です。特に荒廃が進む中山間地は家族農業なくして維持できません。

――日本政府はなぜ家族農業の支援に消極的なのですか

一言でいえばアメリカの要望に応えたいからです。国連総会は2018年12月に「家族農業の権利を守る宣言」を採択しました。大規模農業を進めるアメリカなど先進国が反対する中で、日本はこの採択を棄権しました。反対よりたちが悪いと思います。この宣言は、アメリカを中心とした食料コングロマリットがアジアやアフリカの農地を大量生産・大量販売のために支配し家族農業を破壊する動きに待ったを掛けようとボリビアなどの中進国が粘り強く説得作業を進めてきた結果でした。

――農業政策はアメリカの言いなりでなく、国連中心主義で行くべきだと主張してこられました

アメリカの食物メジャーの意向を受けたアメリカファーストの農業政策から脱却して、国連中心主義の農業政策の音頭をとることがこれからの日本の責任です。

――これからの日本にとっての小農（家族農業）がなぜ重要なんですか

主な理由を挙げると、次のようなことになります。

○国土を有効に、循環的に活用できること
○自給自足、地域流通によって食料自給率が上昇すること
○食の安全性と安定性が守られること
○農業の低コスト化（省資源化）につながること
○田園の自然環境が守られること
○小さな農地の多い中山間地農村が生き残れること

が主なものです。

――2018年に「種子法の廃止」や「水資源の民営化」などが突然、決められました

一言でいえばアメリカの要望に沿って決めたものです。国民の大半は種子法があることすら、その種子法が全国の都道府県でコメや伝統野菜などの種の保存や改良に果たしてきた役割をほとんど知りません。そして、その種子法が突然廃止された背景に何があるのかも全く知らされていません。アメリカの穀物メジャーの犠牲になるような日本の農業政策は一刻も早く止めさせるべきです。

## 自然と共生し、地域を守る農業

――鹿児島大学を早期退職されて霧島山系の里山に移住して農業をやっておられます

今年でもう16年になります。私が住んでいる霧島市溝辺町竹子《たかぜ》の宮川内という集落は鹿児島空港から北西に車で15分くらいのところにあります。集落は51世帯で人口は130人ほど。果樹、お茶、肉用牛、養鶏、酪農経営の専業農家を除けば、家族経営の兼業や小さな農家ばかりで廃屋も3軒あります。ここでは日本全国のいわゆる中山間地で、共通して起こっている憂慮すべき事態が進行しています。

――どんなことが起こっているのですか

具体的にあげてみましょう。赤ちゃんの泣き声がしない！　家畜の泣き声がしない！　庭先に鶏がいない！　魚釣りやトンボを追う少年の姿を見ない！　戸外で遊ぶ子供がいない！　お年寄りやひとり暮らしが多い！　お葬式が多い！　廃屋が増えた！　周辺の生き物・鳥・蝶・虫・魚などが減っている！　伝統芸能の維持や文化財の保護が困難になっている！　都会に出た子供たちが帰ってこない！　集落はいまや限界集落から消滅集落へと向かっていると言えます。

――限界集落を消滅させないためには

政府は相変わらず農地の大規模化とそれを担う担い手育成に税金を投入しています。その政策はもはや限界に来ています。今後は中山間地の自然に見合った小規模農家による複合経営を支援する農政に注力すべきです。そのことが地方創生の具体的な成果に結びつくと思います。

――農業は衰退しても農は生き残ると

生き残るというか生き残らせなければいけないのです。過疎地の「村」をよく見れば「農」の視点は今も脈々として生き続けています。農家の圧倒的多数は家族の暮らしを守る小規模農家や兼業農家です。村では役場、農協、地場産業で働く人たちであり、先祖伝来の小さな農地で食を自給し、隣近所で分け合い、都会で働く子供、孫、縁故者、知人たちに収穫した米や野菜や果物を宅急便で送っている。こんな「村」では農業は衰退しても「農」はなお健在なのです。

――中山間地や小規模農家が衰退すると日本の生物多様性が

脅かされるのでは

里山の生態系が壊されます。数千年の歴史をもつコメつくりの水田では生物多様性が維持されてきました。コメつくりの1年の間に水田では、オタマジャクシやカエル、ゲンゴロウ、ミズスマシ、タニシ、ドジョウ、トンボ、など約200種類にも及ぶ動植物が生息すると言われています。春には菜の花やレンゲの花が咲き、ヒバリが飛んでミツバチが花粉を運んでくる。これが日本の農村の原風景です。しかし何千年も続いてきた日本のふるさとの原風景は急速に失われつつあります。

――合鴨農法※を提唱してこられたのも同じ理由からですか

消費者としての日本人はほとんど知らされていませんが日本の農業には生産性をあげるために過剰なくらいの農薬が使用されています。もちろん農作物にとっての病害虫の除去のために最低限の農薬は必要かもしれませんん。しかし過剰な農薬は残留農薬として消費者が口にする食物の安全性を脅かしています。

※合鴨農法：合鴨を水田で放飼することにより雑草や害虫を餌として食べさせ、排せつ物をイネの養分として利用する農法。1985年富山県福野町の農家・置田敏雄さんが水田の生態系を保つ無農薬栽培の手法として合鴨除草法を実施しています。合鴨の肉は食肉処分されるので稲作と畜産を組み合わせた複合農業です。1991年に古野隆雄さんが合鴨を飼う水田を外敵の侵入を防ぐため囲い込みの手法を確立、稲作と畜産を同時に行う「合鴨水稲同時作」へ発展させた。

――今、やっておられる農業の形は？

私の日々の農の営みは、約1・5町歩の棚田で、水稲と畜産の複合経営を基本にしています。そして無農薬の合鴨米、鶏卵、鶏肉、合鴨肉が主な収入源です。草刈り用にヤギも12頭飼っています。

――どんな暮らしですか

わが家からは霧島連峰を遠望することができます。朝、起きると居間の障子を開けて、霧島連峰の韓国岳《からくに》に昇る朝日を拝むのが日課です。今日も太陽の恵みを受けて生きることにそっと手を合わせて感謝します。お天道様のおかげで、地球上の生き物すべてが生きているという当たり前の真理を、頭では理解していながら、現役時代の多忙な都市生活では、つい忘れがちであったような気がします。農業を営む私の日々は「太陽とともに起き、太陽とともに眠る」という平凡な暮らしの繰り返しです。

あこがれていた「晴耕雨読」は16年経った今もままなりませんが、夕方、日の沈むころまで働いた後、母屋に上がってお風呂に入り、一日の汗を流す。働いた後の夕食の晩酌はことのほかうまいです。

## ――家族農業の六次産業化にも挑戦されています

14年前に地域の人たちとともに補助金なしで自前の小さな農林産物直売所「きらく館」を立ち上げました。いまも脈々と生き続けており、店の隅に設けたお茶コーナーはいつも笑い声が絶えません。ものを売るよりも地域の交流の場としての店であることにみんなが気づいています。またひとり暮らしのお年寄りのために弁当や生活必需品などを配送する小型の電気自動車「きらく号」も用意しました。２０１９年春にはカフェもオープンしました。念願の小農の六次産業化の形が実現したと思っています。

## ――地方創生の基本は農業・林業・水産業など第一次産業の地域基盤を見直すことという意見があります

政府はここ5～6年、声高に「地方創生」を叫んできましたが成果は上がっていません。これまでもこれからも地方が担う農業や漁業、林業などの第一次産業のあり方の議論を十分にしていないからです。戦後の高度成長は鉄鋼業や造船業、家電産業、そして自動車産業など製造業の強化で実現しましたが、その間、農業や漁業などの第一次産業は、「経済成長一本やりの国家戦略」から外れて次第に弱体化していきました。その結果、地方の過疎化が加速するとともに自然破壊が進んで、国土の安全が脅かされています。地方創生は、地方の主力産業である農業、漁業、林業などの第一次産業の持続可能性を高めることを地域政策・産業政策・雇用政策の基本にすべきです。

## ――都道府県別の食料の自給率から何を読み取ればいいのでしょうか

これまで厳密に比較することが難しいため避けられていた都道府県別の自給率（カロリーベースおよび生産額ベース）の公表が、２００６年から過去に遡って農林水産省により行われることとなり、食料・農業・農村白書にも掲載されています。全国的な傾向では、北海道・東北で自給率が高く、人口密度の高い3大都市圏で自給率が低いという点が明瞭に見てとることが出来ます。当たり前のことですが、農村はまだ食料自給力があるのに対して都市では食料の自給能力を失っているということです。つまり都市は農村なしには生きていけないということを示しているのではないでしょうか。

## 自然との共生・人間との共生を学ぶ「霧島生活農学校」

### ――「霧島生活農学校」を立ち上げられた背景は

平成18年（２００６）に「竹子農塾」を立ち上げました。霧島生活農学校は、それを発展的に解消して、２０１８年に小農を育てることと農と食を統合した学校です。農業経営や農業技術を教える事よりも人間を育てることに重点を置いています。集落や農村のリーダーとなる人材育成を目指しており、校訓は「知足・共生・循環」です。いわば小農の小農による小農のための農学校なのです。

### ――校訓「知足・共生・循環」とは

知足とはもともとは仏教用語で「足るを知る」ということです。20世紀は戦争と環境破壊の世紀でした。またアメリカ発の市場原理と競争至上主義の時代でした。その結果、世界の格差は許容範囲を越えています。21世紀は世界が共生する時代に変えていかないといけないと思います。いまこそ日本人に必要なことは「足るを知る」という生き方ではないでしょうか。また自然環境との共生は農業の基本です。そして、春夏秋冬の季節の変化と土壌や肥料を自然循環させる有畜循環型農業をめざしたいと思います。それこそが小農の基本です。

### ――霧島生活農学校の理念はデンマークの国民高等学校（フォルケホイスコーレ）の教育を参考にされたのですか

デンマークの国民高等学校（フォルケホイスコーレ）はグルントヴィ※という人が今から１５０年くらい前に提唱した教育理念に基づく学校です。その教育理念は、知識や技術教育よりも人格の陶冶、教養に主眼を置き、青年たちに正しい人生観を身に着けさせるというものでした。霧島生活農学校の教育理念はこのグルントヴィの考え方に近いものです。グルントヴィはこうも言っています。〝高等教育を受けたものはとかく労働をいやしみ、競ってテーブルの上の仕事に就こうとする。そうすると優秀な人材が都市のみに集中することになり、頭でっかちの脆弱で不均衡な国家をつくることになる〟と。まさにいまの日本の教育や若者の行動に当てはまるのではな

**都道府県別食料自給率　令和元年暫定値（％）**（農林水産省）

| 都道府県 | カロリーベース | 生産額ベース | 都道府県 | カロリーベース | 生産額ベース |
|---|---|---|---|---|---|
| 北海道 | 216 | 211 | 滋賀 | 49 | 39 |
| 青森 | 123 | 241 | 京都 | 12 | 19 |
| 岩手 | 107 | 199 | 大阪 | 1 | 6 |
| 宮城 | 73 | 96 | 兵庫 | 15 | 38 |
| 秋田 | 205 | 163 | 奈良 | 14 | 23 |
| 山形 | 145 | 191 | 和歌山 | 28 | 110 |
| 福島 | 78 | 93 | 鳥取 | 61 | 135 |
| 茨城 | 66 | 122 | 島根 | 61 | 106 |
| 栃木 | 71 | 110 | 岡山 | 36 | 62 |
| 群馬 | 32 | 96 | 広島 | 21 | 39 |
| 埼玉 | 10 | 17 | 山口 | 29 | 44 |
| 千葉 | 24 | 59 | 徳島 | 41 | 116 |
| 東京 | 0 | 3 | 香川 | 33 | 92 |
| 神奈川 | 2 | 12 | 愛媛 | 35 | 114 |
| 新潟 | 109 | 112 | 高知 | 43 | 170 |
| 富山 | 76 | 63 | 福岡 | 19 | 36 |
| 石川 | 47 | 50 | 佐賀 | 72 | 136 |
| 福井 | 66 | 59 | 長崎 | 39 | 145 |
| 山梨 | 19 | 85 | 熊本 | 56 | 159 |
| 長野 | 53 | 134 | 大分 | 42 | 114 |
| 岐阜 | 25 | 43 | 宮崎 | 60 | 284 |
| 静岡 | 15 | 53 | 鹿児島 | 78 | 275 |
| 愛知 | 12 | 32 | 沖縄 | 34 | 63 |
| 三重 | 39 | 64 | 合計 | (38) | (66) |

※農水省は都道府県の自給率を４区分している。

①カナダ型（穀物生産がカロリーベースに寄与）
　小麦や大麦、大豆などの高カロリーの穀物生産主体。
　北海道、青森県、岩手県、秋田県、山形県、新潟県など、コメの生産地。

②デンマーク型（畜産が生産額ベースに寄与）
　日本では宮崎県と鹿児島県。

③オランダ型（施設園芸が生産額ベースに寄与）
　人口が多い大消費地への花卉（花）野菜生産が盛ん。茨城県、栃木県、群馬県、長野県、千葉県など。

④シンガポール・香港型（人口が集中し自給率が非常に低い）
　東京都、神奈川県、大阪府。

いでしょうか。デンマークは人口約560万人で広さは日本の九州と同じくらいの小国ですが、世界幸福度ランキングでは度々1位にランクされています。

※ニコライ・グルントヴィ（1783〜1872）：「デンマーク精神の父」と呼ばれる思想家、教育者、政治家。150年前にデンマーク語とデンマークの農民文化を軽蔑する首都の知識人や学者に抗して、「生きた言葉」「対話」「共同生活」を教育の基本に置いた「フィルケホイスコーレ（国民高等学校）を設立、今日のデンマークの基盤を築く原動力になった。

――この生活学校を開設した理由は

日本の国土の約7割は中間山地といわれる、狭くて、高低差の大きい土地です。国が進める大規模農業化には、全く適合しません。その狭い土地を活かす小規模農業こそが日本が取り戻すべき農業の姿です。このままいけば日本の農村は確実に消滅します。この学校では単なる農家の後継者ということでなく農山村の地域リーダーを育成することを第一の目的にしています。

――この学校の教育目標は

6つの目標を掲げています。①命を育み、その命をいただくという農の本質を貫く、②自然との共生をめざす、③人間との共生をめざす、④有畜複合の経営をめざす、⑤湿潤気候のアジア型農業※をめざす、⑥利他の心を持つ志の高い人を育てるです。

※湿潤気候のアジア型農業：高温多湿で降水量が蒸発散量を上回る地帯で営まれる農業。主としてアジアのモンスーン地帯に分布し、年降水量500㎜以下の乾燥地農業と対比される。

## 国民全員が〝農ある暮らし〟に取り組む

――随分昔から「国民皆農」を提唱されています

国民みんなが何らかの形で「農」に取り組むことが、重要だと思ってきました。農業は日本人にとって、自然との共生の基本ですし、食は人間が生きていく上に必要不可欠のものだからです。また農業はひとりではできません。集落や地域の人たちと助け合わなくてはできない仕事なのです。いま日本人が失いかけているコミュニティを取り戻すことにもつながります。都市住民にとっても農業に取り組む機会が急速に増えています。「定年帰農」とか「菜園家族」とか「半農半X」などの形がこれまで提案され、実践されてきましたが、ここ数年、大きな流れになる兆しがあります。

**――最近のメディア報道は、国民の農業への関心の高まりを示している気もします**

その動きは確かに活発になっています。２０１４年に《消滅都市》という政府のレポートが発表されて、国民に大きな衝撃を与えました。その一方、「農村は消滅しない」「里山資本主義」「田園回帰運動」など農とか農村、もちろん漁村もそうですが、生活の場としての農村と農業のあり方を見直す動きもじわじわと広がりつつあるのではないでしょうか。それは漁村と漁業のあり方にも共通しています。

**――これらの方向が「国民皆農」ということになるのですか**

すでに都市部で農ある暮らしや農ある地域を作ろうとする動きが始まっています。また国内の農業を見直す機運が高まってきたと感じます。

**――具体的には**

異常な食料自給率の低さに気づき始めた人が増えていること。平成18年に「有機農業推進法」が制定され減農薬が市民権を得たこと。就農、定年帰農者の増加や農的くらし、ベランダ菜園、市民農園に取り組む人が増加していること、地産地消や産直、小さな直売所が全国に広がり、農産品に新たな流通の形が広まりつつあることなどがあげられます。なかでも大きな変化は、若者が農業に一種の憧れを持つようになったことです。かつては農業は汚く、報いられない過剰労働、女性に過酷な労働が強いられるなどマイナスのイメージがあったのですが、農業はかっこいい仕事とか、農業女子という言葉が一般化して、大きく変わるという予感と希望を感じます。

**――小農学会共同代表の山下さんが（このままいけば）日本は「農なき国の食なき民になる」と警告されていました（南日本新聞客員論説より）**

日本は1億2千万の人口大国なのに食料自給率は38%。国民１００人のうち62人が外国の農産物で命をつないでいる異常な国なのです。こんな国は世界中にありません。この異常さを政府も国民も異常と思わない。恐ろしい国です。いずれ日本人は「農なき国の食なき民に」なります。だから山下さんは「みんな百姓になろう」と呼び掛けているのです。

**――これらの小農の増加によって日本の農業の形は変わりますか**

戦後の日本は産業を第一次、第二次、第三次の3つに分化して発展しました。いまは日本人の大部分の人が第二次と第三次産業に従事するようになりました。しかしこれからの日本は第二次、第三次産業に従事する人たちも「小農」として何らかの形で、人間の生きる礎である第一次産業に関わる時代が来るのではないかと強く思います。これが私の考える令和の新しい日本の形であり、日本の中山間地農村を再生させる道でもあると確信しています。

**参考文献**

『生活農業の時代』（萬田正治／南方新社／2010）
『新しい小農～その歩み・営み・強み～』（小農学会／創森社／2019）

## ▼COLUMN①
# 家族経営農民のささやかな願い

農業　中村敬志（鹿児島市犬迫在住）

### 私が農業を始めたわけ

私は鹿児島県立市来農芸高校の農業経営科、生物工学科を出て、南さつま市にある県立農業大学校の花き科を卒業しました。23歳の時に野菜農家を起業しました。いまは育った鹿児島市犬迫地区（鹿児島市の中心部から車で約30分の山間部）で野菜農家をやっています。現在34歳、両親の手も借りながら小規模農家をやっていますが、先日子供も生まれたので、将来は妻にも手伝ってもらいながら規模の拡大も考えています。今はホウレン草や小松菜など軟弱野菜を中心に栽培し、市内の直売所（40％）と青果市場（60％）に販売しています。現在の最大の悩みは、長期に続く野菜価格の安値低迷です。自前のハウスを増築して規模の拡大を図りたいのですが、野菜価格の低迷が続く状態ではなかなか思い切った投資に踏み切れずにいます。

### 小農こそが地域を守ることを国民みんなに知ってほしい

農業は土地に依存する産業です。農業をやる土地の気候風土や広さ、によって栽培できる野菜の品種や収穫時期、収穫量が制約されます。また農業は自然が相手なので、気候変動によるリスクが大きいです。鹿児島市内の農業では桜島の火山灰のリスクもありますし、地球温暖化の影響なのか、最近は梅雨時などの異常な降雨量にも悩まされています。

私の周辺の農家を見ていると、山間部の農村は過疎化・高齢化でいずれ消えていくに違いないと強く感じます。それは貴重な農村文化や地域コミュニティが消えていくことになるので、寂しく感じています。自然が多様であるように、自然と共生せざるを得ない日本の農業も小さくても多様な形が成り立つ農業を目指すべきだと強く感じています。

そもそも、山の多い日本において、ヨーロッパやアメリカのような大規模農業を真似ることには無理があります。山と豊富な水を利用した日本らしい農業を活かすべきです。また鹿児島の自然環境に合わせた鹿児島ならではの農業に創意工夫を凝らして取り組み、おいしくて安全な野菜作りに挑戦していきたいです。また、そのことが報いられるような支援策を国や県や市には考えて欲しいです。地方の農家が消滅しても、海外から輸入すればいいという考えは間違いです。多くの国民に、国産の野菜を買うことが、日本の自然や田舎の暮らしを守ることだということに気づいてほしいです。（本章「都道府県別食料自給率」表参照）

### 国がやるべきは農業を続けやすくすること

国の農業政策に詳しいわけではありませんが、国は農業の大規模化、企業の参入、新規就農者の拡大に注力していると感じます。企業の参入は、その巨大な資金力で大規模な設備投資を行い、野菜工場のように大量生産・大量販売を推進するイメージがあります。これらの農業が優遇されていけば、地方の小規模農家はとても太刀打ちできません。また給付金を渡すなど新規就農者を重視した政策も悪いとは思いませんが、既存の農家が経営を持続していきやすく、かつ規模拡大していけるような支援をする方が日本の農業を守るにはずっと効果的だと思います。農業の未来に希望が持てれば、国が新規就農者を無理に増やそうとしなくても、農家の後継者や新規就農者は自然に増えていくと思います。

中村敬志氏

農産物価格の長期にわたる低迷や最近の自然災害の頻発で今や農業はハイリスク、ローリターンの産業という意見が私の周りでも多く聞かれるようになりました。今の農産物価格の安値安定は、どこかの産地が自然被害を受けない限り変わることはありません。気候が安定し災害もない時ほど経営が苦しく、〝豊作は怖い〟という今の日本の農業は歪んでいると思います。

自然を相手に日夜、野菜栽培に取り組んでいる立場から見れば、国がやるべきことは〝農業を始めやすくすることではなく、続けやすくすること〟だと強く感じています。

### 伝統野菜を地域活性化につなげたい

鹿児島県が認定している伝統野菜は約20種類、認定されていないものを入れると数十種類はあると思います。特に大根は桜島大根をはじめ、横川大根、国分大根、開聞岳大根など種類が豊富です。またニガゴリ、白ナス、隼人ウリ、吉野ニンジンなど県内各地で栽培されています。栽培を検討したこともありますが、やはり販売が難しいと感じて断念しました。そこで提案です。旬の伝統野菜を、県外からの来訪者に食べてもらう「レストラン」「食堂」「高級居酒屋」を県の推奨店としてネットワーク化し、県内各地に配置してはどうでしょうか。鹿児島の伝統野菜に付け合せるメインディッシュを鹿児島の肉や魚にして、鹿児島ならではの料理で来県者をもてなすという戦略です。鹿児島黒牛の最高級ステーキ、長島町の鰤王のステーキ、種子島のトビウオのカルパッチョ、甑島のキビナゴの酢味噌あえ、錦江湾の真鯛の塩焼き、野間崎沖の秋太郎※の照り焼き、などとセット料理として提供し、酒はシェフの好みの芋焼酎を１醸造元に限定して提供します。鹿児島だから焼酎はなんでもありでは駄目です。焼酎もいつ、どこの畑で栽培した黄金千貫※か、その年の気候はどうだったか、だからこんな味が実現したと説明できれば県外からのお客さんは必ず喜ぶと思います。

※秋太郎：バショウカジキ。鹿児島に秋を知らせる魚として「秋太郎」と呼ばれる。旬は9月から11月。
黄金千貫：サツマイモの種類。表皮が黄金色。芋焼酎の90%に使用されている。

## いま、行政に望むことは首都圏に直売所を作ること

私の今の販売先は、ほぼ１００%鹿児島市内ですが、さらに販売量を伸ばすためには大都市圏への直販を増やすしかないと思います。これは零細農家１軒で出来る話ではないので、県や鹿児島市がＪＡと手を組んで直販所を開設してもらえないかと考えています。直売所の利点は、何といっても廃棄する野菜が減ることです。市場出荷では決められた規格があり、規格外になると出荷できません。もし大都市圏に直販所ができれば、畑も有効活用できますし、商品ロスも減らせます。新しい品目の試験栽培にも挑戦できます。そして何といっても、我々個人経営の農家のモチベーションが上がりますし、鹿児島の野菜のＰＲにもなると確信しています。

## 2 観光産業は地方創生の切り札

### 日本の観光産業の未来は明るい

観光は21世紀日本の最大の産業である。観光は日本の自然、歴史、文化、生き方などの潜在価値を日本人と外国人の双方に、発見、体験、認識、感動させる総合サービス産業である。また観光は国内・国外に関わりなく地域の人と地域の外の人が交流する産業なので、観光が発展すればするほど人と人、国と国の相互理解が進んで平和の実現につながる。国連が観光は平和産業だと規定しているのはその意味である。また、観光は「地域の価値の発見」であるから人口減少に悩む地方の活性化の切り札になる。

日本の観光産業の位置づけは基準の取り方が難しいが大雑把に言って現在GDPの約5％、雇用の約10％、世界標準から見るとまだまだ伸びる余地が大きい。ここ数年、予想を遥かに超えてインバウンド（海外からの観光客）が急増したが、新型コロナパンデミックの影響で2020年は激減した。日本の観光産業の産業規模は自動車産業、化学産業に次いで第3位と言われている。また宿泊、交通、食事という直接需要だけでなく、土産、諸施設の入場料など観光産業のすそ野は非常に広い。

日本は2003年に小泉内閣が「観光立国宣言」をして観光産業強化に取り組み始めた。2006年に「観光立国推進基本法」を制定し2008年には観光庁も設置された。その後、2013年ごろから中国・韓国・台湾の近隣3国からのインバウンド観光客が急増し、2019年には3188万人に達して官民挙げての観光強化策が実りつつあった。しかし2020年に入ると、中国から始まった新型コロナパンデミックによって、インバウンド観光客は激減して観光業界に未曾有の打撃を与えている。しかし長期的に見ると日本の観光産業は世界の観光先進国に比べると伸びしろが大きいことは間違いない。

世界で観光先進国と言われる国を見ると観光収入ではアメリカが断トツ1位である。またGDP比の構成で観光消費の大きいのはヨーロッパのスペインやフランス、ドイツ、イタリア、スイスである。EU加盟のヨーロッパ諸国は高速道や鉄道でも簡単に行き来できる優位性があるのでいずれも観光業が国を支える重要な産業になっている。

毎年世界の政治経済のリーダーが集まるスイスのダボス会議を主催している世界経済フォーラム（WER）が2年に1回発表している「旅行・観光競争力ランキング」（2018年度）では日本は世界4位に評価されている。官民挙げての観光振興策や観光産業のポテンシャルが評価されたせいだが、課題も多い。

このWERの旅行・観光競争力ランキングは2007年に始まったもので、2年に1回、発表される。日本の評価は急速に高まっていて、2008年の23位から2013年には14位、2015年に9位、そして2017年には4位と急上昇し、直近の2019年も4位を維持している。

この日本の観光産業の潜在力を支える資産は3つある。まず世界有数の世界遺産や歴史的な文化遺産があること。2つ目は美しい自然環境に恵まれていること。美しい自然環境は世界のどの国にもあるが、日本の優位性は四面を海に囲まれていることと明確な四季の変化があること、国土のおよそ70％が森林で緑豊かな景観に恵まれていることである。そして3つ目は鉄道や高速道路などの交通インフラが充実していることだ。日本の交通インフラの安全性・信頼性は世界屈指のもので、時間に正確で、清潔なことも世界に知られている。

## 日本人の旅行・観光はどう変わってきたか

日本の観光産業の将来を考える上で、確認しておくべきことがある。まず、昭和時代の高度経済成長期と平成時代の低成長成熟期では国内観光の形に大きな変化があったことである。ひと括りにすると団体旅行から家族・個人・友人旅行へ、物見遊山型から体験・体感・感動型観

**2018年度WER旅行・観光競争力ランキング上位10カ国**（日本政府観光局）

| 順位 | 国 | 人口（百万人） | GDP（億ドル） | 1人当たりGDP | 観光収入（億ドル） | 観光消費※／GDP（%） |
|---|---|---|---|---|---|---|
| 1 | スペイン | 46 | 1427 | 30 | 737 | 7.0 |
| 2 | フランス | 64 | 2780 | 42 | 673 | 5.8 |
| 3 | ドイツ | 82 | 3951 | 48 | 429 | 10.0 |
| 4 | 日本 | 126 | 4971 | 39 | 411 | 4.6 |
| 5 | アメリカ | 325 | 20580 | 62 | 2144 | 4.9 |
| 6 | イギリス | 66 | 2628 | 42 | 518 | 8.3 |
| 7 | オーストラリア | 24 | 1379 | 56 | 450 | 8.1 |
| 8 | イタリア | 60 | 1938 | 34 | 492 | 6.7 |
| 9 | カナダ | 36 | 1712 | 46 | 204 | 5.8 |
| 10 | スイス | 8 | 705 | 82 | 251 | 5.4 |

※観光消費　国内旅行＋海外旅行　（自国民）

**○ 2021年度WER旅行・観光競争力ランキングでついに日本が1位になった。**
**1位日本、2位アメリカ、3位スペイン、4位フランス、5位ドイツ。（2022年5月24日発表）**

光へ、そして旅行代理店依頼型からインターネット予約型へ、という大きな変化である。

国の戦略的な対策によってインバウンド観光客は激増した。一方、日本人の国内観光が伸び悩んでいる理由は3つある。団塊の世代を中心とする旅行好きの中高年がさらに高齢化して旅行に出かけるパワーが低下したこと、所得の低迷や格差が益々拡大している経済的理由、そして相変わらずの余暇時間の低迷である。日本人の余暇時間取得率は世界の先進国の中で、いまだに最低水準である！　昭和30年代から40年代、輸出主導型で日本が高度成長していたころ、日本人は働き蜂と揶揄されたが、平成時代に30年も続いたデフレ・低成長に入った今も日本人のライフスタイルは大きくは変わっていない。

日本の有給休暇取得率は過去3年、世界最下位である。政府は「働き方改革」など、日本人の労働環境を改善しようとしているが、「有給休暇の取得率」をみると改善されているとはとても言えない。日本人はいまだに有給休暇をとることに罪悪感を抱く人が世界一多くて60％近くある。観光大国のスペインは20％、フランスは25％なので、その差は非常に大きい。

## 観光立国日本の現状と課題

政府（観光庁）は2017年に「明日の日本を支える観光ビジョン」を決めている。しかし地方の住民にこの観光ビジョンは十分浸透していない。「観光を地方創生の礎（土台）にすること」「観光をわが国の基幹産業に育成すること」が2大目標として掲げられている。まさに正論であるが、霞が関の発想は常に縦割りであり、現場から遊離しがちである。

観光ビザの条件緩和などの規制緩和や優遇策で、日本のインバウンド観光客は2010年の860万人が10年後の2019年に3188万人と驚異的なスピードで伸びてきた。しかし2020年初頭に新型コロナウイルスが中国武漢から一挙に世界に蔓延したことによって、インバウンド観光客は2000年は414万人と1／10にまで激減した。

ポストコロナショックの観光産業は、大量供給型観光から高付加価値小規模供給型観光へのシフト、中国に偏った観光客の分散化、地方創生策の観光業支援策（特にデジタルネットワーク）の活用が重点施策になる。

日本のインバウンド観光客の8割は中国・韓国・台湾・香港の隣国4カ国で占められている。日本は島国なので、インバウンド観光客は飛行機か船でくるしかない。その点では観光王国といわれるヨーロッパのスペインやフランス、ドイツなどと比べるとハンディがある。14億

**「明日の日本を支える観光ビジョン」の概要**（観光庁）

| 3大目標 | 主な施策 |
|---|---|
| 1．観光資源の魅力を極め、地方創生の礎に | 魅力ある公的施設・インフラ、観光資源としての文化財、国立公園5カ所のナショナルパーク化、景観の観光資産の保全・改善、滞在型農山漁村、伝統工芸品の消費拡大、広域観光周遊ルートの改善 |
| 2．観光産業を革新し、国際競争力を高め、わが国の基幹産業に | 民宿サービスの規制緩和、観光経営人材の育成強化、世界水準のDMOの形成・育成、観光地再生・活性化ファンド、インバウンド観光促進のための発信力強化、MICE誘致、観光教育の充実、若者のアウトバウンド活性化 |
| 3．すべての旅行者が、ストレスなく快適に観光を満喫できる環境に | 民間のまちづくり活動の推進、外国人患者受け入れ態勢充実、地方創生回廊の完備、地方空港とクルーズ船受け入れ態勢強化、休暇改革（2020年までに年次有給休暇取得率70％へ）、ユニバーサルデザインの推進 |

もの人口を抱える中国、高速船で3時間の韓国、そして世界一の親日国台湾からの観光客がトップ3を占めるのは当然ではある。

上位10位の中で欧米では唯一アメリカ人が150万人も訪日している。欧州からの観光客を増やすにはどうしたらいいのか。和歌山の高野山や熊野古道はヨーロッパの人たち、特にフランス人に人気がある。鬱蒼とした森に囲まれた高野山の宿坊、森閑とした森林を歩く熊野古道、四国遍路88カ所の巡礼に参加するヨーロッパ人は増加している。

2019年秋に日本で開催されたラグビーワールドカップはイギリスやフランス、南太平洋のオーストラリアやニュージーランド、サモア、フィジーなど世界の20カ国が参加して各国の事前合宿から約2カ月半にわたって全国の各都市で開催された。日本に観戦と応援に訪れた外国人は40万人にも達した。多くは母国の試合の応援に来日したのだが、母国の試合に合わせて、最低1週間程度は滞在した。中にはこの機会に日本旅行をと1カ月から2カ月も滞在した人達もいた。アジアで初めて開催されたラグビーワールドカップ日本大会は日本人のホスピタリティと礼儀正しさ、親切さが口コミやSNSで世界に拡散し、将来の訪日観光客の拡大の確かな手ごたえになった。

## 観光業界に欠けがちなマーケティングの視点

これまで観光業界が陥っていた欠陥が、コロナパンデミックによる観光客の激減であぶりだされた。発想の転換を迫られているのだ。飛行機会社や大手旅行代理店や大規模宿泊施設の経営不振は、新たな観光を考える反面教師である。基本はマーケティングの見直しである。これまでの日本

**2019年　訪日外客数　総数31882千人**（日本政府観光局）

| 地域 | 訪日外客数（千人） | 比率（%） | 国別外客数（千人） |
|---|---|---|---|
| アジア | 26819 | 84 | 中国（9594）韓国（5584）台湾（4890）香港（2290）タイ（1318）フィリピン（613） |
| 北米 | 2187 | 7 | アメリカ（1723）カナダ（375） |
| 南米 | 111 | 0.3 | ブラジル（47） |
| ヨーロッパ | 1986 | 6 | イギリス（424）フランス（336）ドイツ（236） |
| オセアニア | 721 | 2 | オーストラリア（621） |

の観光業界の欠陥は、観光地ありきのプロダクトアウト発想と観光業界の縦割りのバラバラの行動だ。顧客ニーズを想定した「地域の横ぐしの提案力」が、いまほど問われている時はない。
○顧客の潜在ニーズの掘り起こし
○コーディネーター・プロデューサーの提案力・統合力
○地域を広域に考えて提案する発想
○代理店依存でなく顧客への（地域からの）直販への転換
○地域の多様な価値を俯瞰的（地域軸と時間軸）に提案する力

## ポストコロナの「観光」はディスカバー・ホームタウン（ふるさと発見）

インバウンド観光バブルで、日本の観光業界が見失っていた日本の観光の原点を、コロナパンデミックによって気づかされたのが、日本の観光業界だ。業界の論客、星野リゾートの星野代表の「安・近・短」（安い、近い、短い）も一つの考えではあるが、あくまで業者からの発想である。地域からの発想がますます重要になる。
○コロナ騒動で、他地域との移動に制限がかかったことで、日本人はかつて〝遠くへ行きたい〟キャンペーンがあったように、知らない土地へ行く本能を思い出させることになった
○近隣諸国からのインバウンド観光客の激増に対応して、観光業界は一斉に、「大量生産・大量消費」型観光に突っ走った。政府のGOTOキャンペーンは一時的なカンフル剤に過ぎない。このコロナショックを機に日本の観光の方向を、生産者（供給者）も消費者（旅行者）も根本的に転換することが必要だ。それは、日本の自然と歴史と文化の多様性を知り、学び、体感する、観光への大転換である。日本の全国各地にある足元の観光資源を再発掘する「新たなディスカバー・ジャパンの時代」が再来したのだ
「デスカバー・ジャパンの時代」とは今から40年ほど前に当時の国鉄が仕掛けたポスト大阪万博の観光キャンペーンのキャッチフレーズである。電通の藤岡和賀夫氏

が企画した「ディスカバージャパン　美しい日本の私」というキャンペーンで、新幹線や鉄道に乗って、美しい日本を訪ねて自分を見直そう！という呼びかけだった。ただ「何をディスカバーするのか」は、40年前のこの時とは大きく変わっている。1970年代、大阪で万国博覧会が開催されたときには延べ6000万人が（主として新幹線などの鉄道で）全国から大阪に集まった。

40年前の「日本発見の呼びかけ」と「これからの日本発見」には大きな違いがある。

○3密に慣れ切った都市住民が、「自然との共生（そもそも人間は自然の中にある）」という生活の原点を感じるために「田舎と過疎と自然」を訪ねて「自分（の生き方）を再発見しよう（見つめ直そう）」という発想

○地方のどこにでもある長い歴史の足跡を学ぶ発想。特に重点化すべきは450年前から150年前まで、約300年わたって日本の地方で独自の「文化」を作り上げた江戸時代の全国300諸藩の「歴史と文化」を学ぶ・体験すること

○日本は狭いようで広い。戦後の高度成長期には都市部に田舎から人々が集まった。だから関東圏や関西圏、名古屋圏などの都会育ちの若い人たちは自分たちのルーツである田舎の独自の歴史や文化を良くは知らない。これからはそれを取り戻す発想が重要だ。「食文化」や「城郭」や「地域の伝統文化（祭りや芸能）」を訪ねることから始めると良い

○旅先で出会う地元の人たちとの何気ない「対面交流」に価値を見出す発想（第3章 COLUMN ③参照）

## 地方（地域）観光の重点テーマ

若い人を中心にした首都圏や関西圏への人口の流出、人口の自然減（死亡数—出生数）で、経済が低迷している地方の市町村は日を追って疲弊している。それらの過疎地の活性化のために有効な「観光」の切り口を考えてみよう。日本人は、また日本の観光関係者は、過疎や、自然の素晴らしさをアピールすることに頭を切り替えるべきだ。

①**神社・仏閣観光**　日本は多神教の国である。もともとは

「自然崇拝」から始まり、飛鳥時代の聖徳太子による「仏教による国造り」が数百年の時を経て定着した。現在、日本には神社が5万カ所、お寺が7万カ所あるという。それぞれが長い歴史を持ち地域に溶け込んでいる。素晴らしい観光資源である。

②**星空観光**　天文や天体を対象とした「アストロツーリズム」。「美しい星空」がテーマで、人口減少や産業の衰退に悩む、地方の過疎地ほど、有利なテーマである。しかし星空だけでは地域観光の持続可能性は高まらない。ひと工夫が必要だ。（本章COLUMN②参照）

③**原風景観光**　目玉は「日本の原風景」と言われる景観である。日本列島の西側の日本海や東シナ海に沈む「夕日」の素晴らしさは壮観である。また、日本の田舎にはどこにも「原風景」がある。棚田や里山、里海が、日本の原風景の基本である。日本列島が四面を海に囲まれ、起伏に富む地形だからだ。

④**ジオ観光**　数億年の地球の地殻変動で、約３０００万年前に出来上がった奇跡の島、日本列島の地形や地質や景観を体験する「ジオツーリズム」は、現在の日本の地方の過疎地と言われる地域に共通して存在する「唯一無二の観光資産」である。

⑤**森林観光**　1億2千万人の世界11位の人口大国日本の森林比率が世界3位で国土の約70％もあることを認識している日本人は少ない。同時に、海洋国家でもある日本には「森は海の恋人」という言葉がある。三陸リアス式海岸の山から海へ流れてくる〝腐葉土〟の豊かな栄養素が湾ごとに味が違うおいしいカキやホヤを生み出すことを表現した言葉である。岩手県でカキ養殖を担ってきた畠山篤郎さんの名言である。また長野県黒姫山山麓に「アフィの森」を作り上げたＧＷニコルの森の思想は、全国各地の森林観光に参考になる。森は人間に安らぎを与えるだけでなく、自然環境を体感する場所だ。

⑥**遺跡観光**　日本列島は遺跡だらけである。いまから２３００年くらい前まで約1万年間続いた縄文時代の「遺跡」は全国に9万カ所ある。２０２1年7月には北海

道・北東北の縄文遺跡群（17カ所）が世界文化遺産に登録された。日本人と海外からの観光客の関心が高まることは確かである。もちろん、弥生遺跡も、古墳時代の遺跡も、強力な歴史観光資源である。

**⑦城郭観光**　日本にお城は9万カ所ある。いま、日本は城郭ブームが続いている。お城にはその土地の歴史と文化が圧縮されている。城郭観光は、お城を見るだけでなくお城に伴うその地域の歴史と文化を学ぶことを目的にすべきだ。

**主要先進国の森林比率ランキング**
（国連 FOA ／ 2017）

| 順 | 国 | 森林比率（%） |
|---|---|---|
| 1 | フィンランド | 73.11 |
| 2 | スウェーデン | 68.92 |
| 3 | 日本 | 68.46 |
| 4 | 韓国 | 63.35 |
| 5 | ロシア | 49.76 |

**⑧地酒・伝統野菜観光**　鹿児島の焼酎、沖縄の泡盛、全国の日本酒、その地酒を現地で味わう旅である。近年、各地で開発が進むワインもテーマになる。お酒はその地域の気候風土、農作物がもたらすもの。日本酒や焼酎、泡盛、ワインに人生をかける杜氏・職人の心を学ぶことも楽しい。

**⑨農村・漁村・山村観光**　いま静かな農業ブームが始まっている。まず２５００年積み上げてきた日本の稲作文化の現場を訪ねることから始めよう。棚田や里山は、その最大のテーマである。林業の里を訪ねる旅も楽しい。タケノコ掘りやシイタケ採取も武器になる。渓流釣りの挑戦もある。

**⑩温泉観光**　火山列島である日本は、全国つつうらうら温泉だらけである。しかし温泉の無い地域もある。私のふるさと鹿児島は大分県に次ぐ「温泉県」なのだが、その温泉を地域としての観光集客にうまくつなげているかというと穴だらけである。「温泉」は観光の主役でなく脇役として考えることが重要だ。

**参考文献**

『観光亡国論』（アレックス・カー、清野由美／中公新書ラクレ／２０１９）

▼COLUMN②

## 過疎地ほど武器になる「星空観光」

和歌山大学観光学部長　尾久土正己

**——和歌山大学に赴任されるまでのキャリアを教えてください**

大学を卒業後、中高で理科の教諭を6年勤めたあと、兵庫県の天文台（西はりま天文台）で研究員を5年、和歌山県の天文台（みさと天文台）で台長を8年勤めました。どちらも「公開天文台」と呼ばれるもので、研究目的の天文台ではなく市民への公開を目的とした天文台です。天文系の博物館とも言えます。午後から21時くらいまでは公開業務をしながら、公開後の真夜中の時間は、何億光年も離れた奇妙な振る舞いをする天体の研究観測を行っていました。

**——「アストロ・ツーリズム」を研究・指導されていますが、聞きなれない言葉です**

アストロ・ツーリズムとは、天文学Astronomyや天体物理学Astrophysicsの天文や天体を意味する〝Astro〟を対象とした観光になります。宇宙観光（Space Tourism）と同義のようにみえますが、私たちは別物として扱っています。「私たちは」とわざわざ書いたのは、アストロ・ツーリズムはまだ新しい概念で、研究者によってその定義は違っています。天文学の研究をしていた私からすると、天文学は人類や探査機が直接行くことができない天体を望遠鏡などを使って観測し、その観測結果を物理学や化学などを駆使して、その天体の様子を解明しようとする学問です。成果だけみていると、なんでも分かっているように思えますが、そこに行ってサンプルをとったわけでないのであくまでも仮説のレベルです。これに対して、アポロ計画や小惑星探査機はやぶさでは、実際にそこへ人類や探査機を送って映像やサンプルを持ち帰っていますので、これは通常の地球科学と同じ学問になり、最近では地球も含めて「惑星科学」と呼ばれています。そう考えると、ロケットに乗って宇宙空間に行く観光（宇宙観光）と、地上から星空を見上げる観光（天文観光）は別物になります。地上で天体を対象とする施設としては、プラネタリウムと天文台がありますが、海外の研究者はアストロ・ツーリズムをエコ・ツーリズムの一つのカテゴリーと考えるため、人工的なプラネタリウムは対象外としています。一方で私たちは、プラネタリウムがバーチャルな映像であってもそこに行く人々の意識に注目すれば、アストロ・ツーリズムの対象だと考えています。わかりやすい例として、都会から地方に来た観光客の多くが美しい星空を見上げたとき「わぁ、プラネタリウムみたい！」と声をあげます。つまり、都会の人々にとってはプラネタリウムの星空が原風景になっているのです。

**――アストロ・ツーリズムの魅力は**

アストロ・ツーリズムの魅力は、地域と観光客の立場で違ってきます。地域の立場で考えると、都市から離れれば離れるほど、また、人口が少ない地域ほど多

尾久土正己和歌山大学観光学部長

くの星空を見ることができます。これまで何もないと嘆いた地域ほど美しい星空がそこに広がっているわけです。その意味で、星空を対象とするアストロ・ツーリズムは、過疎地域にとって取り組みやすい観光になります。

観光客の立場で考えると、星空の下での観光はSDGsなどで地球社会の持続可能性に関心が高まる現代にとってうってつけです。地球を一つの小さな天体として俯瞰できるアストロ・ツーリズムは21世紀の地球市民にとって大切な体験になると思います。

**――日本の都会には、異常なくらいプラネタリウムがたくさんあるような気がします**

実はわが国は、世界的に見ても公開天文台やプラネタリウムが非常に多いのです。プラネタリウムは科学立国を目指す国の方針で設置された全国の科学館の目玉の展示として設置されたのです。一方の公開天文台は、バブル経済の中、当時の環境庁が1987年に行った星空観測会と、翌年の「ふるさと創生資金」の1億円の交付がきっかけになっています。それまで特に観光資源がないと考えていた過疎の町村が星空の価値に気づき、1億円を望遠鏡に投じたケースが多数ありました。私は、兵庫県の天文台時代に全国の天文台の組織化と、インターネットを使った公開天文情報網を立

ち上げました。和歌山県の天文台に来てからは、インターネットを使った天文教育と並行して、天文台を中核とした地域の活性化に取り組みました。その結果、現在の天文学と観光学を掛け合わせる研究に出会ったわけです。

### ――鹿児島県の与論島で「星空観光」を指導されていますが、どんなことを

一つは、美しい星空が見えるものの、防犯灯のＬＥＤ化によって、確実に夜空は明るくなりつつありました。そこで、防犯灯の機能を維持した上で、上方（星空の方向）に防犯灯の光がもれない工夫を、防犯灯の改造など工学的な実験を行いながら進めています。もう一つの活動が星空ガイドの養成です。星空は地元の資源なので、地元のホテルや民宿などの方がガイドになるべきだと思っています。そこで、「星空案内人資格認定制度」を使ってガイド養成を行っています。２０２１年末現在、約50人のガイド（準案内人）を養成し、さらなる高度な資格（正案内人）を取得した人が４人誕生しています。ただ、この全国的な資格制度だけでは、地域の独自性が出せません。与論島のような離島には、島ならではの星の呼び方や伝承、歌などが残されているはずです。そこで、２０２０年の夏、星空の和名研究の第一人者の北尾浩一氏に与論島に来ていただいて、私のゼミ生と一緒に島のお年寄りに聞き取り調査を行いました。その結果、期待以上に多くの星の名前、伝承、歌を記録することができました。その成果をもとに、本年度中に与論島オリジナルの星空案内のテキストを作成する予定です。地域に伝わる歴史や文化とともに星空を案内することで、他の地域の活動と差別化したいと考えています。

### ――和歌山大学と連携した与論島の星空観光の今後の方向は

与論島にとって、星空は一つの資源に過ぎません。すべての観光客が星空に興味を持つものではありませんし、曇りや雨の日（特に、南の島は台風などで長期間天気が悪くなりがちです）にも楽しめるコンテンツがなければ、年間を通じて観光客を集めることができません。一方で、美しい星空は、過疎の村や離島ならどこでもあります。ですから近い将来、コモディティ化していくことは避けられません。そこに観光学を研

究する大学が関わることで、世界の持続可能な観光地の成功例やまた失敗例に学び、観光地の質が持続可能になるよう、地域と研究者が協力して考えていくことによって、コモディティ化に耐え、独自の観光地として生き残ることができると考えています。本学部には二十数人の様々な専門分野の教員がいますので、これからも与論島のプロジェクトでも新たな取り組みを始める計画です。

**――最後に、星空のすばらしさを地域活性化（交流人口拡大など）に生かしている自治体があれば教えてください**

星空観光は、プラネタリウムや公開天文台といった施設の設置が先行しました。公開天文台の多くは90年代に建設されましたが、町村合併や地方自治体の財政難の中、いくつかの施設は活動を縮小したり、閉館するものも現れています。その中で、今も地域の中心的な観光施設として頑張っているのは、岡山県の美星町（現井原町）の「美星天文台」、鳥取県の佐治村（現鳥取市）の「さじアストロパーク」、和歌山県の美里町（現紀美野町）の「みさと天文台」などです。最近の数年はいずれも来館者が増えています。私が顧問として関わっている和歌山県の「みさと天文台」では、活動を天文台の外に広げ、町内の商工・観光事業者とともに年2回、数千人が集まるスターパーティーを開催しています。

一方で、近年、観光業界で注目が集まっているのが、天文台などの施設はない場所での、山や島で星空を見上げる観光スタイルです。先駆者は北海道の弟子屈町で、川湯温泉の宿泊者の夜のアクティビティとして摩周湖の駐車場で星空を楽しむオプショナルツアーが人気を集めました。また、長野県の阿智村では団体旅行客が減った昼神温泉の復活の手段として、星空を見上げるために夏は利用していないスキー場へのゴンドラを夜間に運行したところ、東京、名古屋から多くの観光客を集めています。

## ▼COLUMN③
# テレワークの浸透によって観光交流への期待が高まる

大阪観光大学学長　山田良治

### 観光産業を直撃したコロナショック

コロナショックが観光産業を直撃している。観光産業は関連産業のすそ野が広いから、観光産業の危機はさらに経済全般の危機に直結する。観光産業の発展に依存する「観光立国」が広く深く浸透するほど、それだけ危機の根は深くなるという皮肉な状況の出現である。

コロナ以前の社会関係に対してコロナショックがもたらしたもっとも根本的な作用は、人と人とが直接接触し自由に対話・交流すること（以下、こうした活動を便宜上「対面型交流」と表現する）の強制的な抑制である。一般的に言って、喪失することによって初めてそのことの意味・意義が浮かび上がることは、人生においていろいろに経験するところである。それは今回のコロナショックにも妥当することであり、期せずして、人間の生命活動における対面型交流の意味を顕在化させる契機となる。

山田良治大阪観光大学学長

### 観光産業こそ対面型交流が不可欠

誰も一人で生きていくことはできない。およそ人間が生きていく上で、他者との協働は不可欠である。そして、その中で他者の役に立ち、互いに共感を見いだすところに人は幸福を感じ取ることができる。

私たちが生きている社会（資本主義社会）では、こうした相互扶助の構造がグローバルな規模で構築されている。そして、その協働関係が、市場を介して成立しているところにこの社会の特質がある。この場合の特徴は、個々人が誰と協働しているかということが、必ずしも見えないことである。この社会では、人と人との関係が、商品の交換を通じて（物と物との関係として）実現されるからである。市場関係は競争を通じて発展する。その意味で、協働ではなく競争こそがこの社会の規範をなす。言い換えれば、人は他者と対立し競いながら、結果として助け合っているわけである。

コロナ直前の社会は、資本主義社会の歴史の中でもひとつの特殊な発展段階として特徴付けられる。第一次・第二次産業、物づくりを中心とする経済から、第三次産業、特にサービス産業（労働に即して言えば、ここでは狭義のサービス労働だけでなく広く精神的労働へのシフトも含んでこの語を用いている）を中心とする社会への移行である。そして、このサービス産業こそは、観光産業がその一大部分を担うとともに、対面型交流を基本的な特徴としてきた産業分野である。

ただし、資本主義社会である以上、対面型交流と言っても、人と人との関係の基本は競争関係である。競争は、かつての伝統的な人間関係の規範を掘り崩す。物や動植物の生産とは異なり、サービス労働が支配的となった社会では、信頼・共感と不信・敵対の不断の交錯が、人間関係の不安定化をもたらす。つながりを求めながらも人間関係のストレスに疲れ、深入りに臆病な現代人像が浮かび上がる。

この社会はまた、ＩＴ技術の急速な発展と重なった。新しい人と人との交流関係が現れたＳＮＳを通じた交流がそれである。これまでには考えられなかったような広範な人々への発信が誰にも可能となった。なにかと面倒くさい対面型交流を回避できる、もっと手軽な交流が可能となったのである。

しかし、「いいね」を求めての人間関係の発展は、広がれば広がるほど孤独になる傾向も生み出した。ＳＮＳによる交流は、対面型交流に伴うストレスから免れる側面を持っていたが、なかなか深い共感に至らないのである。「つながり孤独」という言葉が生み出されるような社会状況が生まれた。こうした状況下で、対面型交流をばっさりと切り捨てたコロナショックは、対面型交流・接待を伴うようなサービス業を自粛に追い込むとともに、もっぱらＳＮＳやオンライン・コミュニケーションを介した人間関係を強制的に突出させた。ある意味で、劇的かつ壮大なスケールの社会実験でもある。

## テレコミュニケーションは対面型交流に代替できるか

就労場面での対面型交流に代替する手段・方法とし

て、一躍主役に躍り出たのがオンライン・コミュニケーションを活用したテレワーク（リモートワーク）の推進である。音声やテキストベースでの非対面型コミュニケーションは従来から見られたが、この間特徴的なことは、視覚的要素が入り込む対面型交流の機能を持つビデオ・コミュニケーションの促進である。

ここで問題となるのは、ビデオ・コミュニケーションが、本来の対面型交流に代替できるのか、である。労働の観点から言えば、精神的労働とサービス労働が主流となる時代におけるそのコミュニケーション上の意味である。

テレワークによるコミュニケーションが通常の労働と異なる最大の特徴は、参加メンバー（送り手と受け手）の存在する空間が別々であるという点にある。つまり、テレワークは精神的活動における空間的制約を超越することができる。この点では、それは通勤地獄や空間移動に伴うコストと時間を回避できる。テレワークの進歩的な意義である。

一方で、テレワークは、そのことによって本来の対面型交流が有していたある本質的な属性を失う。すなわち、人間同士の協働・交流において空間的共有が果たしている機能、言い換えれば同じ空間に存在することこそが生み出す共感・共振を多かれ少なかれ排除してしまう。対面型交流において、人間が五感の全体を通じて瞬間的かつ包括的に感じ取る認識や共感、比喩的に言えば「空気を読む」コミュニケーション、空間・空気の共有を媒介とする交流が阻害されるからである。もちろん、対面型交流におけるこうした属性がすべて心地よいものとは限らず、この社会ではそれこそがしばしばストレスを生んできた。しかし、必要とされる部分までもが排除されることの打撃は大きい。

## ポストコロナの人間的幸福とは

対面型交流が強制的に自粛に追い込まれ突然失われることで、一面では対人ストレスが緩和されるが、他面では、空間の共有の下での協働的な対面型交流への強い欲求をコロナ以前の状況以上に潜在的・顕在的に発展させることになろう。コロナショックは、人間的幸福が、競争ではなく空間・空気を媒介とする協働的な人間関係の発展にあることを図らずもあぶり出していくことになろう。そして、こうした欲求の受け皿は、テレワークが推奨されている労働の場よりは、相対的には自由度が高い余暇活動や観光の領域となる。観光は、すでにコロナ禍以前から交流型や体験型などの「ニュー・ツーリズム」へとシフトしつつあったが、制限された環境の下でとはいえ、さらにそのような社会的ニーズに対応するものに進化していくことが求められていく。「バーチャル・ツーリズム」もまた様々に試みられるであろうが、その行き着く先は、最終的には対面型交流であり、人間同士の生の触れ合いと対象との空間の共有であることが次第に明らかになっていくものと考える。

**【著者ミニ質問】**

**――プロフィールは**

1951年に大阪市で生まれ、1974年に京都大学農学部を卒業し、その後大学院に進みました。1980年に和歌山大学経済学部の教員となり、経済学部長、観光学部長、副学長等を歴任しました。2019年に大阪観光大学へ移り、2022年1月から現職です。

**――観光に関する著書は**

『ここからはじめる観光学』共編著（ミネルヴァ書房／2016）、『知識労働と余暇活動』（日本経済評論社／2018）、『観光を科学する』（晃洋書房／2021）。

**――『観光を科学する』のサブタイトルは「観光学批判」となっています。何を批判？**

大きく2点あります。1点目は、観光学の教育研究が観光関連業界など〝供給サイドの事象〟に関心を集中しがちなことです。また供給の先にある〝需要への関心〟が量の問題に集中し、質の問題が軽視されていることです。2点目は、観光に関わる様々な現象に目を奪われるあまり、その多様な現象の背後にある本質的な問題に目が届いていないことです。本書の特徴は、観光需要の根幹にある「市民的欲求」の発展という観点から観光及び観光学を把握していること、余暇・観光と表裏をなす労働との関係から、観光の本質を分析していることです。

# 第４章●地方国立大学の地域創生への取り組み
## ―４つの事例―

## 地方国立大学と地域の連携の形は多種多様

２０１６年の国立大学ミッション区分け以降、多くの地方国立大学に地域連携を総括する全学的な組織が設置されたが、本来の連携のあり方にはなかなか到達していないのが実情だ。目指すべき方向は明確である。

○研究・開発・経営・マーケティングまで一貫した連携の推進

○地域との十分なすり合わせに基づくテーマ設定と戦略戦術の練り上げ

ここでは全国的にユニークな取り組みに先鞭をつけた4つの事例を紹介する。

①重要な地場産業（紙産業・養殖漁業）強化に現地密着型で連携（愛媛大学）、②地域特性（離島・サトウキビ・畜産）に対応した研究テーマに特化（鹿児島大学）、③地域イノベーション人材育成のための企業設立（岩手大学）、④大学と地域をつなぐ「コーディネーター育成」のためのネットワーク形成事業（和歌山大学）である。

## 複数の国立大学と複数の自治体の連携の時代へ

本章で紹介した大学と地域の連携は、単独の国立大学が主体になる事例である。これから期待される大学と地域の連携は、それぞれ複数の主体の連携である。その先駆けとなる事例が「北陸未来共創フォーラム」の取り組みである。（21頁参照）「北東北国立3大学ネットワーク」は、東北3県の「観光集客の生涯学習の旅」として練り直せば可能性は大きく拡がる。

問題は複数の自治体を誰が束ねるかである。沖縄県宜野湾市の「はごろも大学のカリキュラム」は市内在住の高齢者向けに企画されたものだが、有料で首都圏など都市部からの「生涯学習の旅」として提案すれば、希望者が殺到するに違いない。（『地域と大学』第4章参照）

東北国立3大学ネットワーク（弘前大・秋田大・岩手大）の「生涯学習の旅」を考えるとすれば、「宮沢賢治の旅」「菅江真澄の旅」「円空仏の旅」「北東北縄文遺跡の旅」などが考えられる。実地体験と座学、そしてリモート講義を組み合わせれば、魅力は倍増する。

# 1　愛媛大学「社会連携推進機構」が目指すもの

## ——仁科弘重愛媛大学学長（前社会連携推進機構長）に聞く

### 愛媛大学における「社会連携推進機構」の位置づけ

——愛媛大学の「大学憲章」「基本理念」は

２００４年の国立大学の独立行政法人化（以下、独法化）の１年後に「愛媛大学憲章」を制定し、『学生中心の大学、地域とともに輝く大学、世界とつながる大学』を基本理念としました。

——２０１６年には愛媛大学は文部科学省（以下、文科省）から提示された３つの重点支援のうち「重点支援①」を採択されました

愛媛大学は「地域に貢献する大学」を選択し、第３期中期目標・中期計画期間（２０１６年度から６年間）における機能強化の方向性として、「『輝く個性で地域を動かし世界とつながる大学』を創造することを理念に、地域を牽引し、グローバルな視野で社会に貢献する教育・研究・社会活動を展開」というビジョンを掲げ、３つの戦略と具体的な取り組みを設定しました。

※**重点支援①**：主として、人材育成や地域課題を解決する取り組みなどを通じて地域に貢献する取り組みとともに、専門分野の特性に配慮しつつ、強み・特色のある分野で世界ないし全国的な教育研究を推進する取り組み等を第３期の機能強化の中核とする国立大学法人を重点的に支援する。
**重点支援②**：主として、専門分野の特性に配慮しつつ、強み・特色のある分野で地域というより世界ないし全国的な教育研究を推進する取り組み等を第３期の機能強化の中核とする国立大学法人を重点的に支援する。
**重点支援③**：主として、卓越した成果を創出している海外大学と伍して、全学的に世界で卓越した教育研究、社会実装を

推進する取り組みを第３期の機能強化の中核とする国立大学法人を重点的に支援する。

**仁科弘重**

**生年月日**　1954 年生まれ

1998 年 4 月　愛媛大学農学部教授
2011 年 4 月　愛媛大学農学部長（2015 年 3 月まで）
2015 年 4 月　愛媛大学理事・副学長・社会連携推進機構長（2021 年 3 月まで）
2021 年 4 月　愛媛大学学長

**——愛媛大学の戦略の内容は**

戦略①は「地域の持続的発展を支える人材育成の推進」、戦略②は「地域産業イノベーションを創出する機能強化」、戦略③は「世界をリードする最先端研究拠点の形成・強化」です。

**——文科省の重点支援①を選択した愛媛大学は「強み・特色のある分野で世界ないし全国的な教育研究を推進する取り組み」を実施しています**

本学は独法化以前から世界的なレベルの研究に取り組んでおり、愛媛大学憲章をもとに、第３期中期目標・中期計画期間の課題に取り組んできました。

**——現在、愛媛大学には大学の枠を越えて全国の研究者が共同利用できる文科省の共同利用・共同研究拠点※に認定されているセンターがあります。３つ認定されているのは、地方の国立大学法人では愛媛大学しかありません**

沿岸環境科学研究センターは、沿岸海域の環境・生態系、地球規模の汚染に関する研究を行っており、《化学汚染・沿岸環境研究拠点》に認定されました。

地球深部ダイナミクス研究センターは地球・惑星深部の超高圧と高温条件を実験することで物質構成・構造・運動（ダイナミクス）の研究や世界最硬物質「ヒメダイヤ」などを合成しており、《先進超高圧科学研究拠点》に認定されました。

**——タンパク質科学（プロテオサイエンス）の研究も世界的なレベルです**

プロテオサイエンスセンターは本学で開発されたコムギ無細胞タンパク質合成技術を基盤として、タンパク質機能から生命現象の解明を目指した基礎的な生命科学を研究しています。また生命科学の医学応用研究を行い、タンパク質科学（プロテオサイエンス）の国際拠点の形成、およびがん、自己免疫病、難治性感染症など難病の新しい診断・治療法を開発しており、2022年度から《プロテオインタラクトーム解析共同研究拠点》に認定されました。

※**共同利用・共同研究拠点**：日本の国公私立大学の附置研究所・施設のうち、大学の枠を越えて全国の研究者が共同利用できる拠点。文科省が日本全体の学術研究レベルの向上を目指す観点から認定する。2020年4月時点で53大学100拠点が認定されている。

**――国立大学法人が諸課題を実施するには文理融合の研究・教育・社会貢献や学内組織の連携が必要です**

本学は伝統的に学部間の垣根が低く、経糸（学部・大学院）と横糸（4つの機構）によるクロスファンクショナルな全学ガバナンスを実現できる組織風土があります。社会連携推進機構や諸センターが円滑に活動できる要因でもあると思います。

## 社会連携推進機構設置から今日まで

**――愛媛大学の社会連携推進機構の沿革は**

2004年6月、独法化の年、横糸（4つの機構）のうちで最初に設置したのが社会連携推進機構です。1987年以降、本学は文部省・文科省の政策を背景に地元企業の研究開発を支援する「産学連携」に着手し、2004年には地域共同研究センター（2006年、産業科学技術推進センターに改組）を設置して、基礎研究にとどまらず、応用研究を地元企業とともに推進してきました。

**――社会連携推進機構を設置した目的は**

社会連携推進機構の設置は本学が社会連携に本格的に踏み出すためのものでした。当時の日本は、長引く不況や少子高齢化などの地域問題が露呈し、本学には産業振興や地域活性化が地元から期待されていました。本機構の目的は、本学の多岐にわたる教育・研究の成果等を積極的に活用し、地域産業や地元企業が抱える技術的諸課題の解決などを通して、地域産業の発展に貢献するとともに、地域コミュニティへの提言、地域住民への高等教育機会の提供を行い、地域専門人材の育成およびリカレント教育の支援を通して地域の発展に貢献することです。

**――社会連携推進機構と地域貢献・社会連携の関係は**

2005年、本学と愛媛県が産業活性化、県土保全、人材育成などについて連携協定を締結したことは、地域との関わりが深まりきっかけになりました。
現在、県内の全自治体21と公的機関2、製造業・銀行・メディアを含む企業と経済団体18と教育・研究・環境・防災・医療福祉・産業等について幅広く連携協定を結んでいます。自治体や企業からの本学諸センターへの施設提供、人的交流、経済的支援などが実現しました。

学部・大学院と機構のクロスファンクショナルな全的ガバメント

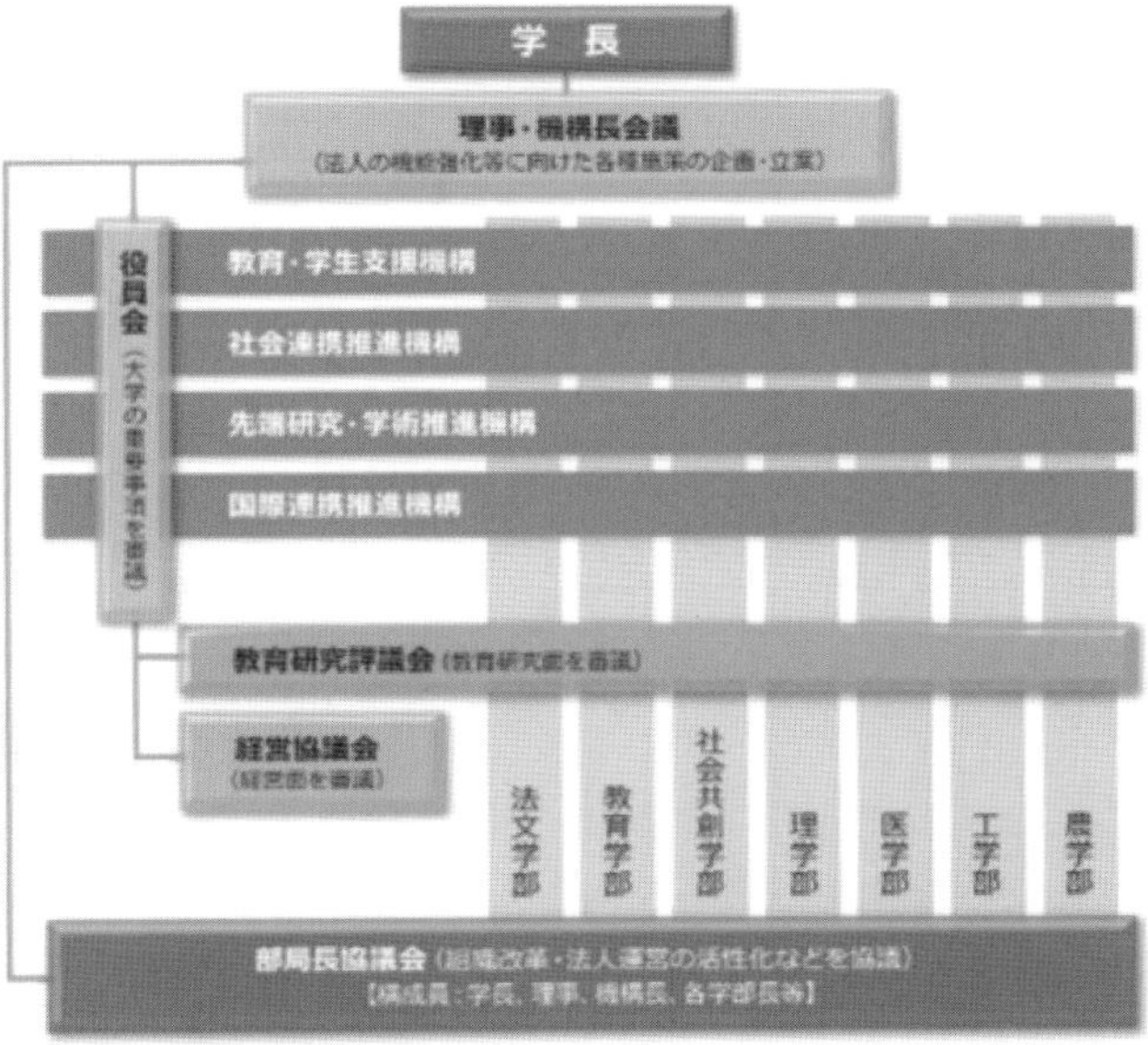

※ 役員会、経営協議会及び教育研究評議会については、国立大学法人法で規定された審議機関であり、学長が議長となる。

## 社会連携推進機構の組織と機能

**——社会連携推進機構の組織は**

産学連携推進部門、地域連携推進部門、そして2019年に新設した地域文化研究部門の3つの部門で構成されています。

**——県内の全域をカバーする幅広い地方の国立大学法人の連携ネットワークは全国的にも珍しいのではないでしょうか**

本機構が地域のパートナーと地道な交流と実績を積み重ねてきた結果だと思います。また本機構の「研究協力会」（会長：三浦工業株式会社取締役会長　高橋祐二）が結成されており、66の企業・団体がメンバーで、本学の教員が主宰する11の研究部会に分かれて情報交換、共同研究の推進について議論を重ねています。

**——中核となる「地域連携推進部門」の特色は**

まず県、市町、各種団体、企業などとの幅広い連携協定

**社会連携推進機構の主な歩み**

| 年　度 | 主な歩み | 高等教育政策・愛媛大学 |
|---|---|---|
| 1994<br>（平 6） | 地域共同研究センター設置 | |
| 2004<br>（平 16） | 知的財産本部設置<br>社会連携推進機構設置<br>地域創成研究センター設置 | 国立大学の独立行政法人化<br>第 1 期中期目標・中期計画期間 |
| 2005<br>（平 17） | | 愛媛大学憲章・理念の設定 |
| 2006<br>（平 18） | 地域共同研究センターを産業科学技術支援センターに改組<br>防災情報研究センター設置 | |
| 2008<br>（平 20） | 南予水産研究センター設置（愛南町） | |
| 2010<br>（平 22） | | 第 2 期中期目標・中期計画期間 |
| 2011<br>（平 23） | 知的財産本部を知的財産センターに改組・名称変更<br>産業科学技術支援センターを産学連携推進センターへ名称変更<br>植物工場実証・展示・研修センター設置 | |
| 2012<br>（平 24） | 植物工場研究センター設置 | |
| 2014<br>（平 26） | 紙産業イノベーションセンター設置（四国中央市） | |
| 2016<br>（平 28） | 地域協働型センター西条設置（西条市）<br>地域人材育成支援室設置 | 国立大学法人支援の 3 分類<br>第 3 期中期目標・中期計画期間<br>愛媛大学のビジョンと戦略の設定<br>社会共創学部設置 |
| 2017<br>（平 29） | 地域人材育成支援室を地域人材育成・リカレント教育支援室へ名称変更 | |
| 2019<br>（平 31） | 地域創成研究センターを地域共創研究センターへ改組<br>四国遍路・世界の巡礼研究センター設置<br>俳句・書文化研究センター設置<br>地域人材育成・リカレント教育支援室を地域専門人材育成・リカレント教育支援センターへ改編 | |
| 2019<br>（令元） | 地域協働研究センター南予設置（西予市） | |
| 2021<br>（令 3） | 地域協働型センター中予設置 | |
| 2022<br>（令 4） | | 第 4 期中期目標・中期計画期間 |

を結んでおり、この部門の活動の基礎となる「地域連携ネットワーク」を構築していることです。次に地域産業特化型研究センターの設置、そして地域協働型センターなどの設置です。

**――愛媛大学方式とは**

地域の特性に応じて、地域産業特化型研究センター、地域協働型センターを配置し、地域に密着した中核機能を愛媛県内全域で発揮し、地域産業イノベーションと地域活性化に責任をもつことです。

**――地域産業特化型研究センターの特色は**

２００８年、水産養殖の盛んな県南部の宇和海沿岸の愛南町に南予水産研究センターを設置し、２０１４年、江戸時代から紙産業が集積する四国中央市に紙産業イノベーションセンターを設置しました。いずれも地場産業としての特色と歴史があり、現在と未来への課題に対応するため、地元企業や自治体、関係団体と連携して設置しました。

**――地域産業特化型研究センターの目的は**

地場産業の課題を解決することと、その産業の発展に貢献できる人材の育成を目的としています。そのために当該産業に関わる専門分野の専任教員３～５名が現地の諸センターに常駐しています。

また最新の実験装置、分析機器を整備し、イノベーションに直結する研究や開発を現地の関係組織（官と民）と共同で推進しています。

**――南予水産研究センターの現状は**

２０２０年度の場合、センターの専任教員は６人、うち４人が現地に常駐しています。教職員、学部学生・院生、地域特別研究員など約50人が、現地の自治体（愛南町）から提供された２つの活動拠点（船越ステーションと西浦ステーション）で研究・開発に取り組んでいます。

**連携協定を締結した企業・団体**

| | |
|---|---|
| 主な自治体・公的機関 | 愛媛県、四国中央市、今治市、宇和島市、松山市、東温市、愛南町、八幡浜市、新居浜市、上島町、西予市、西条市、伊方町、内子町、大洲市、久万高原町、鬼北町、松前町、松野町、伊予市、砥部町、四国森林管理局、農林水産省中国四国農政局 |
| 主な団体 | 愛媛経済同友会、愛媛県商工会議所連合会、愛媛県中小企業家同友会など |
| 主な企業 | 東レ愛媛工場、井関農機、伊予銀行、愛媛銀行、三浦工業、愛媛新聞、ダイキ、太陽石油、JR 四国、NEXCO 西日本四国など |

愛媛大学社会連携推進機構　組織図

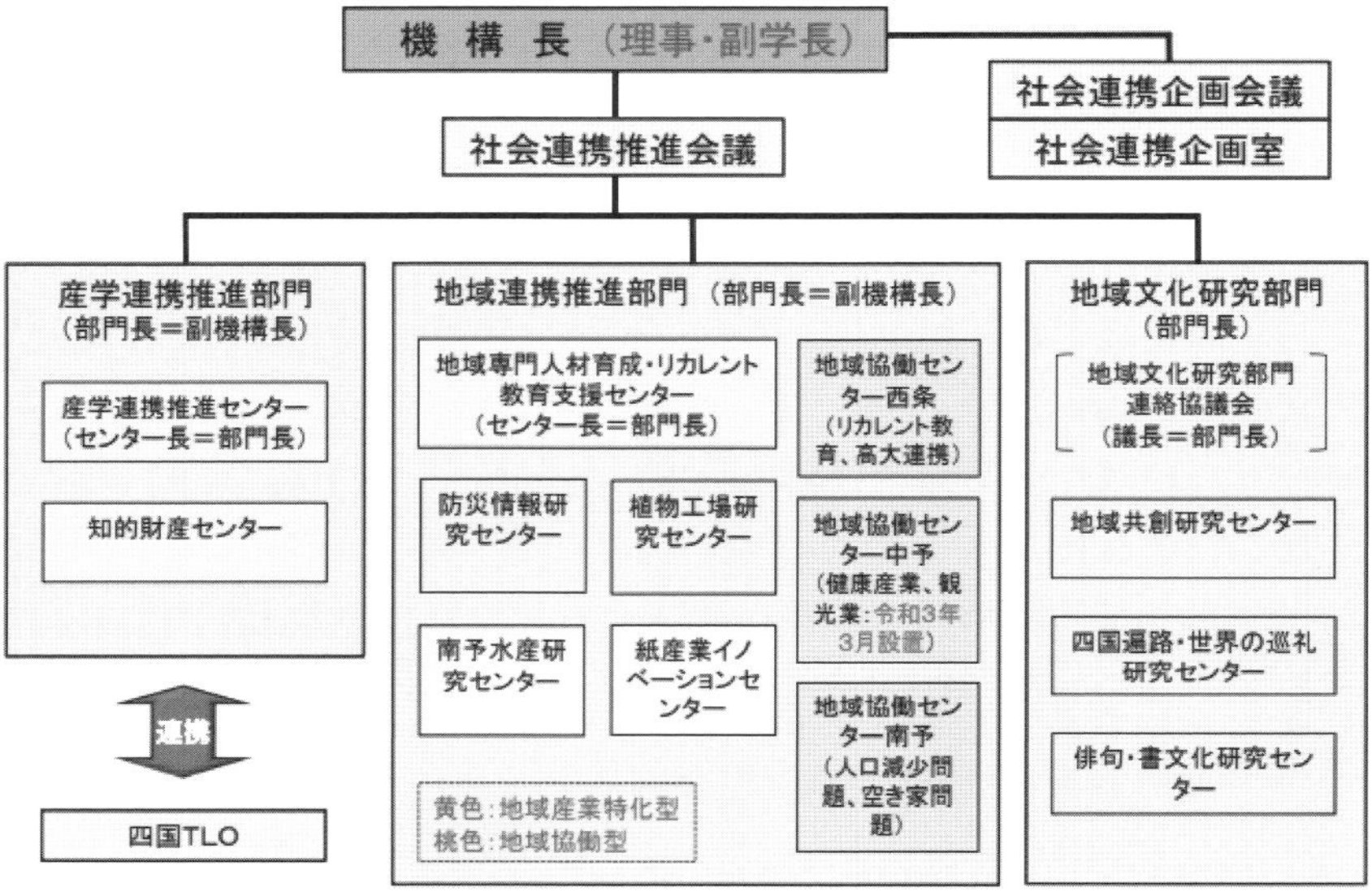


愛媛県や愛南町、漁協、養殖企業と連携した「持続可能なえひめ水産イノベーションシステムの構築」を統一テーマにしています。

――具体的には

愛媛県と共同で取り組んでいるのが新養殖魚種スマ※の完全人工養殖技術と流通システムの開発です。２０１６年５月、日本で初めて、スマの完全養殖に成功しました。現在、優良種苗の大量生産技術の確立に取り組んでいます。また愛南町や地元の漁協・養殖企業と取り組んでいるのが、ＩＣＴを活用した赤潮や魚病対策技術の開発です。

※スマ：日本近海など温暖地域に生息するサバ科の高級魚。体長１ｍ、５kgにも達する。まぐろを凌ぐ身質と味が評価されている。愛媛大学は全身トロの養殖技術を目指している。

――赤潮の被害はそんなに大きいのですか

リアス式海岸が続く宇和海は魚介類の養殖に適した環境ですが、気候変動のために赤潮や魚病のリスクがあります。そこで、赤潮や魚病の発生を早期に予測して、被害を未然に防ぐ技術開発に取り組んでいます。水中カメラやドローンなどの先端機器の導入や、魚の血液検査などを総合的に活用した技術開発です。

## ――紙産業イノベーションセンターはどのような経緯で設置されたのですか

四国中央市や公益社団法人愛媛県紙パルプ工業会などからの要望があり、2010年、愛媛県紙技術センターに入居する形で、紙産業の将来を担う人材育成を目的とした大学院農学研究科紙産業特別コースを設置しました。このコースの成果をもとに、研究・技術開発面での強化を目的として、2014年、紙産業イノベーションセンターを設置し、教育・人材育成と研究・技術開発を一体として推進できる体制としました。

## ――なぜ、地元から大学院設置の要望が出たのですか

大学院農学研究科は、当時、専門教育と現場密着型実践教育を二本柱にしていました。1999年、農学研究科に社会人リフレッシュコースという社会人教育のためのコースを設置し、企業の抱える課題を社会人学生として受け入れて教育・指導した実績が大きかったのです。

現在、紙産業イノベーションセンターは、「大学でありながら企業の研究所の機能を果たし、教育においては社会人の訓練校である」と言われるほどに高く評価されています。

## ――愛媛県は日本の紙産業の産業集積地です

愛媛県の紙産業の出荷額は静岡県に次いで全国2位です。四国中央市には江戸時代からの紙産業の歴史と関連企業の集積があり、愛媛県にとって、非常に重要な地場産業です。大手の紙加工メーカーである大王製紙やユニ・チャームが本社や主力工場、系列企業などを四国中央市などに集積させています。

## ――紙産業イノベーションセンターの現状は

2020年度の場合、センターの専任教員は5人、うち4人が現地に常駐しています。教職員、学部学生・院生、地域特別研究員など約40人が、現地で活動しています。現在の研究は、ナノセルロースの製造とその利用法の開発、検体（血液や尿）から健康状態を診断できるバイオチップの開発、そして製紙スラッジ（有機物を含む沈殿物、汚泥）の有効活用法の開発です。

## ――地域協働型センターの特色は

地域協働型センターは大学の総合力で地域活性化に貢献することを目的とし、多様な地域課題に対応するために設置しています。センター西条（西条市）は東予地域、

センター南予（西予市）は南予地域、センター中予は中予地域を対象としています。

**――地域協働型センターはどんな体制ですか**

西条、南予、中予のセンターには、センター長と副センター長をはじめ各学部・研究科の教員を兼任教員として配置しています。地域それぞれの資源・産業・文化に基づき、地域に密着して柔軟に対応しています。

**――地域協働型センター西条の活動は**

２０１６年、最初に設置した地域協働型センター西条は、①産学官連携の拠点機能、②高大連携活動の拠点機能、③住民向けの高等教育機会提供の拠点機能、④学生のフィールドワークやインターンシップの窓口の拠点機能、⑤西条市が推進している農業の六次産業化支援の拠点機能、⑥地元の社会人大学院生の修士課程の拠点機能と幅広い分野をカバーしています。

**――地域協働型センター南予の活動は**

２０１９年、地域協働型センター南予が設置され、南予地域の人口減少、基幹産業の衰退、鳥獣被害、地域内経済の流出、空き家問題、地域資源の新たな活用などの地域課題を解決していくために公・民・学の連携を進めています。

**――2021年3月に設置した地域協働型センター中予は**

地域協働型センター中予東温拠点では、本学の組織の中でもっとも大きい人的資源をもつ医学部・医学系研究科、附属病院が健康・医療などの分野で地域貢献活動を展開します。またセンター中予は城北キャンパスに設置し、観光サービス業の振興に関わる人材の育成や多様な文化資源にフォーカスした活動を展開します。

**――2019年、社会連携推進機構に新たに地域文化研究部門を設置した目的は**

地域の文化を再評価し、その研究成果を社会へ発信することを通じて、地域活性化に貢献することが目的です。四国遍路・世界の巡礼研究センターと俳句・書文化研究センターの2つがあります。

**――四国遍路・世界の巡礼研究センターでは何を**

四国遍路・世界の巡礼研究センターの前身は、２０００年に法文学部と教育学部の教員で設置した四国遍路と世界の巡礼研究会です。その研究成果は関係者から高い評価を受け、２０１５年に法文学部附属センターになり、今回、全学的な研究センターに位置づけました。

四国遍路や世界の巡礼を長期にわたって研究し、シンポジウムや研究集会の開催、多くの報告書や学術論文を発表している研究組織は愛媛大学にしかありません。四国遍路や世界の巡礼研究は、歴史学、社会学、民俗学、地理学、国文学など多様な分野が関連しており、現在のセンターは21名の愛媛大学教員で構成されています。これまで培ってきた他の大学や博物館などの研究者との連携も密接です。

　近年、四国全域の自治体や関連団体から「四国遍路を世界遺産に」という熱心な活動が始まっており、愛媛大学の研究機関としての支援がこれまで以上に期待されています。

――俳句・書文化研究センターでは何を

　愛媛大学が所在する愛媛県松山市は正岡子規、高浜虚子、河東碧悟道に代表される「俳句のまち」です。また三輪田米山※などの著名な書家を輩出している「書のまち」でもあります。

　愛媛大学の教員には俳句と書の研究に打ち込んだ先駆者がたくさんいます。子規研究では松山市立子規記念博物館の初代館長を務めた元法文学部の故和田茂樹名誉教授、また三輪田米山研究の第一人者である元教育学部の故浅海蘇山教授の研究があります。それらの研究実績や収集した諸資料をもとに研究センターを設置しました。

※三《み》輪《わ》田《だ》米山《べいざん》：（1821～1908年）江戸末期から明治にかけての書家、日尾神社（松山市久米）の神官で、僧明月、僧懶《らん》翁とともに伊予の三筆と称された。

## 地域専門人材育成のためのリカレント教育

――愛媛大学のリカレント教育の実践は、全国的にも高く評価されているようです。リカレント教育とは

　リカレント教育・学習とは、教育機関を卒業した後、就労と学び直しを繰り返す教育制度を意味します。従来の社会人を対象とした生涯教育・学習は、広い意味では趣味やスポーツ、ボランティアといった「生きがい」に通じる活動や資格取得など就労にかかわる内容も含んでいました。

――愛媛大学のリカレント教育の目的は

　本学のリカレント教育は「仕事に活かす」ことを目的としています。その背景には技術革新のスピードや市場

の変化、雇用流動化、社会の変容があり、働く人にとっては技能向上、所得増加、仲間づくり、企業等にとっては生産性や業績の向上、政府・自治体にとっては地域づくり、大学にとっては「人生１００年時代」における大学の再利用と貢献など、多様な背景と要請に基づいています。２０１９年度には９つのリカレント講座を実施し、１２３８人が修了、修了者は地域の諸分野で活躍しています。地域からは、自然災害への対策、働き方改革、女性活躍、ダイバーシティ、ＳＤＧｓなど、多様なの観点から本学のリカレント教育・学習が注目されています。

**――リカレント教育の具体的なテーマは**

地域や地域産業に関する専門的知識・技術を有する地域活性化のリーダーになりうる人材（地域専門人材）を育成するなど、企業や産業界と連携した高度技術人材育成プログラムの開発を支援するとともに、地域における社会人のスキルアップやセカンドキャリア設計のための研修プログラムや公開講座などを実施しています。

**――リカレント教育と地域との関わりは**

２００５年、松山市は全国初の取り組みとして防災士養成講座を全額公費負担で始め、２０１４年から本学が連携しました。防災情報センター主催防災士養成講座は、全国の自治体の中で最多の防災士を育成し、地域防災力を高めています。修了者はＮＰＯ法人日本防災士機構が実施する防災士資格取得試験の受験資格を得ることができます。

**――近年、国土の70％を占める森林や、林業、山村の維持、活性化が日本の課題になっています**

農学部は森林環境管理学リカレントプログラムを実施しています。森林管理に新たなビジネスチャンスを見出し、森林を未来に繋ぐ資源として地域振興につなげる技術と能力を育成するためです。

２０１９年度からは森林経営管理法に基づく「新たな森林管理システム」の指導・運営に携わる人材育成にも取り組んでいます。１２０時間以上のカリキュラム受講と課題研究の提出・発表を行って審査に合格することが修了要件で、修了者には履修証明書交付および森林経営管理エキスパートの名称を授与しています。

**――観光人材育成についてのプログラムもあります**

観光サービス人材リカレントプログラムは、法文学部が主催、社会連携推進機構が共催し、愛媛県・四国・瀬戸内地域の観光サービス業への就労を目指す人（未経験者・就業希望者・観光ボランティア等の初心者）ならびに起業家や就労者（中核人材）を対象に実施しています。観光地の経営・旅行・交通・飲食・宿泊・物産販売等について学び、振興策や経営策を議論します。

実施に当たっては道後温泉旅館協同組合等で構成する産官学連携観光産業振興協議会など、地域の観光サービス業にかかわる団体・個人や中央省庁・自治体などの産官関係者と連携し、講師派遣などの協力をいただいています。

2015年度以降、複数回の受講を含めると180人が修了しました。今後も観光サービス人材を育成し、観光業を地域の主力産業として振興したいと思います。

多様な社会人リカレント教育プログラム

| 特　性 | プログラム | 実施主体 |
|---|---|---|
| 地域や地域産業の活性化 | 社会共創クリエーター育成プログラム、地域創生クリエーター育成プログラム | 社会共創学部<br>地域協働型センター西条 |
| 地域産業のイノベーション | えひめ水産イノベーションスキル修得講座、森林環境管理学リカレントプログラム、観光サービス人材リカレントプログラム | 南予水産研究センター<br>農学部<br>法文学部 |
| 地域や生活基盤の保全 | 防災士養成講座、社会基盤メンテナンスエキスパート（ME）養成講座 | 防災情報研究センター<br>防災情報研究センター |
| 全国的な新産業の創出 | 植物工場人材育成プログラム | 植物工場研究センター |

http://chiikijn.ccr.ehime-u.ac.jp/program/

**――リカレント教育の今後の推進策は**

2016年、地域産業イノベーションを担う専門人材の育成強化を支援するため、機構に地域人材育成支援室を設置しました。翌年、地域人材育成・リカレント教育支援室に改組、さらに2019年に地域専門人材育成・リカレント教育支援センターへと機能の充実を図ってきました。さらに受講生の拡大と教育内容の充実を目指します。

## 愛媛大学の将来構想

**――2021年4月1日に学長に就任されました。地方の国立大学の「知の拠点」（Center of Community）としての機能（役割=責任）をさらに強化する方針を出されています**

一言で言えば、Sustainable（持続可能な）社会と

Resilient（立ち直る力）な地域社会を実現させるために、Diversity（多様性に富む）な大学として取り組んでいきます。

**――特にDiversityの実現に注力すると宣言されています**

まず〝隗より始めよ〟で、愛媛大学の多様性の実現に取り組むつもりです。具体的には「機能の多様性」であり、教職員の個性の多様性の育成・評価、学生の多様性と入学目的の多様性、海外の大学などとの交流強化（研究・教育・留学）による多様性です。また女性研究者・教育者の増員と支援にはこれまで以上に注力します。

**――大学の国際化を通じて、愛媛県と世界をつなぐことを愛媛大学の理念に掲げていますが、現状は**

世界的研究活動の分野では海外からの研究者や留学生が本学に集まっています。２０１９年時点の海外からの留学生は２４４名、海外派遣学生は６１５名であり、決して多くはありません。その拡大と留学生の国内就職率を高めることに積極的に取り組みたいと思っています。

最終目標は、多様な価値観を持つ日本人学生、海外からの留学生、そして社会人学生がともに学ぶ《ユニバーサルキャンパス》を愛媛県に構築することです。

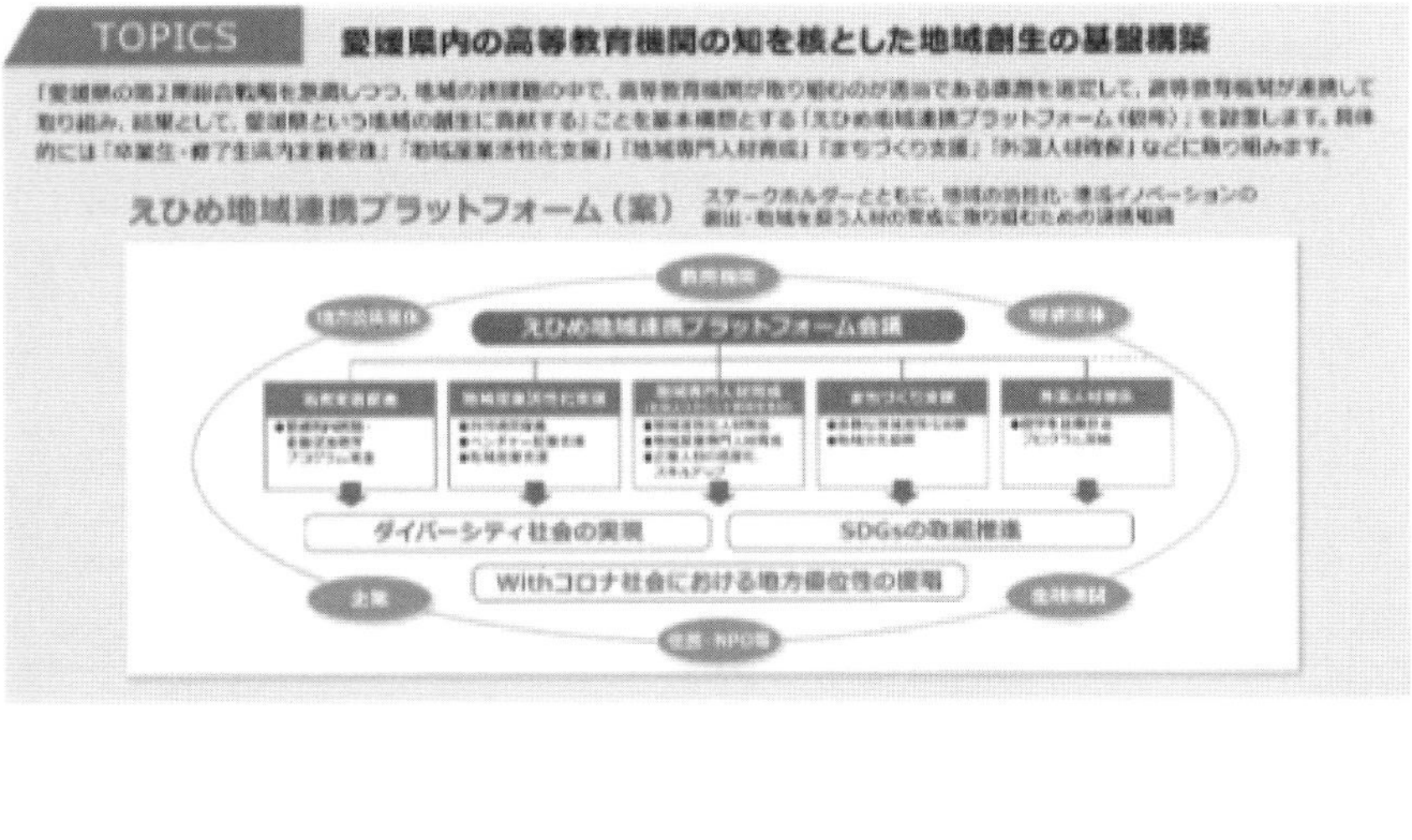

愛媛大学の正門

——「えひめ地域連携プラットフォーム構想」を掲げておられます

２０１２年度から進めたＣＯＣ＋事業で、愛媛県内の高等教育機関のネットワークの基盤ができました。文科省のＣＯＣ＋事業は２０１９年度で終了しましたが、本学ではこのネットワークを発展させた「えひめ地域連携プラットフォーム」の設置へ向けて準備を進めています。

——どんな目的の組織ですか

３つの目的を考えています。ダイバーシティ社会の実現、ＳＤＧｓ推進、Ｗｉｔｈコロナ社会における地方優位性の提唱です。

——Ｗｉｔｈコロナ社会の地方優位性にはどのように取り組まれますか

この２年間のコロナパンデミックで、多くの日本と世界の人々は都市集中や都会で働くこと、暮らすことのリスクを感じました。他方、地方で働くこと、暮らすことの魅力、可能性に気付きました。すでにリモートワーク、パラレルワーク、キャリアチェンジ（転職）などの動きが始まっていますし、徐々にですが、地方への移住者も増えています。

愛媛大学としても、愛媛県内の諸パートナーと連携し、都市から地方、愛媛県への人の流れを促進する仕掛けを積極的に推進します。例えば、高齢者雇用の創出、企業誘致や育成、既存企業の新規事業創出、新たな企業・産業の創出などを考えています。

（２０２１年６月の取材をもとに執筆）

# 2 鹿児島大学「産学・地域共創センター」の取り組み

――前田広人前産学・地域共創センター長に聞く

国立大学法人鹿児島大学は平成19年（2007）に制定した大学憲章で「南九州を中心とする地域の〝産業振興〟〝医療福祉〟〝環境保全〟〝教育文化の向上〟など地域社会の発展と活性化に貢献する」と謳っている。この地域活性化の司令塔が2018年4月に設置された「南九州・南西諸島域共創機構（の産学・地域共創センター）」である。（2020年3月30日取材）

## 南九州・南西諸島域共創機構と共創センター

――共創機構の狙いと共創センターの位置づけは

鹿児島県は北は熊本県境から南は沖縄県に隣接する与論島まで、南北600㎞に及ぶ本土と離島群という広大な地域を抱えています。そこで2018年4月に、本学は、鹿児島県を中心とする南九州・南西諸島域の産業振興、医療福祉の充実、環境保全、教育文化の向上などに貢献するために、「南九州・南西諸島域共創機構」を設置しました。「産学・地域共創センター」はその共創機構の中核組織として、それまでの「産学官連携推進センター」と「かごしまCOCセンター」を土台に、さらに学内外との連携強化を図る推進組織として設置されました。

――共創センターの基本的な機能は

鹿児島大学の研究シーズと地域ニーズをマッチングさせること、自治体との協働による地域課題の解決と地域再生を図ること、事業化が見込まれる研究プロジェクトを支援すること、地域ニーズに即した生涯学習機会を提供すること、が主な業務です。一言で云えば、地域の皆さんと鹿児島大学をつなぐ司令塔の役割を果たすことです。

――２０１８年に「南九州・南西諸島域の地域課題に応える研究成果の展開とそれを活用した社会実装による地方創生推進事業」が、文部科学省の「国立大学法人機能強化促進費」に認定されましたが、その理由は

多様な南日本・南西諸島（離島）地域の産業活性化や地域人材育成が、国の地方創生戦略の中でも重要課題として期待されているからだと認識しています。

――期間は

２０１８年度から２０２１年度まで４年間です。

――ほかの大学で選ばれたのは

前田広人前鹿児島大学産学・地域共創センター長

三重大学の「地域創生戦略企画室」、静岡大学工学部と浜松医科大学の「光医工学共同専攻」、広島大学の情報科学部設置、東北大学の「材料科学国際共同大学院」、「千葉大学の治療学人工知能（ＡＩ）研究センター」が選ばれました。

――長い名称のプロジェクトですが、離島に重点化した事業ですか

離島だけに特化したプロジェクトではありません。鹿児島県の本土地域も対象になります。

――この文科省の事業は「各大学の強み・特色を生かした機能強化」のためとなっています。鹿児島大学の場合、どんな強み・特色が評価されたのですか

まず本学の９つの学部と11の大学院研究科を有する総合大学であること、九州から沖縄までの日本の南西域では九州大学につぐ規模があり、全国的に見ても数少ない学部である「水産学部」と「獣医学部」を有することです。また医学部、農学部は、歴史の古い学部で、日本の西南部に位置する地勢学的な条件から独自の研究成果や地域産業との連携の蓄積があります。中でも種子島・屋久島、トカラ列島、奄美群島という沖縄県に接して、琉球弧を形成する離島群をカバーする鹿児島大学の高等研究・教育機関としての期待と責任は非常に大きいと認識しています。

――共創機構の中で「産学・地域共創センター」が担当して

鹿児島大学産学・地域共創センター組織図

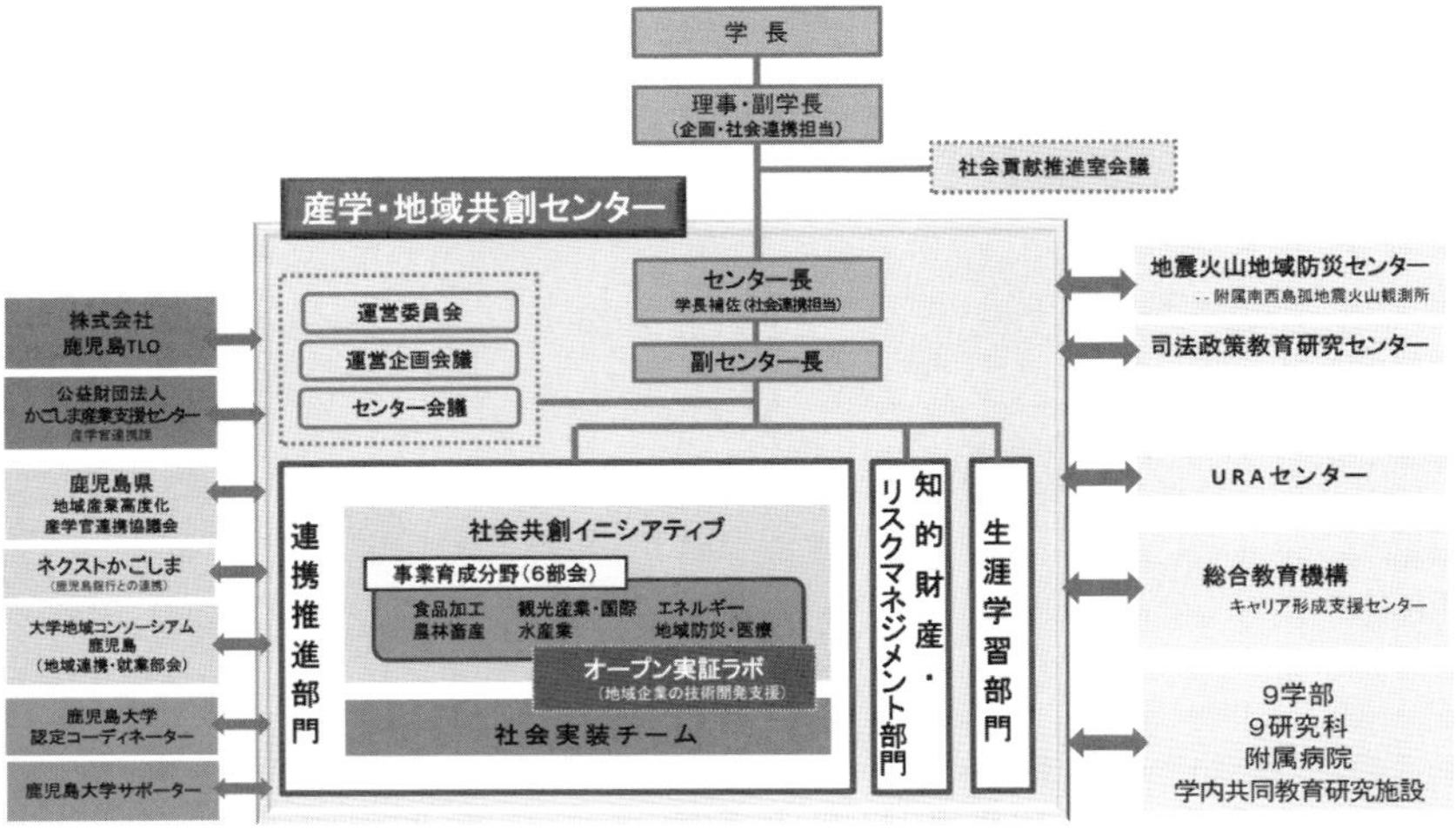


**いる業務は**

当センターには3つの部門があります。連携推進部門、知的財産リスクマネジメント部門、生涯学習部門の3つです。連携推進部門では地域のいろいろな主体(自治体・団体・企業)からの要望に対する「コンサルティング機能」、知的財産リスクマネジメント部門は本学の教育研究活動の中で生まれた知的財産の一元的な維持管理、生涯学習部門は人口減少社会を見据えて、青年期教育、成人教育、教養教育、職業教育などを接続させた生涯学習の再構築に取り組んでいます。

**——コンサルティング機能として、自治体や企業はどんなことを相談してくるのですか**

主なものは、自分の会社・組織が抱える課題の解決方法をアドバイスしてほしい、鹿児島大学と共同研究や委託研究をしたい、人材確保や人材育成のために学生のインターンシップを受け入れたい、事業化計画についてアドバイスを受けたい、社会人の学び直しカリキュラムの相談をしたい、大学の特許を利用したい、などです。

**——地域ニーズの掘り起こしもやっているそうですね**

センターには私を含む8人の教員がいますが、手分けして県や自治体、民間団体に「御用聞き」に出かける活動を行っています。この1年間の情報収集を通じて、我々としては地域からの相談を待つだけではなく「攻めの姿勢」で、地域の課題を掘り起こしていかないといけないと痛感しています。

——自治体や企業が相談したいときはどうすれば

いつでも気軽に相談してもらえるようにWEBサイトを開設していますし、メールや電話でも受け付けています。

——研修員制度やサポーター制度も考えている

自治体からの研修生を受け入れる体制や、鹿児島大学と地域との協働作業をスムーズに進めるためのサポーター制度も設けました。

——サポーター制度はどんなもので、いつから起動するのですか

今回のプロジェクトには幅広いテーマがあり、関連先も多様です。それらを取りまとめるコーディネーターは何人いても足りないほどです。そこで離島地域を中心に鹿児島大学のOBOGをサポーターとして任命し支援してもらうことにしました。

——このプロジェクトの数値目標（KPI）は

2021年度末までに南九州・南西諸島域に関わる共同研究・受託研究受け入れ件数を156件実現させる目標を立てていましたが、1年前倒しで達成しました。

## 南九州・南西諸島域の地域課題に応える地方創生推進事業

——このプロジェクトの特色は

地域課題の発掘・収集・集約、から、その具体化までの流れを学内と学外の連携によって一元的（学部横断）に決定・実践することが最大の特徴です。その中核としての組織が6つの「社会共創イニシアティブ」です。

——社会協創イニシアティブとは

鹿児島大学では地域貢献のために5つの分野で地域課題を抽出し、学部横断的な教員グループによる「部会活動」を実施してきました。今回、南九州・南西諸島域の地域課題の実装プロジェクトが決まりましたので、これまでの5分野に加えて、鹿児島県が今後注力する「食品加工」分野を加えた6分野で、地域課題の抽出から、課題

の分析・研究・開発、そしてその実装化を確実に推進するための仕組みを設置したわけです。この仕組みを「社会共創イニシアティブ」と呼称しています。

## ――これまでの5分野とは

観光産業・国際、エネルギー、農林畜産、水産業、地域防災・医療の５分野で、今回、食品加工を加えて６分野になりました。

## ――これらの部会ではどんなことを

地域課題を収集・把握し、重点分野ごとの中長期ビジョンを作成します。それぞれの部会で審議された研究テーマをさらに絞り込んで予算配分して推進します。

## ――研究会の設定と改廃、運営はどのように

２年経った現在は約11の研究会があります。部会で決まった中長期ビジョンの実現に向けて必要なＦＳを実施します。

## ――社会実装チームとは

社会実装とは（大学の）研究成果を社会の課題解決のために応用・展開することです。センターの社会実装チームは取り扱う技術の特性や地域資源の経営的・社会的価値の理解及び地域行政との関係を踏まえて、技術移転活

**2018年度の研究テーマの事例**（著者作成）

| 研究テーマ | 大学の研究シーズ | 研究内容 | 対象地域 |
|---|---|---|---|
| ＩｏＴ技術を活用したスマート農業 | 制御、センサー工学 | 従来型農業に関する意識変容を則すプレ精糖プロセス可視化システム開発 | 徳之島、沖永良部島 |
| 伝統野菜の存続・継承と商品化 | 機能性分析 | 南九州特産の大根類（桜島大根、国分大根など）機能分析 | 鹿児島市、霧島市 |
| 産業動物の輸送ストレス軽減 | 東洋医学 | 離島の家畜の輸送ストレスの軽減する技術開発 | 離島全域 |
| 未利用牛肉の高付加価値化による島おこし | 成分分析、官能評価 | 徳之島牛肉の呈味性成分と機能性成分の熟成方法 | |
| 国定公園内の汽水湖（沼）の水環境把握 | 流体力学、微生物生態学、土木工学 | 甑島長目の浜沿岸域の水環境に関する総合研究 | 薩摩川内市甑島 |

動の支援、行政との連携の交渉、公的資金の活用の検討、ビジネスプラン構築の支援などを行います。

**――特に興味深い「伝統野菜の存続・継承と商品化・機能性開発」ではどんなことを**

鹿児島の伝統野菜は23品目が認定されています。そのうちの「桜島大根」と「国分大根」はいずれも健康増進成分が含まれていることが明らかになったので、その成分を付加価値として市場に訴求・販路拡大へつなげるプロジェクトを進めています。また国分大根は消滅の危機が懸念されており優良系統の選抜と機能性評価によって地域特産品としての復活を進めたいと考えています。

**――桜島大根以外に、機能性野菜の研究開発にも注力していますね**

南さつま市と福岡の企業と提携して、「長命草」の栽培拡大と加工品の開発に取り組んでいます。鹿児島大学と県内自治体との連携協定は、現在14ありますが連携の成果がもっとも期待できる事例です。

**――産業動物の輸送ストレスが研究テーマに挙がっていることで、思い出したことがあります。5年ほど前に沖縄の那覇港から沖永良部島の和泊港まで大型フェリーで7時間の船旅をしたことがあります。そのとき寄港した沖縄本島の本部港と本県の最南端の島、与論島の港から、数十頭の黒牛がコンテナに載せられて積み込まれるのを見ました**

奄美群島では豚や牛が数千頭飼育されています。本土への移送には海路と陸路の長時間の輸送ストレスがかかります。そのため肉質の悪化や内臓劣化などによる廃棄処分などのコストアップが課題になっています。それで、県内の畜産関係の団体や自治体から共同研究の依頼が数多く寄せられているわけです。現在、薬剤を使用しない東洋獣医学を基盤とした飼料の開発や治療方法の開発に取り組んでいます。

**――「域内の貯留水品質管理手法の開発」が研究テーマに挙がっていますが、これは離島の水の量と質の確保と考えていいのですか**

離島には河川がほとんど存在せず溜池や貯水池での水利用が中心です。これらの貯水池には近隣に集落や畜産農家があるために水質悪化のリスクが常に伴います。このような離島の水質管理はこれまで総合的に研究されたことがないので地域課題として緊急性の高いものです。この研究テーマには県外の多くの団体や大学にも加わってもらっています。

――離島の多い鹿児島ならではの研究テーマですが、県外からの参加は?

島根大学、福岡工業大学、沖縄県南部農林土木事務所、独立行政法人水資源機構、一般社団法人ダム技術センターなどです。島根大学と福岡工大はそれぞれ離島での研究が進んでいるので加わってもらいました。

## 「実証ラボ」による実装化

――実証ラボは何のために設置したのですか

地元の中小企業の研究・開発力を強化するためです。

――どこにどんなテーマで

初年度(2018年度)は奄美群島の徳之島と薩摩川内市の甑島の2カ所に設置しました。徳之島では先端農業の実証研究、甑島は地域産品高度化の実証研究・事業化を目指します。鹿児島大学の内部に設置した実証ラボはセンター内に多機能実証ラボ、理工学部にIoT実証ラボを設置しました。

――徳之島の実証ラボでは何を

徳之島は奄美群島の中では農地面積が6890haでもっとも広く、農業従事者が人口の26%を占めており農業が徳之島の基幹産業です。なかでもサトウキビは生産量約19万tで基幹作物になっています。このサトウキビ産業も65歳以上の高齢者の増加、単収の低下、不在地主による委託栽培など管理レベルの低下や台風などの気候リスクを抱えています。

――サトウキビのIoT化のメリットは

徳之島には製糖工場が2カ所あります。製糖工場の稼働率の向上はサトウキビの生産効率向上と並ぶ重要課題です。その解決のためには作付け状況の正確な把握、台風後の山水の時期・量の判断のためのキビ葉付着塩分濃度の正確な把握、糖度分布の正確な把握などが必要です。そこでIoT技術の実証実験を行っています。

――具体的には

徳之島三町(徳之島町、赤城町、伊仙町)の圃場にフィールドサーバーを設置しました。生育環境データやリモートセンシング(人口衛星画像分析)による生育状況データを用いた全島の育成状況把握手法の開発に取り組んでいます。

▼COLUMN

## モンスター大根（桜島大根）が持つ血管機能を向上させるチカラ

鹿児島大学農学部食料生命科学科准教授　加治屋勝子

### 桜島大根にはトリゴネリン（血管を強化する物質）が大量に！

桜島大根は「モンスター大根」として海外で注目され、各国の新聞やメディアで紹介された。〝Monster radish〟の名づけ親は、科学系学術団体としては世界最大のアメリカ化学会である。それは桜島大根が持つ血管強化機能が評価されたからだ。それまでの道のりは随分長かった。

桜島大根は、2003年に世界一大きな大根としてギネス認定されており、その重量は31・1kg、胴回り119cmである。よく見かける青首大根が1kg前後なので約30個分に相当する。私が桜島大根の研究をすることになった発端は、鹿児島県の特産物だったからではない。私は20年近く心筋梗塞や脳梗塞などを引き起こす血管の病気を予防するための研究を続けている。血管は、酸素や栄養を運ぶ血液の通り道であるため、血管が正常に働かなくなると体内の細胞に必要な酸素や栄養が行き渡らなくなる。健康な血管は、ゴムホースのようにしなやかに伸び縮みすることで心臓と協力して血液を輸送しているが、硬くなった血管は伸び縮みしにくくなり血行不良を引き起こす。この小さな血行不良が、冷え症や片頭痛の原因となったり、高血圧や動脈硬化を併発したり、日本人の死因の上位にある心筋梗塞や脳梗塞を引き起こす恐れがある。

### 諦めかけた食材探しの果ての大発見

そのため、私は、健康な血管を保つための食材探しを始めたのである。先入観を除外するため試料名がわからないように番号管理し、何年も何年も血管細胞の反応を調べ続けたが、画期的な反応を示す食材には出会えず、半ば諦めかけながらも、ここまでやったのに諦められないという気持ちもあり、踏ん張っていた。

ある日、今まで見たこともない反応が出て「ミスったかな」と思いやり直したが、何度やっても血管細胞の反応が良い。これだ！と思い、試料番号と食材リストを照合したところ、なんと「桜島大根」であった。

　灯台下暗しとはこのことをいうのだろう。どうして桜島大根に血管機能を向上させる力があるのか解明するため、分子・細胞レベルでの研究を積み重ね、桜島大根には血管内皮細胞（血液に接している血管細胞）の働きを助ける「トリゴネリン」という物質が他の野菜よりも非常に多く含まれていることを突き止めた。トリゴネリンによる血管内皮機能を改善する詳細な仕組みについては、アメリカ化学会傘下の英文誌『Journal of Agricultural and Food Chemistry』に掲載され、光栄なことにその表紙を飾ることができた。

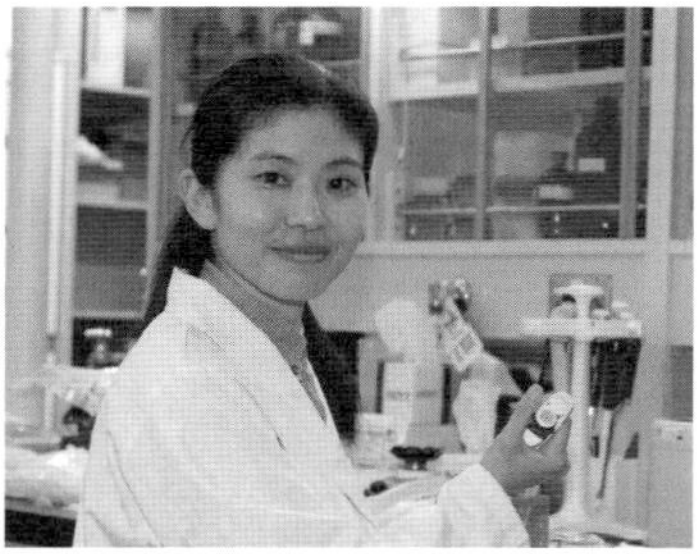
加治屋勝子鹿児島大学准教授

　また、桜島大根の常識外の大きさと私共が発見した研究成果を表した「モンスターラディッシュ」という言葉で全世界にプレスリリースされ、トリゴネリンが血管の健全化に関与することは世界初の発見となった。青首大根と比較すると、桜島大根は約60倍もトリゴネリンが多い。また、桜島大根のトリゴネリンは、通常よく食べる肥大した根の部分だけではなく、葉にも同程度含まれていることも発見した。
　このことから、これまで廃棄されていた桜島大根の葉が市場に流通されることとなり、ふりかけや茶、乾燥野菜が上市されることとなった。

## 桜島大根のトリゴネリンは加工にも耐える

　桜島大根は、普通の大根と同様にサラダやおろしとして生で食べることができるが、煮込み料理や漬物、干し大根など調理・加工することも多い。

　そこで、トリゴネリンの調理・加工における影響を調べたところ、加熱、冷凍、加圧、乾燥、浸透圧・pH変化等における損失は最大で8％程であり、大部分のトリゴネリンが大根中に残存していることを確認した。

　つまり、生の状態はもちろん、茹でたり揚げたりする調理でもこのトリゴネリンは損なわれず、レトルト加工や干し大根、漬物加工においても十分な量のトリゴネリンを摂取することができる。このことは、桜島大根の調理・加工の幅を広げ、血管に良い桜島大根を食べる機会が増えることから意義深い成果となった。

私共の研究成果を発表するまでは、桜島大根の加工品は土産用の漬物と干し大根が主流で、催事の際にブリ大根を見かけるぐらいのものであったが、この研究成果を発表して以降は、加工品として大根おろしのフリーズドライ、雑炊、せんべい、ゼリー飲料、和菓子、氷菓子、チップスなどが上市し、総菜やレストランメニューとしても大根飯、大根餅、しゃぶしゃぶ、みぞれ鍋、フリッター、タルトタタン、ポタージュスープなどこれまでには見られなかった新メニューが続々と食べられるようになった。

## おでんの大根2個分、毎日食べれば効果がある

桜島大根を1日に170g程度（おでんの大根2個分）食べることで血管機能の改善効果が期待できる。

実際に、市内病院の協力を得て、ヒトが桜島大根を食べた時にトリゴネリンが吸収されるか、動脈硬化の進行度や血管内皮機能は改善するか、臨床試験（トライアル）を実施した。健康な男女に桜島大根170gを10日間連続で食べてもらい、桜島大根の摂取前後の変化を測定した。1日170g分の桜島大根は、摂取のタイミングは制限せず1回で食べても数回に分けて食べても良いものとし、また、私共の研究成果により調理・加工の影響はないことから調理法も限定せず、みそ汁の具材やおでんなど様々なメニューで摂取してもらった。

その結果、桜島大根を食べることでトリゴネリンが吸収され、動脈硬化の進行には悪影響を与えず、血管内皮機能は有意に改善していることを明らかにした。

本研究成果をフランスで開催された国際学会で発表したところ、大変な反響があり、桜島大根の大きさにも活火山の麓に人が住んでいることにも驚きの連発であった。

実際、数社の海外TV局の取材クルーが桜島大根の撮影に来島したが、桜島が噴火して噴煙をあげているのに逃げようともせず、桜島大根を収穫している住民の姿は信じられないようであった。

## 桜島大根は、今より10倍増産できる

これまでの研究で、鹿児島県の特産物である桜島大根のチカラを科学的に証明することができ、健康で長生きをするためのヒントが桜島大根にあることがわかってきた。鹿児島でも一昔前は一般家庭で消費されていたが、昨今、桜島大根は土産用野菜であって食卓に並ぶものではないというイメージが根強くなっていた。しかし「桜島大根の特産地である鹿児島から血管を元気にしなくてどうする！」という私の思いに共感してくださった方々の協力で桜島大根が注目され始めた。生産者にも、単に大きな大根を作っているという思いではなく、血管を元気にする野菜を作っているのだという誇りを持って育てて欲しい。

桜島大根の栽培面積は、明治時代の最盛期に比べて5～10％にまで激減してしまっている。これを機に桜島大根の生産者が増えることを切に願う。

たくさんの方々に桜島大根を届け、食べていただき、一人でも多くの人の血管病を予防することが私の研究の最終目標である。

臨床試験データ

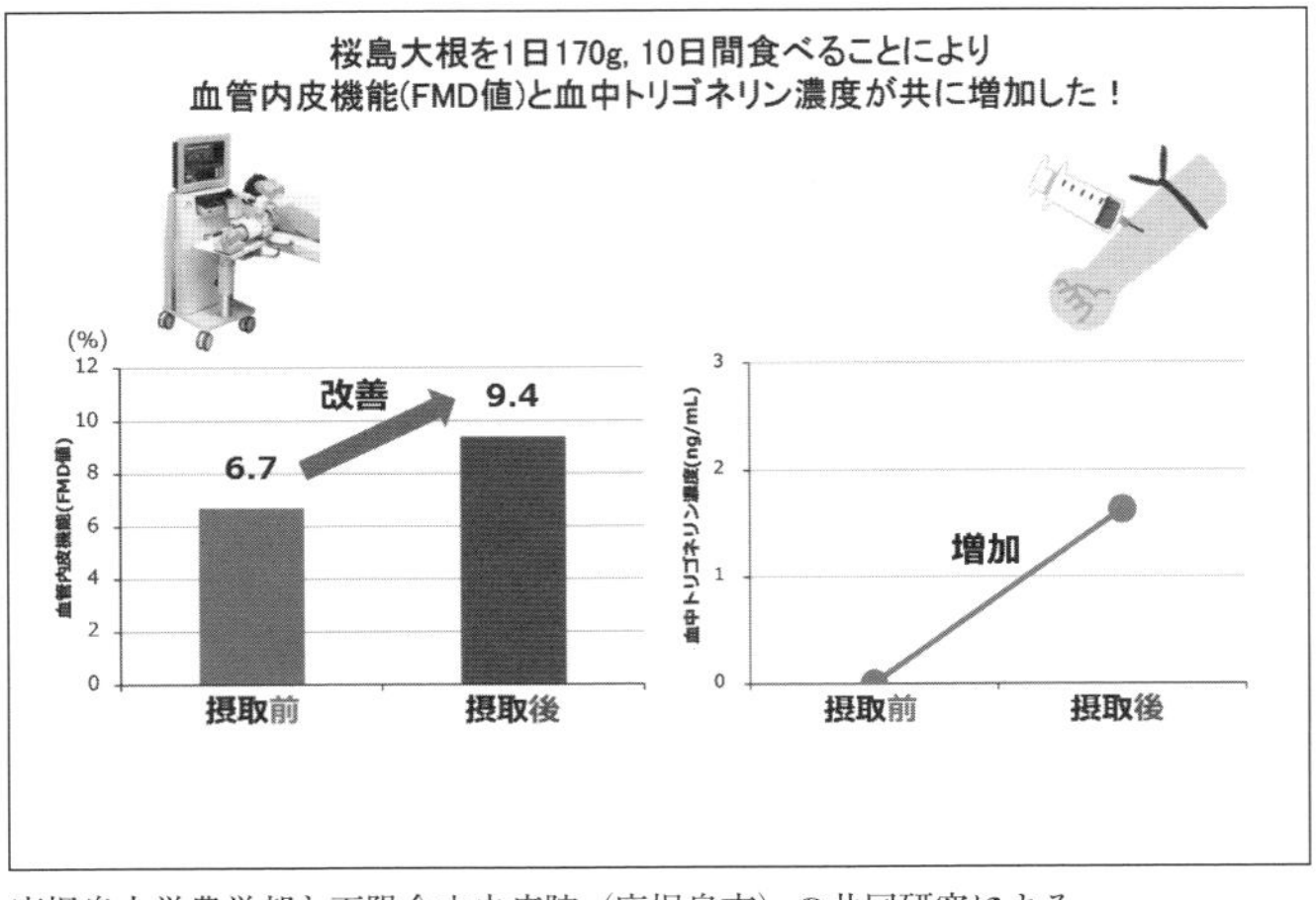


鹿児島大学農学部と天陽会中央病院（鹿児島市）の共同研究による

――この技術が確立したら他の離島（種子島や沖縄県）のサトウキビ生産の効率化にも寄与できるのですか

沖永良部島ではすでにこのシステムを導入すべく作業に入っています。また種子島や沖縄県とは要望があれば琉球大学とも連携して、対応してきたいと考えています。

――甑島の実証ラボでは何を

甑島は鹿児島県の北西部に位置する離島で薩摩川内市にあり、人口は約4300人で、水産業が主要産業です。この甑島の実証ラボで進めているのは九州で唯一の「海洋深層水取水施設」を利用した高度複合養殖技術と養殖施設の研究開発です。

――海洋深層水にはどんな特徴があるのですか

海洋深層水は深度200mより深い位置にある海水のことです。単純に云えば海洋の95％は海洋深層水ですが川から流れ込む陸水の影響を受けないことがもっとも大きな特徴です。無機栄養塩類が豊富で、良好・安全な水質が年間を通じて安定します。また水温を始め含まれる成分が安定していることと有害な雑菌が表層に比べて千分の一くらいと非常に清浄なことが特徴です。そのため水産養殖に活用するメリットが大きいのです。

――甑島での海洋深層水の研究開発はどのように

2018年度は複合養殖施設に欠かせない「タンク排水システムの監視制御機器」の研究開発に着手しました。複合養殖の対象は、海藻（ミリン）とアワビ、ナマコの複合養殖を目指しています。

――深層水の研究開発をやっている地域と大学は

全国に十数カ所ありますが、特に富山湾（富山大学）、高知地区（高知大学）、駿河湾（静岡大学）などで、活発な研究開発が進められています。

――鹿児島大学のセンター内に設置された実証ラボでは何を

センター内に設置した多機能実証ラボは、県内の中小企業との研究開発の拡大と成果の可視化による事業化支援の強化です。ここに関係教員や公設研究機関や中小企業の研究員が一堂に会して施策や技術評価を行います。理工学部内に設置された実証ラボは、中小企業の工場のIoT化のモデルルームとして活用されています。

## 鹿児島県の将来と南九州・南西諸島域共創機構（センター）の役割

――当センターが注力する「南九州・南西諸島域の地域課題に応える研究成果の展開とそれを活用した社会実装による地方創生推進事業」では、どんな目標を

地域課題の解決や地域資源を活用した事業創出、地域との連携強化によって教員や学生の研究テーマの発見・進化・深化、地元企業の企業力強化と学生の地元定着、そして長い目での地元経済の活性化につながることが目標です。

――機構とセンター設置から2年を振り返って

いまだに模索の繰り返しではありますが、このセンターの夢に満ちたやりがいのある仕事に対して、スタッフ一同は意義を感じて意欲的に取り組んでいます。南九州と南西諸島域の将来を見据えるとセンターの存立意義に共鳴してくださる学内・学外の方々は日に日に増えています。そのことに手ごたえを感じるとともに責任の重さも感じています。

## 3　ふるさといわて創造プロジェクト（COC＋事業）の成果と将来

### ——小野寺純治岩手大学客員教授・（株）イノベーション岩手代表取締役会長に聞く

（2020年12月1日取材）

文部科学省の「地（知）の拠点大学による地方創生推進事業（COC＋）」に県内の自治体や産業界がこぞって参画した「ふるさといわて創造プロジェクト」は、地方の国立大学が「地域にとっての知の拠点」としての機能を最大限に発揮できるかどうかの試金石だった。このプロジェクトは東日本大震災による三陸沿岸地域の復興プロジェクトと並行して進められた。（前著『地域と大学』第1章1、第5章2参照）その目的は（学生に）郷土愛・郷土への誇りを抱かせることと、地域の仕事に夢と希望を発見させること、そして（地域を構成する全員に）郷土の将来像を明示すること、だった。

大震災発生から9年、COCスタートから7年、プロジェクトのこれまでと今後の展望について、COC＋推進コーディネーターの小野寺純治前岩手大学長特別補佐・特任教授（現客員教授）に聞いた。

**——小野寺先生のキャリアは**

大学卒業後、民間企業を経て岩手県庁に入り、水資源、産業、科学技術、環境、情報などの部署を25年ほど担当しました。2003年に人事交流により岩手大学に移り、産学官連携・地域連携担当教員として活動してきました。地方公務員から大学教員に所属は変わりましたが、一貫して「地域振興」に関わってきたことになります。

岩手県庁において産業振興を担当していた昭和の終わりから平成の初めにかけては「地方の時代」と言われた時代で、製造拠点の地方展開を誘導する「テクノポリス構想」や研究開発拠点の地方展開を図る「頭脳立地構想」

などの政策が通商産業省（現経済産業省）を中心に進められました。この時代に全国的にも有名な産学官のコミュニティ組織「岩手ネットワークシステム（ＩＮＳ）※」の草創期から関わることができました。このような経験から岩手大学に異動することになったのだと思います。

**小野寺純治**

**略歴**

1951年岩手県生まれ。大学卒後民間企業等を経て1978年岩手県職員。2003年4月に岩手大学助教授に就任し、翌年12月から教授として産学官連携・地域連携を担当。2015年12月から2020年3月まで岩手大学長特別補佐・特任教授として「地（知）の拠点大学による地方創生推進事業（COC+）」推進コーディネーター。2020年4月から客員教授、同年4月株式会社イノベーションラボ岩手設立メンバー（代表取締役会長）

**地域・産学官連携活動**

八幡平市、遠野市、北上市、奥州市、金ヶ崎町、雫石町などの総合計画や総合戦略、事業評価、行財政改革、文化財活用などに関わってきたほか、みちのく盛岡広域連携都市圏ビジョンの策定・推進、復興庁のハンズオン支援事業の委員としても活動。さらに、釜石ローカルベンチャーアドバイザリーボードメンバー、岩手県立遠野高校「新しい『遠野物語』を創るプロジェクト」の講評も担当。産学官連携活動では、「ひと」のネットワークである岩手ネットワークシステム（INS）や「組織」のネットワークの「いわて未来づくり機構」に設立から関与。

※ＩＮＳ：（Iwate Network System）の略。岩手県内の科学技術と産業振興を目的とする産・学・民・金の研究・交流の場で、１９８０年代の終わりにスタートした。現在は約50のテーマの研究会があり、県内に限らない（蓄積された）人脈が最大の強みである。

## 大震災から9年、ＣＯＣ事業の7年

**――ＣＯＣ＋誕生までの経緯を簡単に教えてください**

地方国立大学は２００４年の大学法人化以降、真価を問われ続けてきました。東京大学などグローバル志向の大学は論文発表数や引用数などの国際評価基準があり、世界大学ランキングの中で何位に位置するかが評価軸となりますが、地方大学は置かれている環境の多様性ゆえに評価が難しいという課題があります。

そんな中、２０１１年3月の東日本大震災を受けて文部科学省は、地方大学が有する知的資産を被災地域の復興に充てていく事業として「大学等における地域復興のためのセンター的機能整備事業」を創設して被災地域の復興に貢献する大学を支援しました。さらに翌２０１２年には「わが国が直面する課題と目指すべき大学像～大学改革実行プラン～」において、目指すべき新しい大学像をグローバル化の中で世界的な存在感を発揮する大学と地域再生の核となる大学の2方向に大きく分かれる考え方を示し、このプランを受けて2013年から地域再生の核となる大学を支援するための施策として「地（知）の拠点整備事業（大学COC事業）」がスタートしたわけです。

大学COC事業がスタートした直後に地方創生が国の重要政策に急浮上し、2年後の2015年からは大学COC事業も「+」を付す事業へと拡大していくことになりました。ここでいう「+」とは学生を地元に定着させるということです。

**——岩手大学が直面した東日本大震災からCOC+までの経緯は**

岩手大学は2011年12月に「大学等における地域復興のためのセンター的機能整備事業」に採択されて被災地域の再生・復興活動を本格的に推進してきました。また、2013年からの大学COC事業でも、被災地域を抱える大学として被災地域の知の拠点形成に学生の地元定着（毎年1%ずつ増加させる）を加えて提案し、採択

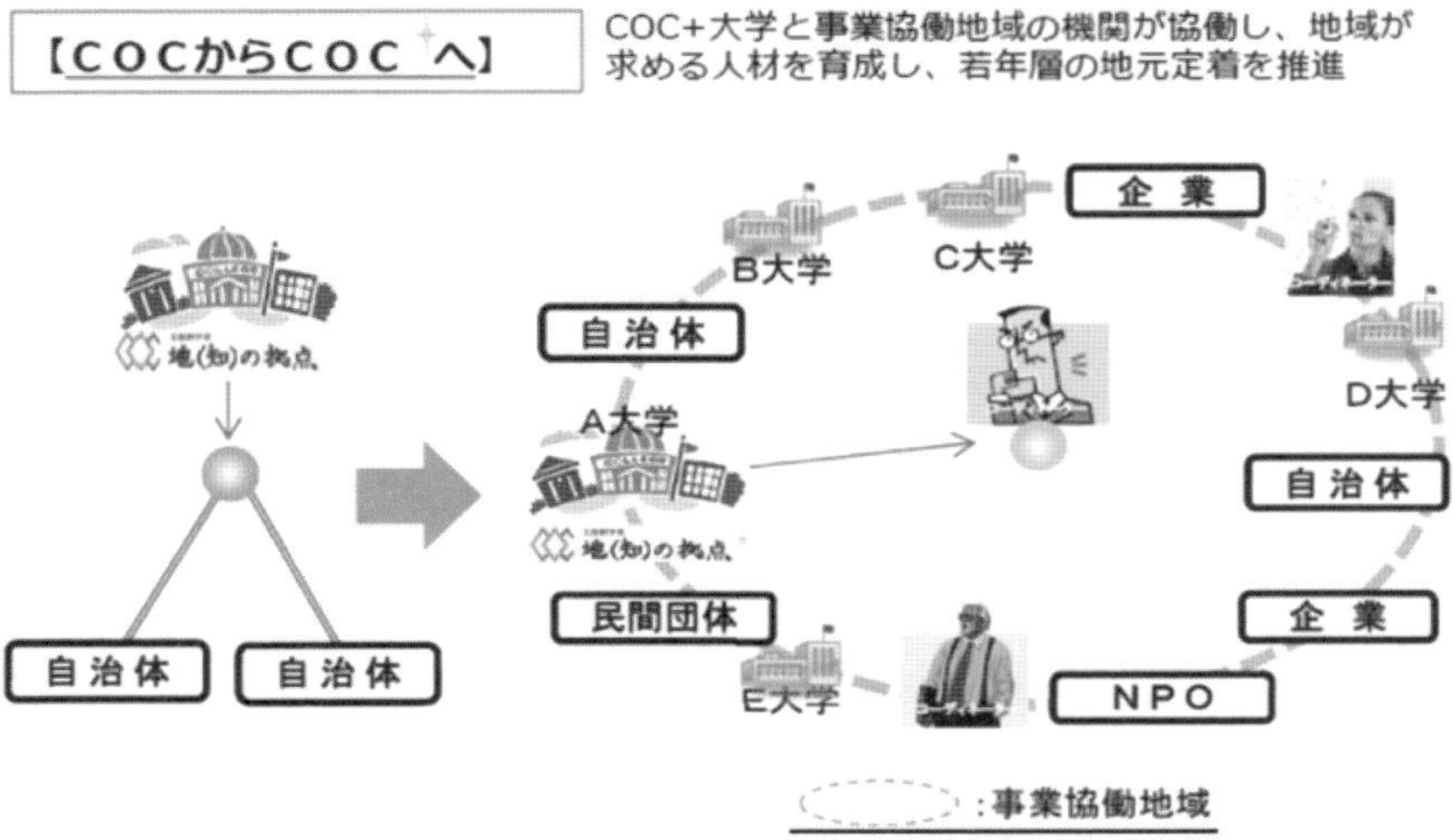

されて取り組みが始まりました。これらのプロジェクトはいずれも5年間の事業であり、大学が自治体と連携しながら復興を支援したり、地方創生に資する学生教育を進めておりました。

　これらのプロジェクトに取り組んでいる最中に「地（知）の拠点大学による地方創生推進事業（COC＋）」が文部科学省から提唱されました。岩手大学内でも様々な意見があり、かつ、学生の地域定着ということであれば岩手県立大学がより強い使命感を持って取り組んでいましたので、岩手県を交えた調整を経て岩手大学が中心となって「ふるさといわて創造プロジェクト」を提案し採択されたわけです。プロジェクトでは、岩手大学が大学COC事業で掲げた「いわて協創人材」ではなく、岩手県立大学が提唱した「いわて創造人材」の育成を掲げることにしました。COC＋大学となった岩手大学では事務局体制の構築に入りましたが、上図のポンチ絵の真ん中にいる人物＝COC＋推進コーディネーターを誰にするかが次の課題となりました。

　当時、私は産学官連携や地域連携を担当する岩手大学の教員でしたが、学長からの要請を受けて急遽11月末に大学を退職し、12月1日付けでCOC＋推進コーディネーターに就任しました。初期には事務局体制の整備を進めるとともにプロジェクトの母体となる「ふるさといわて創造協議会」を立ち上げ、翌年3月にキックオフフォーラムを開催した経緯があります。

**――協議会の構成と主な活動は**

　ふるさといわて創造協議会は8産業経済団体、8高等教育機関、21地方自治体の計37機関で構成されています。そのほか、協力大学として県内1大学と首都圏5大学1研究科があります。各参加機関とその役割は図のとおりです。また、大学COC事業からの主な活動経緯は表のとおりです。

**――プロジェクトで実施した岩手ならではの取り組みを教えてください**

　岩手大学は大学COC事業で被災地学習などの取り組みを実施しておりましたので、COC＋では大学間連携と地域との協働を重点的に取り組みました。

　学生が地域を知る取り組みとしては、地域の事業所と参加大学の学生とが一堂に会してプレゼンや従業員等との対話を通じて事業所を知るイベント「ふるさと発見！

# ふるさといわて創造協議会参加・協力機関

◆県内外の幅広い高等教育機関、経済団体、自治体と連携し、プロジェクトを推進

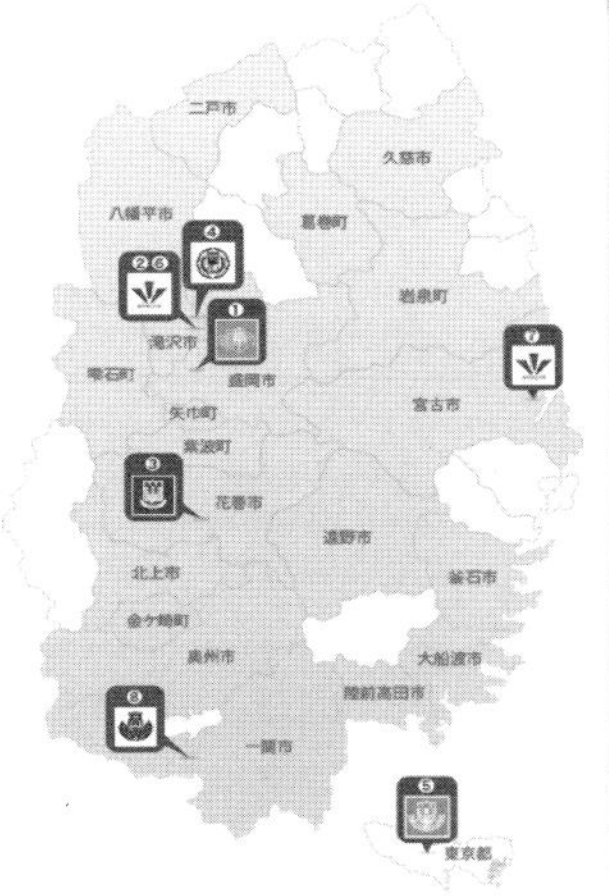

**自治体**

岩手県
盛岡市
宮古市
大船渡市
花巻市
北上市
久慈市
遠野市
一関市
陸前高田市
釜石市
八幡平市
奥州市
滝沢市
二戸市
矢巾町
金ケ崎町
岩泉町
雫石町
葛巻町
紫波町

＜役割＞
地方創生総合戦略の策定及び実施
インターンシップの受入強化
産業振興・販売開拓の支援
地域特産品の販売拡大・ブランド化支援
研修会・セミナーの場の提供

**経済団体**

岩手県商工会議所連合会
岩手県商工会連合会
岩手経済同友会
岩手県中小企業団体中央会
岩手県中小企業家同友会
岩手県農業協同組合中央会
岩手県漁業協同組合連合会
岩手県森林組合連合会

＜役割＞
雇用創出
インターンシップの受入
企業見学の場の提供
起業家等人材育成教育の支援
共同研究の実施

**高等教育機関**

岩手大学
岩手県立大学
富士大学
盛岡大学
杏林大学
岩手県立大学盛岡短期大学部
岩手県立大学宮古短期大学部
一関工業高等専門学校

＜役割＞
地域志向教育の実施
起業家等人材育成教育の実施
復興人材の育成
大学資源活用による産業創生の推進
共同研究の推進

**協力大学**　岩手医科大学、東京海洋大学、北里大学、横浜国立大学、首都大学東京、立教大学、慶應義塾大学大学院システムデザインマネジメント研究科

**主な活動経緯**（著者作成）

| 年・月 | 主な活動 |
|---|---|
| 2013. 8 | 「地域と創る“いわて協創人材育成＋地元定着”プロジェクト」が「地（知）の拠点整備事業（大学 COC 事業）」に採択 |
| 2015. 9 | 「ふるさといわて創造人材育成プロジェクト」が「地（知）の拠点大学による地方創生推進事業（COC+）」に採択 |
| 12 | 小野寺純治氏が COC+ 推進コーディネーターに就任 |
| 2016. 3 | 「ふるさといわて創造協議会」設立 |
| 9 | COC+ キックオフフォーラム「ホンネを語る場～学生のホンネを知って地元採用につなげよう～」開催 |
| 2017. 4 | 岩泉町において最初の「地域志向型インターンシップ」実施 |
| 10 | 「地域と創る“いわて協創人材育成＋地元定着”プロジェクト」が国の評価を受ける |
| 11 | 「いわてキボウスター開拓塾」スタート（以降半期毎のプログラムとして実施） |
| 2020. 2 | 「陸前高田グローバルキャンパス」開所 |
| 2020. 3 | 「ふるさといわて創造プロジェクト」が国の中間評価を受ける<br>「ふるさと発見！大交流会 in Iwate2017」開催（以降毎年開催）<br>COC+ フォーラム「岩手の未来を切り開く」開催<br>文部科学省「地（知）の拠点大学による地方創生推進事業（COC+）」終了 |

大交流会in IWATE」を2017年から毎年開催しました。また、自治体がバスを用意して地域企業等を学生が訪問するバスツアーや中山間地域の自治体や会社などが学生に暮らすことと働くことを体験してもらう地域志向型インターンシップなども岩手ならではの特色ある取り組みです。このような取り組みにより、学生が大学で地域科目を学ぶだけでなく他大学の学生と一緒に取り組む演習も必須とする「ふるさといわて創造人材」の認定なども行ってきました。

地域創生には、単に学生が地元に就職するだけでなく、地域のリーダー的存在や新ビジネスを仕掛ける若者も必要です。そこで、岩手大学と立教大学が陸前高田市に開設した「陸前高田グローバルキャンパス」における国内外大学との様々な連携活動を通じたグローカル人材の育成や、学生の起業家マインドを育成する「いわてキボウスター開拓塾」もプロジェクトの中で取り組みました。

## ――「いわてキボウスター開拓塾」とは

地域創生のためには学生が新しい視点で地域の課題等に取り組んでもらい、新ビジネスにつながる人材を育成したい、との考えから「いわてキボウスター開拓塾」（キボスタ）を2016年10月から開始いたしました。事業は週末を活用した課外授業で、半年毎のプログラムとなっており、プロジェクト期間中に6期、延べ146名の学生が受講しました。

## ――学生就職の受け皿となる岩手県内企業はどんな状況でしたか？

まず、岩手県内の企業数ですが、2012年度に3万9千社あったと言われております。そのうち大企業は68社に過ぎませんし、上場会社に至っては銀行3行を含む5社しかありません。一方、従業員20人以下の小規模企業は87・2％の3万4千社も占めており、大卒を必要とする企業は一握りしかないのが現状です。また岩手県内の企業は総じて労働生産性が高くなく、大卒社員の初任給は15万円台から18万円台が多く、20万円を超える初任給を払える企業はほんの一握りです。

しかし、もっと大きな課題と見ているのは、県内企業の多くが学生を単なる労働力としてしか見ていないことです。優秀な学生をなんとしても採用してリーダー人材として育てようという意欲をもつ経営者がほとんどいなかったのが現実です。

――地域と大学をつなぐコーディネーターの役割についてはどのようにお考えですか

ＣＯＣ＋の真の狙いは産学官連携による学生の育成と定着を通じた地方創生であり、イノベーティブな思考を身につけた学生が地域に受け入れられることが必要です。しかし、このような学生はややもすると「地域の大人たちの考えは古い、全く分かっていない」という思考に陥りがちです。一方、地域の人たちは「生意気な学生が何を言っているんだ」となりがちです。

コーディネーターの役割は、このようなギャップをできるだけ小さくすることにつきます。相互のギャップを埋めていき、若者が地域で活躍できるような環境を形成していくことが必要であり、地域に入っていった若者が絶えず新しい情報にアクセスできるようなネットワークの形成のお手伝いをすることだと思っております。

――推進コーディネーターとしての究極の目標は

ＣＯＣ＋は地方創生を担う〝ひとの育成と定着〟による地域活性化なので、地域に若者（学生）を送りこむことによる地域のパラダイムシフトです。そのためには地域のステークホルダー（利害関係者）にパラダイムシフトを受け入れていただく必要があり、私の役割は、地域の明日を担う若者のアイデアや考えを地域のリーダーの皆さんに理解していただき、賛同を得ることです。そして、このような活動の継続により、岩手の地にイノベーション・エコシステムを形成していくことです。

――パラダイムシフトとは

〝価値観が大きく変わること〟と言えばよいのでしょうか。私たちは、それまでに馴染んできた価値観が永遠に続くものとして将来を考える癖があります。高度成長期には中小企業は弱く大企業が強い、大企業がつぶれるなどは想定できませんでした。しかし、経済がグローバル化していく中で大企業は世界の大企業との熾烈な競争にさらされており、倒産したり買収される企業も出てきております。

地方にも同じことが言えます。私達の世代は、地方（＝田舎）には何も誇るものがない、しっかり勉強して東京に行って一旗揚げる、という考えが一般的でした。確かに田舎には高い給料を払ってくれる企業も無ければ若者が遊ぶ場所もありません。しかし、新型コロナウィルスの蔓延で、人が密集する都会より田舎の方が人としてより良い生活ができるのでは、から、一歩進んで田舎にはいろんな楽しみや仕事のネタが転がっている、と考える若者も増えてきております。すなわち、価値観は時代とともに変わっていくもので、過去に引きずられた価値観で物事を考えるのではなく、常識といわれるものを疑い、データを集め分析して、別の前提を置いてみることが大切であると思っております。

## 地（知）の拠点として大学が果たすべき機能

――「知の拠点」としての大学の機能とは

大学が有する「知」は大きく3つあります。第一は、専門家としての教員・研究者がストックされている場所であり、この「知」の地域への波及としては共同研究や受託研究、技術移転などを実施しており、これらを総称して狭義の意味での「産学連携」または「産学官連携」と呼んでいます。第二は、平均年齢21、22歳の専門教育を受けているしなやかで行動力に富んだ若者が集っている場所です。第三は、過去から積み上げてきた膨大な「知」をストックしている場所であることです。大学はこの3つの「知」をバランス良く連動させ、地域の産・官・金・民ともに地域社会を心身ともに豊かにしていくことを考え、実践していく存在であるべきと思っております。

## 地方創生に必要な視点

――地方創生に必要な条件をどのようにお考えですか

パラダイムシフトによる地域（ローカル）イノベーション・エコシステム（ＬＩＥ）形成が必要だと思っています。地域創生には（中央からの画一的な価値観の押しつけではなく）地域独自の価値創造によるイノベーションが必要不可欠です。

――具体的には

私が考える地域イノベーション（ＬＩ）は、国が進めるいわゆる〝先端科学技術〟駆動型ではなく、地域の多様性に着目した〝多様な価値観の共有〟からスタートし、地域の課題や資源に着目し、それを解決することや活用することから生まれてくるイノベーションのことです。このためには、思いを持って地域で活動する人材が先ずもって必要になります。彼らの行動の結果として地域にイノベーションが起きる訳ですが、その過程では科学技術が必要な場合が多くあります。そこで必要とされる科学技術は先端的なものよりも他分野では既に使われている技術がマッチされることが一般的です。そして、このような取り組みが地域の中で自律・自立していくことが必要であり、これをエコシステム化と呼んでいるのです。

**――エコシステムとは**

エコシステムとはもともと生態系が維持される様子を指す言葉です。ここでいうエコシステムとは、地域の中で様々なアイディアが自発的に生まれ、実証され、受け入れられ、その結果としてイノベーションが自律的に続いていく状態のことを指します。生態系の中では生命のゆりかごと称される「ビオトープ」の存在が要の役割を果たしており、イノベーションの分野でも類似の環境が必要と考えております。

国は先端科学技術駆動型のイノベーションを推進しておりますが、研究開発から実用化までに多額の資金を投入する必要があり、イノベーションが起きる前に力尽きてしまったり、他地域での取り組みが先行してしまい、投入された資金がペイできない、ということになりかねず、エコシステム化が困難ではないかと思っております。何よりもこのような取り組みでは、多様なアイディアを実証していくというビオトープを形成することが困難だと思っております。さらに、地域にはそれだけの資金を確保投入する余裕もありません。

**――L-Eの実現のために必要なことは**

広範な知識を持ち、深い洞察力と高い問題解決能力そして強い郷土愛を有する人材（岩手型グローカル人材）の育成とその人材が活躍できる環境が必要です。

**――岩手型グローカル人材とは**

グローカル人材とは〝鳥の目〟と〝蟻の目〟の両方を備え、自分や地域の置かれている立場を俯瞰し、理解した上で課題の解決、分析、単純化、解決方策を見出すことのできる人材で、岩手型はさらに自ら取り組んでいく〝知識を知恵に変えて実践〟する能力を合わせもった人材のことをいいます。

**――具体的にはどのような立場にある人が候補になりますか（またその処遇は？）**

自分や地域の置かれている立場を空間的・時間的に俯瞰できる能力は経験を積んできたシルバー世代が強い分

野です。課題の分析、解決方策なども経験がものを言う分野であり、シルバー世代が強いかもしれません。しかし、シルバー世代の最大の弱点はＩＴスキルにおいて若い世代に大きく劣っていることです。西暦２０００年前後に生を受けたＺ世代と称される若者は、インターネットの産湯につかって大きくなってきた世代で、アナログ世代と称されるシルバー世代とはインターネットに対する皮膚感覚が全く違います。私はシルバー世代が培ってきた経験をＺ世代に提供し、あとは彼らの行動力を信じ見守る時代が来ていると思っています。シルバー世代はＺ世代が活躍する場や環境をより良いものとなるようにサポーターに徹するべきです。なお、全てのＺ世代が岩手型グローカル人材を目指す必要はなく、現在の社会のあり方に違和感を感じたり、田舎暮らしに魅力を感じている一部の若者、例えば１００人の若者のうち３人程度がなってくれれば良いのです。

**――その人材育成に果たすべき地方の国立大学の責任は**

今ほど大学の果たす役割が大きな時代はないと思います。明治時代に担った大学の役割に匹敵する時代と考えるべきです。

その理由は現在が時代の大きな転換期のまっただ中にあり、これまでの経験のみでは通用しない、見通しの利かない時代に入っているからです。地方創生の取り組みの中で地方国立大学には地域社会の将来を担うリーダー人材の育成が求められておりますが、そのためには歴史の中で現在をどう捉え、グローバルな視点から地域をどう見るのか、を理解できる人材の育成が何より必要です。理工学専攻の学生も文学や哲学、心理学などを学ぶことにより人間力の形成が図られ、さらに語学とともに歴史や文化を学ぶことにより、海外の若者とも充分に渡り合える高い教養をもった魅力的な若者が育成されるのです。専門知識だけでは地域の産業構造が変化したときに対応できない人材となってしまいます。

まずは高度教養人材の育成に努めるべきです。このような人材を育成する大学を Liberal Arts College と称するようですが、地方には大学が少ないが故に地域の知の拠点となる大学には先ずは Liberal Arts College の視点が必要と考えます。高度な専門知識はこのような大学で学んだ後に真に必要と考えた専門分野を学ぶことのできる高等教育機関を探して学ぶのが良いと思います。その場合には地元や国内に限らず海外も当然に視野に入れて探すべきでしょう。

——岩手大学を含めて、地方の国立大学では、その責任を果たす体制がどこまでできているのでしょうか

難しい問いですね。これまでの地方大学は好むと好まざるとに関わらずミニ東大やミニ京大を目指していたと思います。それは地方大学の教員も学問といわれる分野に閉じこもり、先端（専門）分野と称される分野の研究にしがみ付いていた、いや、しがみ付かなければ〝研究者〟として認められない世界が存在していたからなのです。しかし、大学ＣＯＣ事業は研究者としての教員に教育者として地域に目を向けさせる事業であったと思います。多くの大学がこの事業を通じて地域との連携を構築して取り組んできました。それは未だ取り組み半ばかもしれませんが、国も地域も長期的観点で大学の取り組みを見ていただくことが重要と思います。なにせ、昭和24年に新制大学として発足した地方国立大学が70年もの間変わらなかった今、大きく変わろうとしているのですから……。

## 岩手大学ＣＯＣ＋事業の将来

——ポストＣＯＣ＋の今後の展開は

ＣＯＣ＋は、大学が主導権を発揮して地域の様々なステークホルダーと連携して地域定着や雇用創出に向けた取り組みを果たすという考え方が基本でしたが、限界を感じておりました。というのは、大学は〝教育機関〟であり、教育された人材を求めているのは〝地域〟である、ということです。地域が真剣にならない限り人材は地域に定着しない、ということが分かりました。ポストＣＯＣ＋では、地域定着や雇用創出に向けた取り組みの主体は地域が主体となって取り組むことが適当であるとの考え方から、大学は教育を中心に取り組むこととし、人材を必要とする地域側に大学と連携して若者に地域での活躍の場を提供できる環境を整備する組織があると良いと考えております。

特に、地域創生にはイノベーション人材の育成が必要不可欠ですから、キボスタ（いわてキボウスター開拓塾）の取り組みを検証し、改めてＬＩＥ（地域イノベーショ

**【株式会社イノベーションラボ岩手】（通称：イノラボ）**

INNOVATION LABO IWATE

- 設立　2020年4月30日
- 資本金　800万円

株主：(株)岩手銀行、ケイカクラボ（株）、(株)ゴーイング・ドットコム、（協）産業社会研究会経営者革新会議、東日本機電開発(株)、（合）東日本自然エネルギー研究所、東日本電信電話(株)、(株)ニュートン、岩渕明、小野寺純治、佐々木強、小野寺承代

- 所在地　岩手県盛岡市上田4-3-5　盛岡市産学官連携研究センター内
- 役員・スタッフ　11名（うち学生スタッフ8名）
- 代表取締役　小野寺純治、村上勝俊

ン・エコシステム）形成の核として新たに法人を設立することとしました。具体的には２０２０年４月30日に前岩手大学長の岩渕明先生や私などが発起人となって株式会社イノベーションラボ岩手（イノラボ）を設立しました。

**——設立の目的は**

岩手県の未来を考えたときに〝イノベーティブ〟な人間が集まり、新しいアイデアが生まれるような場を形成・保全する組織がどうしても必要だという結論に至ったわけです。特に、エコシステム化していくためには、様々なアイデアを考え試行していくための ゆりかごとしてのイノベーションのビオトープが必要不可欠ですが、そのビオトープをしっかりと管理し、保全していくためには持続性と資金が必要であることから株式会社としました。

**——どういう組織、どういう人材配置？**

持続性を大事にすることと、学生目線での会社運営を目指しています。そのため、社長には40歳の起業経験者をスカウトし、キボスタで学んだ学生にスタッフとして運営に関わってもらっています。

**——どういう活動をするのですか**

先ずはイノベーション人材の育成です。次にその人材が活躍できる場所と資金の確保、さらにはサポートする人材のネットワークを構築したいと考えております。今年は岩手県からの事業を受託し、「いわてイノベーションスクール」を本年9月から開講しています。人材が育成されないと第二、第三の取り組みは進めることができませんので、人材育成の状況を見ながら次の取り組みを進めていきたいと考えています。

**——全国の他の地方国立大で、ポストCOC＋として、同様もしくは特記すべき動きはありますか**

私の知る限りでは唯一の取り組みと思いますが、存じ上げないだけなのかもしれません。注目している他大学の取り組みとしては、信州大学が日本人材機構やNPO、地域企業等と連携して取り組んでいる「信州１００年企

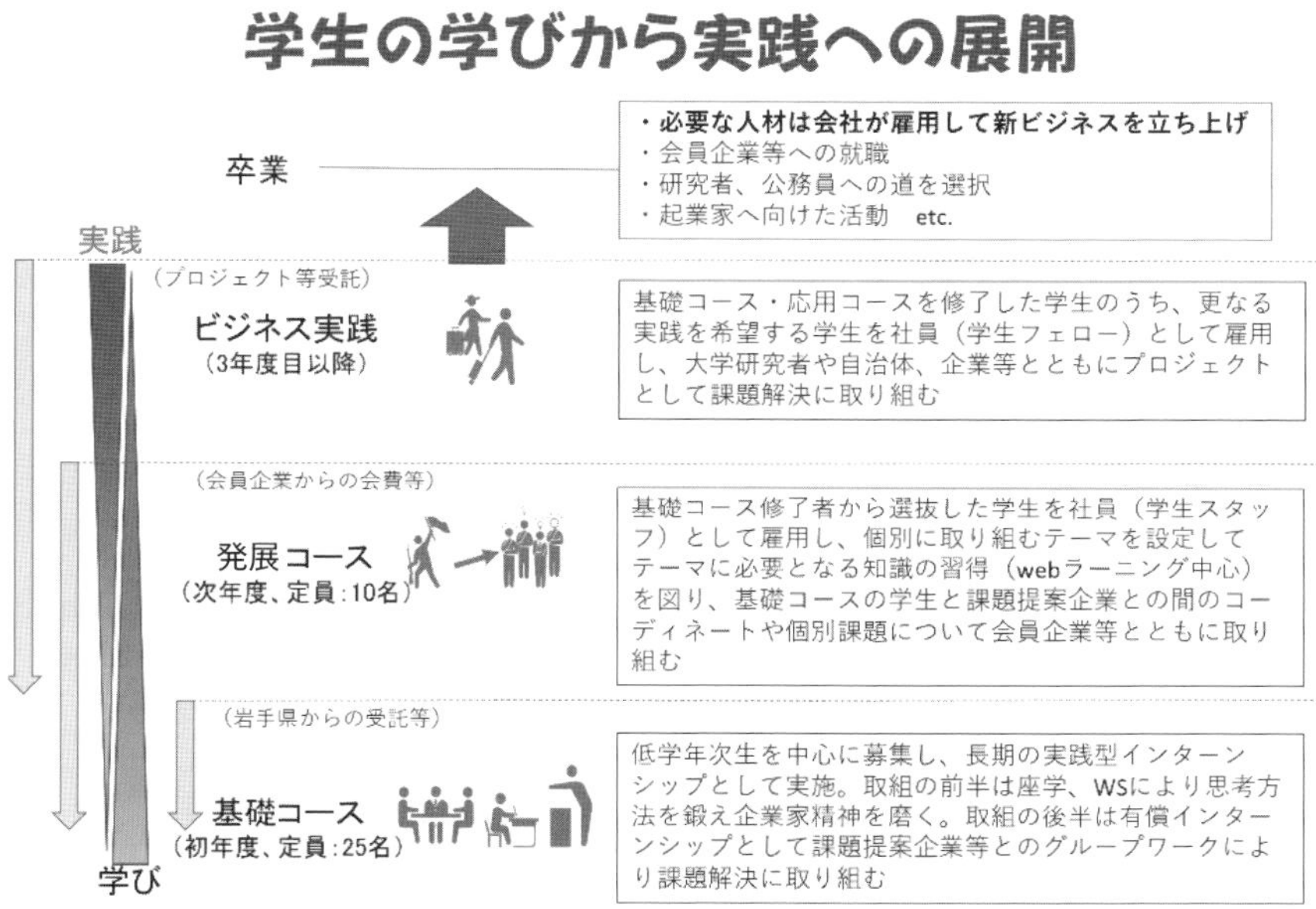
学生の学びから実践への展開
卒業
・必要な人材は会社が雇用して新ビジネスを立ち上げ
・会員企業等への就職
・研究者、公務員への道を選択
・起業家へ向けた活動　etc.
実践
（プロジェクト等受託）
ビジネス実践
（3年度目以降）
基礎コース・応用コースを修了した学生のうち、更なる実践を希望する学生を社員（学生フェロー）として雇用し、大学研究者や自治体、企業等とともにプロジェクトとして課題解決に取り組む
（会員企業からの会費等）
発展コース
（次年度、定員：10名）
基礎コース修了者から選抜した学生を社員（学生スタッフ）として雇用し、個別に取り組むテーマを設定してテーマに必要となる知識の習得（webラーニング中心）を図り、基礎コースの学生と課題提案企業との間のコーディネートや個別課題について会員企業等とともに取り組む
（岩手県からの受託等）
基礎コース
（初年度、定員：25名）
低学年次生を中心に募集し、長期の実践型インターンシップとして実施。取組の前半は座学、WSにより思考方法を鍛え企業家精神を磨く。取組の後半は有償インターンシップとして課題提案企業等とのグループワークにより課題解決に取り組む
学び

業創出プログラム」や、高知大学の「SUPER REGIONAL UNIVERSITY」としての「高知大学インサイド・コミュニティシステム（KICS）」や「まち・ひと・しごと創生・高知イノベーションシステム（Tsi）」「土佐フードビジネスクリエーター人材創出事業（土佐ＦＢＣ）」などかと思います。

**――設立から8カ月。この間、新型コロナウィルス感染リスクで制約があったと思いますが……スタートは順調ですか**

新会社は4月30日に発起人3名により250万円の資本で設立しましたが、その後、増資してくれる企業が相次ぎ、現在では資本金800万円で運営しています。6月には岩手大学発ベンチャーに認定をいただいたほか、7月には岩手大学と連携協力協定を締結し、大学と二人三脚で人材育成をスタートさせました。

**――イノベーションラボ岩手の将来像は？**

イノベーション人材の育成を3年がかりで実施することとしており、初年度は基礎を学ぶための思考力強化、社会環境把握、ビジネス構築力強化を中心とする学びを低学年次生に提供します。そこを終えた学生の一部には発展コースを用意して地域課題解決の実践に取り組んで

もらいます。さらに発展コースをも終えた学生には研究者等と一緒になって地域課題解決を図るプロジェクトを担当してもらうビジネス実践コースを用意したいと思います。ここまでの段階を終えた学生は、真に社会から必要とされる若者として大学を卒業していくことになります。

このサイクルが一通り回った5年後には、小さいながらも〝岩手型イノベーション・エコシステム〟のハブ機能を有した会社として自立しているでしょう。なお、これらの各段階ではＩＮＳのメンバーとの交わりも重要な機会となると考えています。さらに、このような若者が、20年後の２０４０年、彼らが40歳前後になった時に地域や社会を引っ張っていくリーダーになっており、〝地方消滅〟と言う言葉が死語になっていることを日々夢見ながら取り組んでおります。

岩手イノベーションスクール開講式（半数はオンライン参加）
2020年8月29日

## 4　地域と大学を繋ぐコーディネーターネットワーク構築事業

### ――西川一弘和歌山大学学長補佐・紀伊半島価値共創基幹准教授に聞く

和歌山大学地域連携・生涯学習センターが「地域と大学を繋ぐコーディネーターのためのネットワーク構築事業」をスタートさせたのは2012年3月である。同事業に基づく、第1回の地域と大学を繋ぐコーディネーターのための研究実践セミナー（以下：CDセミナー）は同年7月5日に和歌山大学で開催された。この実践セミナーは毎年1回開催され、第4回以降は和歌山大学を飛び出し、開催場所を変えてきた。8回目を迎えた2019年は、8月に、高崎商科大学で開催された。過去8回のセミナーでの討議テーマは別表の通りである。9回目を迎えた2020年は、年初から日本列島を襲った新型コロナパンデミックの影響で、オンライン開催を余儀なくされた。これまでのこのプロジェクトの成果とコロナ禍における「地域連携コーディネーター」のあり方について、立ち上がりからこのセミナーの運営にタッチしてきた西川一弘准教授に聞いた。（2020年12月取材）

西川一弘和歌山大学准教授

### 本セミナーに関わるまでのキャリア

――西川先生が地域コーディネーターに携わられた経緯は

私は元々和歌山大学経済学部の出身で、学生時代から和歌山県南部（南紀熊野地方）の地域づくりや市民活動に関心がありました。経済学部卒業後は、大阪市立大学大学院経営学研究科に進学。その後、現場に行こうと2006

年にＮＰＯの中間支援組織である「わかやまＮＰＯセンター」に就職しました。入職の２年後、２００８年に当時の和歌山大学紀南サテライト（現：南紀熊野サテライト）で地域連携コーディネーターを公募するとの話があり、私の経緯を知っているお世話になった先生方からの勧めもあって、地域連携コーディネーターに応募して、着任しました。

地域連携コーディネーターは特任職なので任期は５年で２０１２年に任期満了になりましたが、和歌山大学地域連携・生涯学習センターの教員職に採用され、この事業に継続して関わっています。

**——昨年（２０１９年度）開催された第８回のセミナーの概要は**

第８回は、高崎商科大学さんの協力のもと、群馬県高崎市や甘楽町で開催しました。大きなテーマは「継続性と継承」としました。さまざまな事情の中で、コーディネーターや担当教職員が異動などによって、地域連携業務から離れることは少なくありません。担当者が替わっても地域の信頼を損なうことなく、より地域と大学の関係を強固にするために、異動する側は何を残し、残される側は何を引き継げばよいのか。〝引き継ぎ〟を考えることで、大切なことや核になることが見えてくると思います。セミナーではマニュアルや文書・言葉で表現可能な「形式知的引き継ぎ」と人脈や関係性などのなかなか表現できないけど大切な「暗黙知的引き継ぎ」の議論が行われました。

**——新しい組織（紀伊半島価値共創基幹〝Kii-Plus〟）になって、和歌山大学の地域連携やこのＣＤセミナーの考え方や運営で、変わったことはありますか**

和歌山大学の地域連携は〝共創型〟に大きく変わりました。地域と大学がともに価値を作り上げる活動に力点をおいています。大学が単独でプロジェクトなどを展開するのではなく、地域の皆さんにも入っていただき、一緒に進めています。

**——「紀伊半島価値共創基幹〝Kii-Plus〟」の目的や業務の概要を教えてください**

Kii-Plusでは、紀伊半島が抱える課題の解決と地域の事業発展について、研究成果の提供にとどまらず、自治体・企業・市民団体等との共創を通じた教育研究の展開により、地域社会の発展に寄与することを目的としてい

**地域と大学を繋ぐコーディネーターのための研究実践セミナー（第１回～第４回）**（著者作成）

| 開催日時 | 開催場所 | 参加大学（参加者） | パネル・基調講演・事例報告 | グループWのテーマ | 特記事項 |
|---|---|---|---|---|---|
| 第１回（2012.7.5） | 和歌山大学（松下会館） | 100名 | 池田貴城（文科省）「大学改革実行プランー社会の変革のエンジンとなる大学づくり」／山本健慈（和歌山大学）「地域発展の責任主体の一翼を担う大学へ」 | ○なぜ大学は地域連携をしなくてはならないのか<br>○地域連携コーディネーターを採用するにあたり、どんな能力をもった人材を希望するか<br>○地域コーディネーターにどんなミッションを与えるか<br>○地域連携コーディネーターのスキルアップのために大学はどう取り組むか | （先駆事例発表）<br>豊島正幸（岩手県立大学）「地域と大学を繋ぐ「公募型地域課題研究」<br>福島明美（松本大学）「地域と大学の協働・協創による地域づくりを育むー地域づくり考房「ゆめ」の実践 |
| 第２回（2013.11.28,29） | 和歌山大学（田辺市） | 30大学・機関（31名） | 内平隆之（兵庫県立大学）「学生を通じた地域連携におけるコーディネート」／吉用武史（高知大学）「地域課題解決と自治体連携におけるコーディネート」／古久保綾子（和歌山大学）「地域拠点を通じた地域の人材育成と活性化～観光・ジオツーリズムにおける地域連携コーディネート」 | ○もっとも関心を持った事例発表に分かれ、具体的な地域連携について話を深めた<br>○地域連携コーディネートと教育研究への貢献をテーマに | |
| 第３回（2014.11.20,21） | 和歌山大学（大阪・岸和田） | 27校（55名） | 千住義明（長野大学）「私立大学地域貢献度日本一を支えるＣＤの役割とその力」／伊藤浩二（金沢大学）「地域再生を担う人材養成に果たす大学ＣＤの役割」／西田喜一（和歌山大学）「大都市圏郊外自治体との連携とＣＤの役割」 | ①広域連携型ＣＤ<br>重要な役割は「繋ぐ」「調整する」「(学内外へ）情報発信する」<br>②特定プロジェクト型ＣＤ<br>地域の現象から課題設定へ持って行くことがＣＤの役割<br>③地元密着型ＣＤ<br>（モチベーションの高さと情熱が大切、学生や後進に渡していくことが不可欠） | 伊藤浩二（金沢大学能登里山里海マイスタープログラムー「専門性」のハーフシフトと実践研究）<br>「大学ＣＤが地域とのつなぎ役として得た人脈や信頼関係を活かし、自身の専門分野ウィハーフシフトさせて地域課題の中に関連付けることによって生まれてくるあらたな専門性があるのではないか」 |
| 第４回（2015.9.11,12） | 長野大学（長野・上田） | 18校（49名） | 古田睦美（長野大学）「民が建てた大学の使命―長野大学の地域連携」／山本健慈（和歌山大学）「大学と地域を繋ぐ理由―当セミナーの意義と課題」 | ○コーディネーター登竜門分科会（地域連携業務の課題と悩み）<br>○実践ステップアップ分科会（教職員と学生の地域連携活動のモチベーションの上げ方）<br>○実戦を論理的に考える分科会（なぜ大学は地域と繋がらないといけないのか） | 継続的な地域連携事業の難しさ（大阪経済大学三井規裕）<br>○学生の視点から（地域のために取り組むという言葉が学生には響きにくい）<br>○地域の視点から（大学に頼めば何かできるかもしれないという期待感の大きさ）<br>○大学の視点（教員は知識の提供はできるが実務家ではないので実施計画まではやり切れない） |

**地域と大学を繋ぐコーディネーターのための研究実践セミナー（第５回〜第７回）**（著者作成）

| 開催日時 | 開催場所 | 参加大学（参加者） | パネル・基調講演・事例報告 | グループWのテーマ | 特記事項 |
| --- | --- | --- | --- | --- | --- |
| 第５回（2016.9.8,9） | 尚絅学院大学（宮城・名取） | 17校（37名） | 庄司則雄（尚絅学院大）「地域に存立する大学の実戦—震災と向き合って」 | 鼎談「地域の危機に大学は何ができるか」剛田隆史（尚絅学院大）、山本健慈（国立大学協会）、西川一弘（和歌山大学） | 鼎談で話し合われたこと（コーディネーターの不安定な身分の問題、大学間連携の必要性、社会的運動への発展） |
| 第６回（2017.9.7,8） | 福岡大学 | 31校（44名） | 「コーディネーターのキャリア形成」本野直子（法政大学）、吉用武史（高知大学）、後藤千春（和歌山大学） | 居住地を中心にコーディネーターとしてのこれまでとこれからの生き方を考える地域の立場で「地域の課題」を大学に依頼したいことにまとめる | 坂本文子「宇都宮大学地域デザイン科学部と付属地域デザインセンターの取り組み」（大学が地域の主体性や問題意識を呼び起こすことは難しい。大学と地域の連携は各種審議会委員就任や個別共同研究から広域的な地域を対象にした複合的な分野での組織的・面的な連携への転換が必要） |
| 第７回（2018.9.13,14） | 高知大学 | 31校（43名） | 吉用武史「高知大学地域常駐型コーディネーターの活動」／蓮本浩介「北九州市立大地域共生教育センターの取り組み」 | 仮想大学「理想の大学地域センターづくり」〇理念〇地域課題や案件をさばく「手順・基準」〇大学と地域の連携・協働のための指針 | 山本健慈国大協専務のコメント（ＣＤには大学・地域を見渡すトレーニングが重要、若い時代の作業を通じて大学執行部へコミットする、ＣＤの仕事に幸せを感じるために） |

ます。大学で実施される地域貢献の多くは、大学の研究シーズ展開に重点が置かれていましたが、Kii-Plusでは、地域ニーズを大学における研究テーマとして取り込み、地域課題を大学に蓄積された知的資源を活用して解決する取り組みを進めています。エリアは広く紀伊半島と捉えていますので、本学の圏域である南大阪・和歌山県のみならず、奈良、三重も対象としています。

**——和歌山大学の発案で、２０１２年にこの「地域と大学をつなぐコーディネーターネットワーク構築事業」が始まった背景は？**

２０１０年に南紀熊野サテライト（田辺市）の５周年記念事業で「地域型大学サテライト拠点情報交換会2010 in 和歌山大学・南紀熊野」を開催しました。大学のサテライトと言いますと、都会の駅前に設置されることをイメージしがちですが、地方都市や中山間地域に設置されるサテライトもあります。南紀熊野サテライトは地方都市に設置されたサテライトの走りでもありました。いわゆる地方型サテライトを担当するコーディネーターの情報交換を行ったことがこのプロジェクトのベースにあります。

当初は、この地方型サテライトのサミットを継続して実施するつもりでしたが、サテライトという場所も大切であるがその最前線で活躍するコーディネーターが重要ではないかということで、拡張する形で地域と大学を繋ぐコーディネーターネットワーク構築事業を立ち上げ、その一環として「地域と大学を繋ぐコーディネーターのための研究実践セミナー」を開催することになりました。

**――この国立大学の「地方型サテライト」は、全国にどれくらいあるのですか?**

最近はかなりその数が増えていることと、機能も多機能化しているので〝地方型サテライト〟の定義は難しくなり厳密な数は分かりませんが、**先駆的な地域である高知大学では県内に7カ所配置されています。**

**――これから地方の国立大学の地域設置型のサテライトの役割が益々重要になってくるのでは**

地域設置型のサテライトは黎明期を終えて、その機能を改めて再定義する必要があると思っています。これまでは高等教育機会の提供が主で、その後に地域連携の拠点という流れだと思いますが、教育の拠点であったり、人材育成・リカレント教育の拠点だったり、あるいは地域ニーズを把握するセンサー機能だったり、その役割は多様化しています。地域目線であれば、地域に関わる大学生や研究者に壁はありませんので、サテライトを単独の大学が設置するのではなく、市町村が設置していろんな大学が使うものや、複数大学・コンソーシアム型で設置するものにしていく必要性をいま、痛感しています。

## なぜ、大学は地域と繋がらないといけないのか

**――この事業の(そもそもの)目的は何ですか**

産学連携系のコーディネーターは研修機会もありますし、学会も整備されるようになりました。今では、高度専門職として「URA※」などの配置も進んでいます。しかし、地域連携系のコーディネーターは、その業務の広さ、属性の多様さゆえ、研修する機会は少ないように思います。大学運営では重要視されながらも、各大学は手探りでコーディネート業務を行っているのではないでしょうか。ですから、地域連携を担当するコーディネーターの育成、専門性、役割、そして能力について、実践的に、俯瞰的に、そして理論的に考える研修が喫緊の課

題だという認識のもとにこの事業を進めてきました。

※ＵＲＡ（University Research Administrator）

**――大学が地域連携を進める上での根本的な問題を、改めてお聞きします**

大学の立地の違いや運営手法の違い、そして何よりも地域は非常に多様です。ですから「なぜ大学が地域と繋がらないといけないのか」という根本的なミッションについて、しっかりした言語化（表現）や理論化をすることが大切だと感じます。この辺りは大学や地域のカラーが出てくるところだと思いますが、ミッションについてはきちんと位置づけしておくことが何よりも大切だと考えております。

**――大学から見た場合に地域連携にはどんな目的があるのですか**

これも大学によって多様だと思います。ＰＢＬ※のように学生教育の一環ということもあるでしょうし、産学連携の対象としての地域ということもあるでしょう。地域の課題が研究の種だったり、入試戦略（入学生を増加させる）だったりするかもしれません。また、大学の社会的な責任ということもあるかもしれません。とは言え、普遍的で「共通の視点」はあると思います。

※ＰＢＬ（Project Based Learning）

**――「共通の視点」とは**

「共育」という考え方です。大学も地域も、連携によってともに育ち、互いに育ちあう関係性です。ともすれば、大学から地域に一方通行的にかかわったり、出来合いの研究成果を提供するにとどまったり、単にフィールドとして活用するだけになったりしがちです。大学も地域に関わることで、地域からの〝跳ね返り効果〟を通じて、大学教育や研究、あるいは大学運営が変わっていく（変えていく）という認識が非常に重要だと思います。この立場に立てば、大学にとって地域は単なるフィールドという考えにはならず、宝庫であると考え方になるのではないでしょうか。

**――「宝庫」を具体的に言うと**

〝広く大学を変えてくれる素材〟と言えるでしょうか。素材は幅広いので一概には言い切れませんが、例えば、教育研究のテーマや新しい視座だけではなく、地域との関係性、地域課題の切り口、市民の大学に対するまなざしなどがあるでしょうか。

## 多様なコーディネーターの役割

**――地域と大学を繋ぐコーディネーターが配置されるケース（組織・プロジェクトなど）は、多様だと思いますが、簡単にいうとどう区分できますか**

これも先述した大学のミッションによって位置づけが大きく変わります。このセミナーを継続して実施するなかで分かったことは、コーディネーターが配置される財源が大きな影響を与えているということです。大きくは2つの流れがあります。ひとつは、プロジェクト予算などの競争予算・事業によって雇用される「**プロジェクト型コーディネーター**」です。もうひとつは大学の管理予算によって雇用される「**地域型コーディネーター**」です。両方とも地域を対象としていますが、前者は当該プロジェクト遂行における具体的な専門性が求められるとともに、その専門性やテーマをベースに地域と大学を繋ぐことになります。現状を見ますとこの形が非常に多いように思います。

**――後者の「地域型コーディネーター」に要求されることは**

地域型コーディネーターに求められるのは、地域に対する鋭くも優しさのあるまなざしと四六時中コーディネーターであるという覚悟でしょうか。具体的なテーマがないだけに何でもできそうですが、自らを律して磨き続ける覚悟がないと、何もできないことになります。コーディネーターを単なる〝JOB〟としてとらえるのではなく、〝Calling〟（使命）として知らえられるような昇華が必要です。**当然、人間的な資質である「謙虚さ」、地域を飛び回る「フットワークの軽さ」、プロジェクトをすすめるための「企画発見力」、失敗を乗り越える「熱意」は前提だと思います。**

**――コーディネーターになっている人のキャリアは教員、職員、その他（行政・企業出身者など）に分けるとどんな比率ですか**

上述したようなミッションによっても変わりますが、その属性は、「教員」か「職員」か、あるいは「任期付き」か「任期なし」か、など多様です。セミナーに参加されている方々で申し上げると、大学のプロパーの職員さんが多いように思います。ご自身がコーディネーター的な役割を果たすポジションにおられたり、コーディネーターを事務的に支えるポジションにおられる方です。初めて地域連携部局に配置されて、どのようにコーディネートすべきか、ということを学習に来られる方が特に多いです。また、アカデミックキャリアを目指している方が任期付きの教員職としてコーディネーターになる方も多いように思います。研究職のポストが少ないことが起因しているのかとも思いますが、大局的見地からすれば「地域連携がわかる研究者」が増えることに繋がるのでいいことだと思います。

## 地域版URAこそが必要不可欠

**——報告書（Vol5）に書いておられる「高度専門職としてのコーディネーター」とは**

大学の高度専門職議論や、財務や入試のプロフェッショナルを想定していますが、地域連携にもそれらと同じく、高度専門職が必要だと考えています。最近、産学連携では教員と企業の共同研究をマネジメントするURAを配属する大学も増えてきましたが、地域連携版も必要だと思います。私は勝手に、その専門職を「**地域版URA**」と呼んで提唱しています。地域版URAは地域課題から地域課題プロジェクトに昇華し、教員と地域の個別関係を大学の財産にまで組織化し、必要に応じてプロジェクトの資金調達やマネジメント（プロジェクトの目利きによる拡大化、統廃合などの戦略）する人です。このような専門職は、これからの大学に必要です。

**——過去9回のCDセミナーを通じて感じておられることは**

率直に感じるのは厳しい状況の中で奮闘されているコーディネーターの姿です。これはCOC、COC＋などによって増加してきましたが、事業終了によってそのポジションが変化してきていると思います。大学によっては自前で配置するところもあれば、事業の切れ目が縁の切れ目になっているところもあります。そんな状況ですが、パーマネントの教員・職員になっているケースも少なからず出てきています。また大学を渡り歩きながらも、コーディネーターついてのキャリアを積んでいる事例もあります。おかげさまでセミナーのリピーターは年々増えており、一年一年の実践報告を聞くのが楽しみです。まだまだ過渡期が続きますが、粘り強く、辛抱強く、本事業を続けて行きたいと思っています。

**――和歌山大学の山本健慈元学長は「地域連携コーディネーターは教員、職員、と並立する第三の職種」だと言われました。その第三の職種への歩みは進んでいますか?**

いま日本の大学は大転換期にあると思います。こんなことは大学がすべきことではなく、〝行政がすべきことです〟という議論がよくあるんですが、これまでこのCDセミナーに集まった皆さんのネットワークをベースに、教員と職員だけでなく、第三の職種としての「コーディネーター論」を確立する作業が必要だと思いますし、またその作業を加速させていきたいとも思っています。Kii-Plus内での議論では、〝第三の職種〟の必要性についての理解がありますので、本学でもその歩みを進めていきたいと思います。

**――地方の活性化にとって、地方大学のコーディネーターへの期待は大きくなっていると思います**

昔に比べるとコーディネーターの重要性の理解は進んできたと思います。コーディネーターとして道を切り拓いてきた人たちが、パーマネントに採用されたり、全学の地域連携政策の形成に関わったりする事例も出てきました。第三の職種の基盤整備はまだ過渡期ではありますが、産学連携のURA向けの就業規則化などの動きもあります。もっとも、地域連携コーディネーターの取り組み自体を研究対象とする〝アカデミア〟の創出も必要ですが、まだまだこれからだと思います。

## コロナ禍での第9回CDセミナー

**――2020年度のセミナーは**

当初予定していた対面開催が、コロナ禍で困難になりました。最初は中止も考えましたが、全国の大学で「大学地域連携」の声が聞こえなくなったことに危機感を感じ、オンラインによる開催を決断しました。テーマ編成においては「コロナ禍の大学地域連携」それ自体をしっかり見つめて、ともに考える機会にすべく、全体テーマを「ｗｉｔｈコロナ：ニューノーマル時代の地域連携」としました。これまでは対面・合宿型で参加者同士のつながりづくりを重視してきましたので、大きな転換と挑戦になりました。CDセミナー開催に当たっては、大学の地域連携の現状を把握するため、「コロナ禍での大学地域連携調査」を4年制の全大学（840大学）に配布し、回答されたデータを基にしたライブ感のある議論を組み立てていくことにしました。

――アンケートではどんな意見が

コロナ禍で「地域連携どころではなくなった」という意見は多くありましたね。そもそも大学生が地域を出歩く、ということが出来なくなったこともありますが、大学では、一斉に授業のオンライン化が求められたので、その対応に追われたことも影響しているのではないでしょうか。「地域連携部局で大学による取り組みが出来ないのであれば、組織の存在意義に関わる」という悲痛な叫びもありました。

――オンラインセミナーの具体的な内容は？

CDセミナーはその学習内容だけではなく、合宿・対面型で参加者同士のつながりづくりも軸に置いてきました。このつながりづくりを担保するため、プログラムでは単発の企画で終わらせるのではなく、2週間に1回ずつ、計4回の連続型企画としました。全体テーマを「withコロナ：ニューノーマル時代の地域連携」とし、2020年9月21日から10月31日まで、計4回のオンライン開催です。

第1回のテーマは、「コロナ禍における地域連携の再定位」。コロナ禍において、大学全体が学生教育への対応に追われる中、改めて大学の地域連携を問い直したいと設定しました。ここでは「コロナ禍での大学地域連携調査」の結果報告やオンライン授業への集中や置き去りにされた新1年生の苦悩、地域の苦悩や課題の共有から始まる地域連携の原点の見直しなど、コロナ禍で見えてきた日本の大学の現状などの話がありました。

第2回のテーマは「コロナに配慮した地域連携の事例報告」です。宇都宮大学と小樽商科大学の取り組みを報告いただきました。コロナ禍の中で進めていく際の悩みや課題だけではなく、コロナ禍の中で連携の取り組みを進めていく際の注意事項などのお話を伺いました。

第3回のテーマは「コロナ禍で地域連携を再開する基準」。ここでは実際に基準作りを行った神戸市看護大学の事例報告とともに、グループワークの中でも各大学での基準の存在やその運用などについての話し合いが行われていました。

第4回は「仮想大学でコロナ禍における地域連携を考える」をテーマにグループワークに取り組みました。本セミナー後に新型コロナ第三波が到来し、緊急事態宣言が再び発出されたと想定。グループを一つの仮想大学・地域連携部局と見立て、事前に指定されたグループに分かれた参加者をその大学の当事者とし、緊急事態宣言下において の地域連携事業推進について議論を行いました。参加者らは、これまでの学びや経験をフルに活用し、難題に立ち向かい、最後にはスライドやラジオドラマ風なと ぎまざまな方法で発表を行って全員で共有しました。第2回終了後は、オンラインでの情報交換会を開催しました。ざっくばらんな意見交換も、非常に重要な機会であると思います。

――コロナ禍でのオンラインCDセミナーを通じて分かったことは

オンラインの最大のメリットは「どこからでも（瞬時に）参加できる」ことです。また今回は合宿に係る費用や資料印刷に係る諸費用も不要になりましたので、無料で実施しました。なので今回は、参加者・参加地域が広くなった（北は北海道、南は沖縄まで）と思います。また昔から行きたかったけど日程が厳しかった人や、予算を確保できずに参加を断念していた人がおられたようで、そのような方が参加できたのはメリットだったのかなと思います。

――今後の方向性と、2021年度のセミナーは?

第一波の時はコロナという見えない敵の中で、大学地域連携は止まりましたが、我々はいろんな経験をし、コロナ禍でもできることも見えてきました。各大学の知見や経験、事例だけではなく、悩みや苦悩を共有でき、「悩んでいるのは自分だけではない!」「厳しい中でもなんとか前進させようと奮闘している人がいる!」ことに勇気づけられ、また明日から大学地域連携を頑張っていこうと思える人的ネットワークやこれらを気軽に考えられるプラットフォームがある、それこそが「CDセミナーのコア」だと分かったのです。コロナ禍のおかげで、その重要性を改めて気づかされたと思います。2021年は、このCDセミナーも10周年を迎えます。方法としてはオンラインにならざるを得ませんが、次の10年を見据えた取り組みにしたいと考えています。

# 第5章●地方創生の土台は、ふるさとの「ジオ・エコ・ヒト」を学ぶこと

## 日本は狭いようで多様な国

地方創生の基本は、自分たちが育った、いま暮らしている、ふるさとの自然環境と歴史や文化をしっかり理解していることが大前提である。そのために子供たちから老人まで、県民みんなが生涯を通じて学び続けなければいけない。

そうすれば、日本が世界で唯一無二の「海洋国家」であり、わがふるさとがどこにもない「個性に溢れた地域」であることを再認識できる。それは自分たちのふるさとに〝**誇り**〟を持つことに繋がる。令和日本は地方のそれぞれの地域の住民が、足元を見つめ直し、自分たちの生活している地域の個性と価値を再確認する時代である。

そのために鹿児島県を事例として、地形と地質(ジオ)、環境と生物多様性（エコ）、そして歴史と文化（ヒト）を学ぶことの重要性を地元の鹿児島大学で教えてこられた3人の先生にうかがった。

日本は「島国国家」「海洋国家」である。国土面積は世界61位だが、北は北海道から、南は小笠原列島、西は台湾に近い先島群島まで、大小6852もの島々から構成される。領海を含む排他的経済水域は世界6位の「海洋国家」なのだ。

地質学者である岩松暉先生は、日本の「四季」は地球変動がもたらした奇跡的な現象だという。「日本列島はアジアモンスーン地帯にあり、初夏に梅雨前線が停滞しやすく、冬には大陸からの寒気団が日本海でタップリ水分を吸収して日本海沿岸に豪雪をもたらす」。

環境省出身の星野一昭先生は、「日本は亜熱帯から亜寒帯まで、南北に3000㎞の広がりがあり、低地から山岳部までの高度差は3000m以上もある。世界平均の倍近い降雨量（年間1700㎜）に恵まれ、国土の約70%が森林に覆われている。だから世界でも稀な豊かな生物多様性が存在している」と。

歴史家である松尾千歳先生は、「日本は狭いようで、気候も風土も文化も多様だと指摘しつつ、世界が益々グローバル化している今、相手の歴史や文化に飲み込まれ流されないように、自分たちの歴史・文化を学ぶ必要がある」と指摘する。

# 1　ふるさと鹿児島の地形・地質・気候（ジオ）を学ぶ

――岩松暉鹿児島大学名誉教授に聞く

岩松暉氏は、新潟県生まれ、東大理学部卒。1985年、鹿児島大学助教授、1988年、教授、2004年、名誉教授。（2021年3月取材）

岩松暉鹿児島大学名誉教授

## 地球が生んだ奇跡の日本列島

――地球全体から見た日本列島の特色は

地球は大きく見ると安定陸塊・海洋底および変動帯に分けられます。この中で、日本は最も若い活動的な変動帯に位置しています。陸のプレート※と海のプレートがせめぎ合っているところが日本列島です。しかも日本列島は環太平洋地震火山帯の一員ですから、地震火山活動が活発で地殻変動も激しいところです。列島全体の隆起速度が極めて速く、南北に長く東西に狭い急峻な地形をしています。したがって、急流が多く水害も多発します。若い変動帯なので地質も若くて工学的には軟岩に属すものが多く、火山性の堆積物が広く分布しているので、山崩れや土砂崩れが起こりやすいのが特徴です。

――陸や海のプレートとは何ですか

地球の表面を支えている「盤」のようなもので日本列島は2つの陸のプレート、「ユーラシアプレート」と「北米プレート」、そして2つの海のプレート、「太平洋プレート」と「フィリピン海プレート」がぶつかりあう不安定な場所にあります。

※プレート：地球は10数枚のプレートで覆われていて、陸地も海もその上に乗っている。日本は4つのプレート（北米プレート、ユーラシアプレート、太平洋プレート、フィリピン海プレート）がぶつかりあう世界でも稀な場所に存在している。

――日本列島のように明確な四季の変化のある国は他にあるのですか

日本ほど明確な四季のある国は世界でも稀です。アジアモンスーン地帯に位置していますので、梅雨前線が停滞しやすいこと、背弧海盆※である日本海があるため、冬、大陸からの寒気団が日本海でタップリ水分を吸収し、新潟や秋田など日本海沿岸に豪雪をもたらすこと、さらに暖流の黒潮と寒流の親潮がぶつかることが、四季の変化の原因になります。また国土が狭いわりに北東から南西まで、列島が長い距離（約3000km）をカバーしているので、気候的には亜熱帯から亜寒帯までの多様な気候帯があります。このように、北半球の中緯度に位置し、「変動帯・アジアモンスーン帯・黒潮」という3つの要素が奇跡的に重なっているため、四季の変化が明白な「山紫水明の国」になったのです。

※背弧海盆：日本海が典型的な「背弧海盆」。陸上の盆地のように海洋に凹みができた地形で、この凹みに海水が流れ込み約2000万年前に日本海が出現した。「縁海」ともいう。

## 日本列島の中の鹿児島県

――鹿児島県の気候風土の特徴は

黒潮・火山・サンゴ礁が3大特徴と言っていいでしょう。鹿児島県は最北端の熊本県境の出水平野から最南端の沖縄県にもっとも近い離島の与論島まで600kmと南北に長く、温帯から亜熱帯までの多様な気候帯があります。また、黒潮とその分流である対馬海流に挟まれていますので温暖です。しかし、台風の常襲地帯でもあります。また以前は梅雨末期の豪雨前線が停滞するところで、「人が死なないと梅雨が明けない」という悲しい言葉もありましたが、近年の地球温暖化に起因して、前線は北部九州～中国地方～紀伊半島あたりに停滞するようになって、それらの地域での豪雨が毎年のように頻発しています。

――多くの離島を抱える南北600kmの鹿児島県は日本一の生物多様性の県（地域）と言われています

屋久島はその多彩な生物多様性から1993年（平成5年）に世界自然遺産に認定されました。いまは黒潮の恵みによって日本最大の生物多様性を有する奄美群島が世界自然遺産の候補になっています※。もっとも本土に住んでいる県民の内、どのくらいの人が奄美群島を訪れているでしょうか。天然記念物のアマミノクロウサギやルリカケスなど動物や鳥の名前を覚えることよりも、一人でも多くの県民が現地を訪問して、奄美の素晴らしい自然を肌で感じてもらいたいです。

※奄美群島の徳之島・奄美大島は2021年7月に正式に世界自然遺産に登録された。

**——鹿児島県に多大な恩恵をもたらしている黒潮のことを県民も案外知りません**

黒潮は北太平洋赤道付近の貿易風と中緯度の偏西風によって駆動された「北太平洋亜熱帯循環流」の一部です。一般には琉球海溝から南海トラフに沿って流れていると誤解されています。実際は台湾と与那国島の狭い海峡から東シナ海に入り込み、大陸棚に沿って北上し、トカラ海峡を通って再び太平洋へ抜ける海流です。その流速は最大で4ノット（7・4㎞／h）もあります。黒潮と呼ばれるようになったのは海水が紺色～青黒色をしているためですが、水温は冬季で19～21℃、夏季には20～23℃です。また黒潮の流れは広いところで100㎞、深さ1000mほどあります。

**——黒潮が流れる沖縄県・鹿児島県・宮崎県・高知県が「黒潮文化圏」と言われるのはなぜですか？**

古代から黒潮は《海の道》として遠くはポリネシアから琉球王国、薩摩、日向、四国、紀伊半島に至るまで人や文化や情報の交流を担ってきました。今も、黒潮が流れる地域には漁法、農法、仮面をかぶる祭礼、また闘牛などのさまざまな習俗や文化が伝承されています。元南日本新聞社社長でジャーナリストの日高旺さんは、『黒潮のフォークロア』や『黒潮の文化誌』を出版されて、明治時代までは黒潮をたくさんのクジラが回遊していたので、クジラを食べる食文化が生まれたなど、黒潮が生んだ興味深い文化や習俗を紹介しています。

**——鹿児島の降雨量や平均気温は日本の中ではどんな位置づけですか**

温帯気象帯から亜熱帯気象帯まで広範囲にわたり、国内の他地域に比べて複雑で多岐にわたります。県本土の平均気温は17~18℃で年平均降雨量は２２００㎜を超え、温暖多雨の気候です。中でも奄美群島の気候は月平均気温が20℃を超える月が７カ月に及び、年平均降水量は２３００㎜以上で亜熱帯気候帯に属します。

**――鹿児島県の南半分を占める離島群の地形の特色は**

奄美大島の北端の東方５㎞に位置する喜界島以南は隆起珊瑚礁で構成される島が多く、琉球石灰岩が分布しているので、海岸ドリーネや鍾乳洞など、独特の地形が見られます。なかでも沖永良部島の昇竜洞は全国鍾乳洞10選に入っていますし、島内には２００カ所以上の洞窟があります。また天然のサンゴ礁は屋久島・種子島以南の島の随所にあり魚の宝庫にもなっています。

**――日本の主な内海の中では、鹿児島湾（錦江湾）がもっとも深いとか！**

鹿児島地溝帯を構成するカルデラ※爆発の凹地に海水が流入して出来た湾だからです。東京湾（江戸湾）と広さはほぼ同じですが、平均水深は東京湾が約15ｍなのに対して鹿児島湾は約１１７ｍもあります。また東京湾には関東平野からたくさんの川が流れ込んでいますが、鹿児島湾にはさほど大きな川は流れ込んでいません。それで魚種の多さと漁獲量に違いが出ます。東京湾はプランクトンも豊富なので昔から「江戸前」と言われるほど寿司ネタになる豊富な魚種が獲れます。また「佃煮」という言葉があるように江戸時代に今の中央区佃島の周辺で江戸湾の魚介類を使った佃煮が考案されたので、今も佃煮の老舗は中央区や大

**日本の主な内湾の比較表**（著者作成）

| 内　湾 | 広さ（㎢） | 最深（ｍ） | 平均水深（ｍ） | 湾口（㎞） | 特徴 |
|---|---|---|---|---|---|
| 鹿児島湾 | 1040 | 237 | 117 | 11 | たぎり（火山性熱水噴気活動）、イルカ |
| 大村湾 | 321 | 54 | 15 | 0.33（狭い） | 閉鎖性、軍港、なまこ、長崎空港 |
| 大阪湾 | 1447 | 100 | 30 | 明石側：4<br>加太側：11 | 埋め立て、空港、漁業 |
| 伊勢湾 | 2130 | 49 | 19 | 34（広い） | 魚種豊富、中部空港、伊勢湾台風※ |
| 東京湾 | 1380 | 70 | 15 | 20 | 日本一の海上交通・停泊地、魚種豊富、江戸前、佃煮 |
| 陸奥湾 | 1667 | 75 | 38 | 14 | ホタテ養殖、軍港 |

※伊勢湾台風：1959年（昭和34）9月26日に潮岬に上陸し、紀伊半島から東海地方を横断した。死者行方不明が5000人を超す史上最大の台風被害を引き起こした。

田区の東京湾沿岸に多いのです。また水深が浅い東京湾では海苔や貝の養殖が盛んです。それに比べて鹿児島湾はイルカが定住していることが水深の深さと並ぶ特色かもしれません。

## ——鹿児島湾は姶良カルデラと阿多カルデラの噴火でできたんですか

鹿児島県のある位置は、地質的にはフィリピン海プレートの沈み込みに伴う火山フロントに位置します。日本の活火山110のうち、11座が県内にあります。この11座は霧島山とか池田・山川と一括りに数えられていますが、実際にはもっとたくさんあります。プレート沈み込みに関連した引張応力により「鹿児島地溝」が形成され、最北部の宮崎県の加久藤カルデラまで含めれば、姶良カルデラ、阿多カルデラ、そして薩摩半島の南、約50kmに位置する鬼界カルデラと巨大カルデラが縦に4つ連なっています。4つのカルデラが連なる地形は世界でも鹿児島地溝帯だけです。そのカルデラに海水が流入してできたのが鹿児島湾なので水深が深いのです。

※カルデラ：火山の活動によってできた大きな凹地のこと。釜、鍋という意味のスペイン語に由来する。

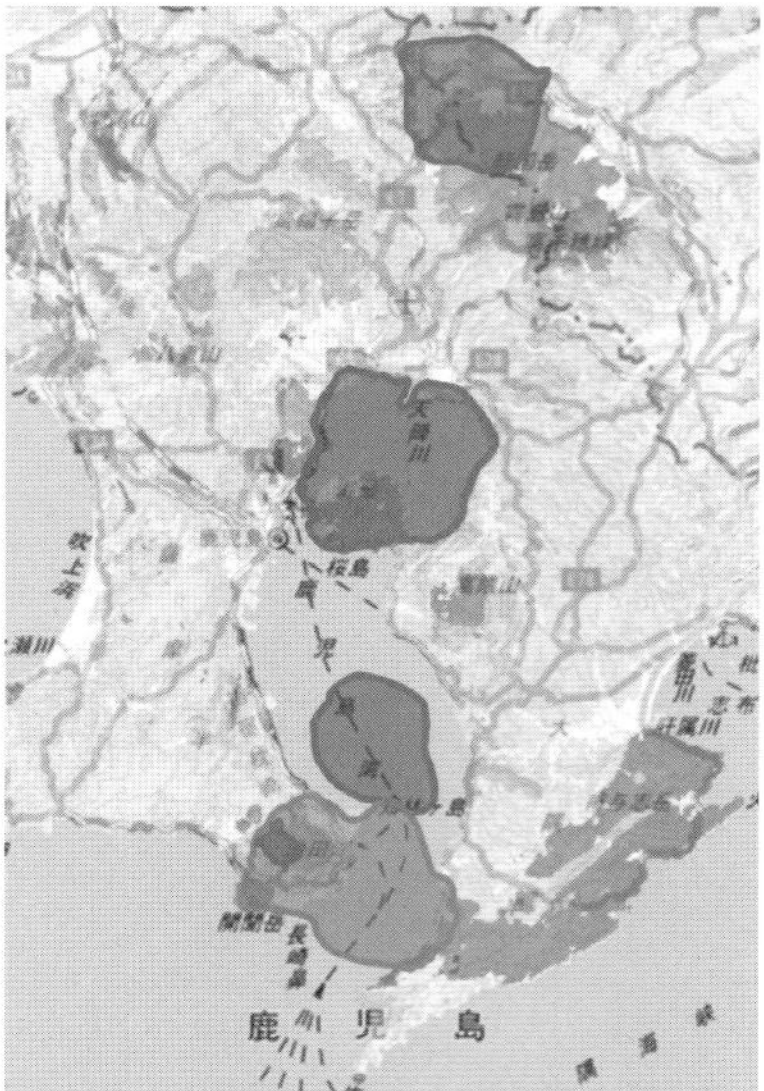

**カルデラ図**（WEBサイト「かだいおうち」より、産業技術総合研究所作成）

## ——鹿児島県の地質上の特色は

日本一の活火山群が生んだ「シラス台地」でしょう。県央を貫く4つのカルデラ活動と関連して、過去何万年にわたって大量の火砕流が噴出しましたが、特に姶良カルデラから噴出した3万年前の「入戸火砕流」の堆積物がシラスと呼ばれ、県本土の6割を覆っています。厚いところでは100mほどの堆積があります。水はけが良くて「乏水地帯」を形成するため、稲作には適さず、サツマイモの栽培が盛んで焼酎などカライモ文化（＝シラス文化）が生まれました。

※**西南日本外帯**：日本列島を地質上東西に分断するフォッサマグナ（大断層糸魚川から静岡）から西南部分を中央構造線（西南日本を中部地方から四国を通って、九州まで伸びる世界的にも有名な断層）で南北に二分したとき、その南側（太平洋側）の地域をいう。三波川《さんばがわ》帯、秩父帯、四万十帯などが帯状に連なっている。

## いまも活発に噴火している火山群

**——鹿児島は日本一活火山が多いのですか**

いま日本の活火山は１１１あると言われています。活火山の数だけで比較すると意外なことに東京都が1位、北海道が2位、そして鹿児島は3位です。しかし今も活発に噴火活動をしている火山は鹿児島が一番多いのです。しかも60万人県都・鹿児島市の目と鼻の先（10㎞）に活発に活動している桜島があります。桜島は大正3年（１９１４）にわが国では20世紀最大の大噴火を起こしました。この時流れ出た溶岩で桜島は大隅半島と地続きになりました。現在、桜島のマグマは約１００年前の大正噴火時と同量たまっていると推定されていますから、万が一に備えた防災活動が求められています。その桜島には現在も約４０００人が住んでいますので、年1回、鹿児島市を挙げた避難訓練を実施しています。県北端の霧島（新燃岳など）、桜島、屋久島に隣接する口永良部島、トカラ列島の諏訪之瀬島、など、現在でも活発に噴煙を上げている火山がこんなにたくさんある県は他にはありません。

**——九州はほとんどの県に温泉がありますが、大分県と鹿児島県に「泉源」が特に多いのはなぜですか**

鹿児島市は人口約60万人ですが、市内の銭湯やホテルの風呂はほとんどが天然温泉です。鹿児島市が鹿児島地溝の上にあるからです。地溝とは文字通り大地が裂けてできた溝です。九州には北部を東西に横断する大規模な別府―島原地溝もあります。大分県と鹿児島県はこの2つの地溝に沿って活火山が並んでいるので温泉が豊富なのです。

**——鹿児島が日本一の金産出県であることは案外知られていません**

鹿児島大学総合研究博物館には日本全国の過去からの累積産出量のジオラマがあります。この中で産出量、断トツ№１が県北部の伊佐市にある住友金属鉱山菱刈事業所です。昭和60年（1985）から採掘がはじまったのですが、これまでの産出量は200tを超えており、すでに閉山された有名な佐渡金山の総産出量80tの3倍を超えています。金鉱山は火山活動に関わって形成されることが多いので、鹿児島県には各地に金が産出される個所があります。日本の過去の金産出量ベスト10のうち4カ所（菱刈、串木野、山ケ野、大口）が鹿児島県にありますが、菱刈鉱山以外は採算に乗らなくなって今はすべて閉山されています。

**――鹿児島で利用されている石材はほとんど「溶結凝灰岩」なんですね**

鹿児島の石文化を支える「溶結凝界灰岩」は巨大カルデラを出現させた火砕流の堆積物が高温（約800℃）と圧密で固い岩石に変化したものです。代表的なものは小野石（33～34万年前の加久藤火砕流堆積物」と花棚石《けだないし》（約54万年前の吉野火砕流堆積物）です。県内の各所で石蔵や石塀、石橋などに利用されてきましたが、加工しやすいことが多方面に使われた一番の理由です。

**――東京の老舗石材問屋の社長から「甲突川に架けられていた5つの石橋は日本の歴史的な土木遺産なのに、ぜんぶ解体してしまうなんて……」と非難されたことがあります**

鹿児島の人なら誰でも覚えている8・6水害※で甲突川の5大石橋のうち2つが流失したので水害防止の観点から残り3つの石橋も撤去したのです。薩摩藩の招きで甲突川の5つの石橋を施工した肥後（熊本）の石工、岩永三五郎は単なる石工ではなく、今で言えば河川工学の専門家でした。西田橋が移設された祇園之洲の石橋公園には岩永三五郎の功績を称えて石像が建てられています。

※8・6水害：1993年（平成5）8月6日午後から鹿児島市を中心とした地域で猛烈な雨が降り市内を流れる甲突川、稲荷川が氾濫した。江戸時代に甲突川に架けられた5つの石橋のうち新上橋、武之橋が流失し、死者48名、行方不明1名、家屋の全壊284戸の被害がでた。

## 鹿児島の土壌と農作物

**――土壌とは**

土壌は砕屑粒子と水、植物遺体である腐葉土や腐植からなります。砂屑粒子と水が反応し、母岩の種類に応じて様々な粘土鉱物が生まれます。さらに土壌中にはさまざまな土壌微生物が共存しています。ミミズやダンゴムシなどの小動物も棲んでいます。さらに土壌空気も存在します。これらの様々な要素が複雑に依存しあっているのが土壌なのです。

——鹿児島にはどんな土壌が多いのですか

主な土壌は10種類くらいに分類されますが、鹿児島では「黒ボク土」と「褐色森林土」が広く分布しています。黒ボク土の母材は火山灰に由来します。黒ボク土は世界的に見ても肥沃な土に分類されます。鹿児島ではこの黒ボク土を利用してお茶、たばこ、サツマイモなどを栽培してきました。甲子園球児が思い出に黒っぽい甲子園の土を持ち帰りますが、あれが黒ボク土です。スパイクをしっくり受け止める、ボールが不規則な反発を受けない、そして水はけがいい、など甲子園球場の土は野球場では理想の土と言われています。

——シラス台地ではどんな作物が栽培できるのですか

灌漑技術が発達していなかった江戸時代まではシラス台地で栽培できる作物は限られていました。まず奨励されたのが、水分の多くを空中からとり、無肥料でも育ち、根菜なので台風に強い甘藷（さつまいも）です。タンパク源になる大豆も栽培されました。根粒菌が空中窒素を固定し、貧栄養のシラス土壌でも育つからです。ただシラスにはリンがないので骨粉の輸入が不可欠でした。それで知覧の仲覚兵衛は大阪から骨粉を輸入して財を成したと言われています。

——桜島で昔から栽培されている「桜島大根」は世界一大きい（重い）大根としてギネスブックにも登録されています。桜島大根は火山の恵みでできた作物なんですか

桜島の農作物は火山の恵みを生かしたものです。また降灰などの火山に強い作物だけが栽培されてきました。その代表が「桜島大根」です。なぜあそこまで大きな大根になるのか、元鹿児島大学農学部長の富永茂人先生が分析されています。５つ理由があるようです。晩生なので生育期間が長いこと、日当たりの良い斜面で栽培されていること、土壌が火山レキの軽石とボラ土なので排水性と保水性、そして保温性があること、土壌が比較的やせているので肥料の効果が出やすいこと、鹿児島湾に入り込んでくる黒潮が桜島にぶつかるので温暖であること、を挙げておられます。

## 鹿児島のジオパーク

### ――最近よく聞く「ジオパーク」とは

ジオとは地球という意味のギリシャ語です。中国では地質公園と訳していますが、原義通りには「大地の公園」です。2004年ユネスコが支援して、世界ジオパークネットワークが生まれ、2015年にはユネスコの正式プログラムになりました。

日本では、2007年日本ジオパーク連絡協議会が発足、それを母体に2009年に日本ジオパークネットワークが生まれました。ユネスコの定義では、地球科学的な価値を持つ遺産（大地の遺産：geoheritage）を保全し、教育やツーリズムに活用しながら、持続可能な開発を進める地域認定プログラムです。日本にはユネスコ認定の世界ジオパークが9カ所、日本ジオパークが43地域あります。鹿児島には、現在、霧島、桜島・錦江湾、三島村・鬼界カルデラの3つの日本ジオパークがあります。北海道の4カ所に次いで多いです。いずれも首長さんを会長とする推進連絡協議会が運営主体です。しかし、本来ユネスコが目指していたのはボトムアップの運営ですので、市民が自分の住む地域の自然に誇りを持ち、自らが主体となって運営していく、そうした姿を追求していくべきでしょう。

### ――岩松先生が日本でジオパークを提唱された理由は

2011年に発生した東日本大震災に象徴されるように、いま日本列島は1000年に1回の大変動期に入っています。鹿児島で言えば開聞岳が噴火した平安時代以来の活動期なのです。地震、豪雨、洪水、津波、台風、火山爆発、土砂崩れなど毎年のように発生する自然災害に対応する地学レタラシィを、日本人が身につける必要があると思ったことが最大の理由です。

### ――「災害は忘れたころにやってくる」との教訓があります

和歌山の有名な津波防災の逸話、「稲むらの火※」や三陸沿岸の「ここから下に家を建てるな」などの先人の教訓は年月が経つとつい忘れがちです。2011年の東日本大震災の時も、9・3mもの津波が押し寄せた釜石で、日ごろの訓練の成果で小中学生約3000人が助かったことは「釜石の奇跡」として有名です。ですからジオパークに設置される博物館には全国やその地域の地形や地質がもたらす災害への注意喚起の教育の場になることが特に期待されるのです。

※稲むらの火：1854年（安政元年）の安政南海地震津波に実際にあった犠牲的な避難の呼びかけを小泉八雲が物語にしたもの。紀伊国広村（現在の和歌山県広川村）の高台に住んでいた庄屋の浜口五兵衛が、地震の揺れの後、海水が沖へ引いていくのを見て津波の来襲に気づき、祭りの準備で夢中になっていた村人を救うために、自分の田んぼにあった刈り取ったばかりの稲の束（稲むら）に松明で火をつけて回った。火事だと驚いて高台に駆け付けた村人たちの眼下にやがて大津波が押し寄せてきた。五兵衛の機転と犠牲的精神のお陰で400人あまりの村人の命が守られたという故事。

**――岩松先生はここ十数年、防災地質学に力を入れてこられました**

大学の研究成果を市民に還元してこそ、大学の価値があるという信念で研究と教育をやってきました。それで大学時代から研究していた構造地質学から応用地質学へ、そして防災地質学へと研究ターゲットをシフトしたわけです。また大学の研究成果としての報告書は行政に配布して防災に役立ててもらう、さらに重要な防災情報は市販して誰でも入手できるようにすることが重要です。その一例が2013年に刊行した『東日本大震災津波詳細図』（原口強共著／古今書院）です。

**――防災のほかに、ジオパークの必要性を感じられた理由は**

上野の国立科学博物館に展示してある「小児麻痺を患った縄文時代の幼児が天寿を全うしたことが分かる人骨」の展示を見たことです。いじめや虐待が常態化している現代人に「縄文人の心を学んでほしい」と感じました。ユネスコのガイドラインは、ジオパークは地域の地史や地質現象がよくわかる地質資産だけでなく、考古学的・生態学的・文化的な価値のあるサイトを含む明瞭に境界を定められた区域をジオパークと定義しています。

**――現在、日本ジオパークに認定されている鹿児島の3つのジオパークの特色は**

霧島ジオパークは新旧20あまりの火山から成り立っています。火口湖がたくさんあるのが特徴です。また霧島は天孫降臨の神話の里にもなっています。錦江湾・桜島ジオパークは過去半世紀以上毎日のように噴煙を上げている桜島の20カ所以上のジオサイトで火山の様々な現象を学べます。三島村・鬼界カルデラジオサイトは比較的最近（7300年前）に爆発した鬼界カルデラの外輪山が海上に3つの島となって浮かんでいることで有名です。

——この他に鹿児島県内にジオパークと呼んでもいいほどの地形・地質がある場所はありますか

砂蒸し風呂や菜の花マラソンで全国に知られるようになった指宿市は、市域全体が10万5千年前の阿多噴火によって形成された阿多カルデラの火口内にあります。その後の噴火によってできた「山川港」「池田湖」「開聞岳（薩摩富士）」などジオスポットがたくさんありますから、〝指宿市まるごとジオパーク〟と言っていいと思います。

また薩摩川内市の甑島は隆起地形が作り出した素晴らしい景観が島全体にあります。甑島も〝島まるごとジオパーク〟です。また県の西北部の長島町の獅子島はアンモナイトや首長竜の化石が発掘されています。

奄美群島の沖永良部島は島全体が隆起サンゴ礁でできていて、大小さまざまな鍾乳洞があるので、ジオツアーの対象になります。

## 鹿児島の地質学と考古学

——鹿児島の縄文以前の「遺跡」は火山灰の積層で、年代を測定しやすいと聞きました

その具体例は1918（大正7）年ごろに指宿の橋牟礼川遺跡で解明された「縄文式土器と弥生式土器」の年代判定です。1916年に志布志中学生徒の西牟田盛健が橋牟礼川遺跡で見つけた縄文と弥生の土器の破片を2年後に現地調査した当時の京大教授濱田耕作が、開聞岳の火山灰層を挟んで下層から縄文式が、上層から弥生式が出土することを確認したのです。層位学的に新旧が決定された、考古学に地質学の成果が応用された日本初の事例になりました。この火山灰層序学によって土器を編年する手法は当時としては画期的だったのです。

——過去の火山灰にはどんなものがあるのですか

3万年前の姶良カルデラの大爆発以降に、桜島は17回大きな爆発をしています。その14回目の火山灰層は「サツマ火山灰層」と呼ばれており、今から1万2800年前の爆発のものです。火山灰の分類は、粒径2㎜以下を火山灰、2㎜～64㎜をサツマ火山礫、それ以上を火山岩塊と言います。このサツマ火山灰は正式には「薩摩降下軽石」と呼びます。

——鹿児島の代表的な縄文遺跡にはどんなものがありますか

日本列島の縄文時代はおよそ1万5千年前から稲作が始まる３５００年前まで約1万年続きました。縄文時代の遺跡は全国に9万カ所くらいあると言われていますが、鹿児島では縄文草創期の栫ヶ原遺跡（南さつま市）と掃除山遺跡（鹿児島市）、そして規模も大きく全国的にも有名な縄文早期の上野原遺跡（霧島市）があります。もちろん縄文中期以降から弥生時代までの遺跡も県内各地に散在しているので、それらの遺跡を訪ねて、ふるさとの遠い祖先の暮らしに想いを馳せることも貴重なことです。

## ふるさとのジオを学ぶ方法

**——最近、地質や地形それに付随する自然景観をテーマにしたテレビ番組が増えています**

その代表がＮＨＫの『ブラタモリ』です。よくある「ぶらり旅」のような旅番組とは違った良い番組です。日頃何気なく見えている景色の背景に潜む地球が作り出した地形や景観のナゾを解き明かしています。最近は同じＮＨＫの『ジオジャパン』やトレッキング番組も再放送されていますので、自然の見方や考え方の参考として見たらいいと思います。

**——去年、箱根の麓にある「神奈川県立生命の星博物館」を見る機会がありました。国内外からの交流人口の拡大のためにも、鹿児島にも全国有数の規模の「自然史博物館」を作るべきでは**

残念ながら鹿児島に自然史系の総合専門博物館はありません。県立博物館は桜島大正噴火をきっかけとして自然科学博物館となりましたが、もう１００年経って手狭になっています。鹿児島県は日本一の活火山県ですし、日本一の生物多様性県でもあります。防災教育も兼ねた子供から大人までが、「自然と人間の共生」を総合的に学べる県民のための「県立自然史博物館」は是非とも必要だと考えます。

**参考文献**

『地学のススメ』（鎌田浩毅・講談社ＢＬＵＥＢＡＣＫＳ／２０１７）
『黒潮の文化誌』（日高旺／南方新社／２００５）

# 2　ふるさと鹿児島の自然環境と生物多様性（エコ）を学ぶ

## ――星野一昭前鹿児島大学特任教授に聞く

星野一昭鹿児島大学元特任教授

星野一昭氏は、東京生まれ。１９７８年に環境庁入庁。国立公園レンジャーとして尾瀬、北アルプスに駐在。ケニア大使館で生物多様性条約の交渉に参加し、その後、環境庁で生物多様性国家戦略策定を担当。鹿児島県に出向し、屋久島山岳部の利用適正化に尽力。２０００年に屋久島で開催された世界自然遺産会議の事務局長。知床の世界自然遺産登録に釧路事務所長として関与。２０１０年名古屋開催の生物多様性条約ＣＯＰ10環境省準備室長。九州地方環境事務所長を経て、環境省自然環境局長を最後に退職。２０１５年から5年半、鹿児島大学特任教授として、奄美のノネコ問題と環境文化をテーマにした活動に取り組む。奄美沖縄４島の世界自然遺産地域科学委員会委員。現在、ＮＰＯ法人日本国際湿地保全連合会長。

### 鹿児島県の生物多様性と鹿児島大学

**――鹿児島大学には2015年4月から2020年9月まで5年半、特任教授として在籍されましたが、どんな教育をされていたのですか**

1、2年生に対して、「自然環境保全と世界遺産」という講義を通じて、鹿児島の生物多様性の豊かさを伝え、世界自然遺産である屋久島と世界自然遺産推薦地である奄美大島・徳之島の遺産価値と保全上の課題について考えてもらいました。自然保護の現場で何が起こり、どのように対策が行われているかを担当者から直接話を聞くことが大事なので、屋久島の環境省職員（レンジャー）や鹿児島県自然保護課長にも講義をお願いして、屋久島の課題や鹿児島県の生物多様性戦略について話をしてもらいました。また、集中講義では学生を屋久島に連れていき、屋久島に今後必要なことをそれぞれの視点で考えてもらいました。

**――鹿児島大学は鹿児島県の生物多様性の研究や保全活動にどのように取り組んでいますか**

南西諸島の生物多様性の研究に全学的に取り組んでいます。特に、奄美市名瀬地区に「国際島嶼教育研究センター奄美分室」を２０１５年に開設して以降は、自然科学分野の研究者を中心に生物多様性の研究を精力的に進めています。その成果は出版物のほか、奄美分室での定例報告会やシンポジウム、島めぐり講演会などの形で地元に還元しています。また、環境省の委員会や鹿児島県の審議会などを通じて、鹿児島大学の研究者は生物多様性の保全活動にも貢献しています。

**――星野先生もメンバーとして活動されている鹿児島大学の「鹿児島環境学研究会」はどんなことをやっているのですか**

２００８年に学長の肝いりで発足した分野横断型研究プロジェクトの推進母体が「鹿児島環境学研究会」です。大学の教職員だけでなく、行政（環境省や県庁）や民間（ジャーナリストやＮＰＯ）などの学外者も参加しています。環境問題は21世紀最大の課題だという認識のもと、解決の手がかりを現場に求めて、具体的な研究・提案・啓発を行っています。

法文学部の小栗有子准教授とともに、私の任期の前半は奄美大島のノネコ問題を取り上げ（後述）、地域の皆さんと問題の本質を見極めて解決策を探るために、シンポジウムの開催、普及啓発冊子の作成、書籍の出版などを行いました。後半は奄美大島の環境文化をテーマに、国指定の重要無形民俗文化財であるアラセツ行事を継承している龍郷町秋名・幾里集落でのシンポジウム開催を出発点に、全島１００人のヒヤリングなどを行い、地域の皆さんとともに奄美大島の環境文化を見いだし、これからの環境文化を考える活動を続けています。

## 生物多様性の国際条約・国内法令

### ――生物多様性とは

一言で言えば、地球上に様々な生き物がいて、互いにつながり合って命をつなげていることです。様々な生き物は周囲の環境に適合しながら複雑なつながり（生態系）を形成しています。その結果、様々な生態系ができあがっています。また、様々な生き物には同じ種でも地域の違いなどで遺伝的な違いが生じています。

こうしたことから、「生物多様性」には、「生態系の多様性」「種の多様性」「種内（遺伝子）の多様性」の３つの階層（レベル）があります。

### ――日本の生物多様性の特色は

日本は亜熱帯から亜寒帯まで、南北に３０００㎞の広がりがあり、低地から山岳部までの高度差は３０００ｍ以上あります。また地形をみると干潟（砂地、泥地）、湿地、島嶼、河川、湖、沼、岩礁海岸、砂丘海岸など多様です。また比較的温暖で、降雨量に恵まれています。世界の平均降雨量は約８００㎜ですが、日本はその倍の約１７００㎜もあります。そして何といっても春夏秋冬の四季の移ろいが全国で見られることです。また国土の約70％が森林に覆われている世界有数の森林大国です。列島の周囲を暖流と寒流が流れ、その合流点は世界有数の漁場を形成しています。また災害の原因にもなりますが、火山列島の恵みである温泉や湧水も豊富です。これらが相まって、狭い国土面積の割に世界でも稀な豊かな生物多様性が存在する国なのです。

### ――生物多様性の維持・保全は世界（地球）全体の問題だと思います。「世界の動き」「日本の動き」そして「鹿児島県の動き」はどのように関連しているのですか

まず「世界の動き」と「日本の動き」です。両者は緊密に連動しています。生物多様性条約ができたのが１９９２（平成４）年です。この条約により、締約国には生物多様性の保全と持続可能な利用に関する国の戦略・計画を策定する義務が生じました。１９９３年に条約を締結した日本は95年に初めて生物多様性国家戦略を策定しました。すべての大臣が参加する「地球環境保全関係閣僚会議」で決定されたのです。この国家戦略が日本における生物多様性に関する取り組みの出発点といえます。

**――2010年10月、日本で初めて名古屋で開催された生物多様性条約締約国会議（COP 10）は歴史的に見ても大きな意味を持つそうですが、具体的には**

この会議では2011年から10年間の世界目標と遺伝資源の利用利益を配分する法的義務を伴うルール（議定書）の採択が行われました。いずれも各国の利害がぶつかり合う難しい合意でしたが、議長を務めたわが国の松本龍環境大臣の努力により成果を出すことができたのです。歴史的な会議だったと評価されています。世界目標は「愛知目標」、議定書は「名古屋議定書」と呼ばれています。この会議開催を通じて、日本の生物多様性に関する取り組みが促進されたことは言うまでもありません。

**――それらの国の動きと地方の動きには温度差があったのでしょうか**

国の生物多様性国家戦略が策定された1995年当時は生物多様性という言葉は関係各省でようやく使われるようになった時代で、都道府県レベルではほとんど認識されていない概念でした。しかし、2008年に生物多様性基本法が制定されると、国の生物多様性国家戦略は閣議で決定されるようになり、地方自治体に対しても地方戦略の策定が努力義務として求められることになりました。鹿児島県では、こうした動きを受けて、2014年に生物多様性鹿児島県戦略が策定されました。

**――鹿児島県の生物多様性戦略を〝他県と比較した〟特色は**

他県の生物多様性戦略をすべて読んだわけではありませんので、〝他県と比較して〟という意味ではありませんが、自然と共生する文化すなわち「環境文化」に学びながら「自然と共生する社会」の実現を目指すことを基本目標に掲げていることが特色です。自然への畏敬の念を抱きながら生物多様性の恵みを受けて育まれてきた自然と共生する暮らしの知恵、豊作を願う神への祈りや祭りなどの伝統行事、こうした「環境文化」を生物多様性の保全と持続可能な利用のための県戦略に位置づけたことは、屋久島や奄美地域を有する鹿児島県ならではのことだと思います。

**――国（環境省）が地方自治体に「努力義務」として求めている生物多様性戦略ですが、鹿児島県以外に熱心に取り組んでいる自治体は**

47都道府県の生物多様性は地理的気候的条件により異なりますが、自治体によりそれぞれ特色ある生物多様性施策が行われていると思います。特に生物多様性が高いと言われる亜寒帯と冷温帯にまたがる北海道や、固有の動植物がたくさん生息する小笠原諸島を有する東京都、亜熱帯島嶼部の沖縄県、そして、COP10開催地の愛知県は、生物多様性保全の取り組みに熱心といえるでしょう。

**――石川県と金沢大学の能登半島の生物多様性保全の取り組みは2000年に取材に行きましたので非常に熱心な事例だと思うのですが（前著『地域と大学』第3章1参照）**

石川県については、2010年に「国際生物多様性年」の最終行事が開催された県でCOP10の開催準備段階から生物多様性施策に熱心に取り組んでいました。特に能登半島は本州本土で最後までトキが生息していた場所で、里山里海の生物多様性の保全に石川県は熱心に取り組んでいます。「石川県生物多様性戦略ビジョン」のタイトルは「里山里海」で副題は「いのちあふれ　トキが舞う里山里海を未来の世代へ」です。2010年のCOP10で日本が提唱した「サトヤマ・イニシアティブ」の国際推進組織にも積極的に関わっています。

## 生物多様性鹿児島県戦略について

**――生物多様性鹿児島県戦略の冒頭には「生物多様性は鹿児島の最大の財産（資源）」だと書かれています。なぜですか**

多様性に富んだ自然（生物多様性）が県民に様々な恩恵を与えてくれるからです。

**【錦江湾】**錦江湾（鹿児島湾）は東京湾と同じ内湾であるにもかかわらず、水深200mを超える内湾で、イルカも生息する豊かな海です。カルデラ地形と黒潮の流入があるからこそ、新鮮な魚が獲れるだけでなく、海を汚さずに湾奥でもカンパチなどの養殖ができるのです。**〈経済面〉**

**【ツル】**出水平野には毎年冬に2種類のツルが越冬のために訪れます。ナベヅルは世界の個体の9割以上が出水に来ます。地域の皆さんが長年保護活動を行われています。食害の問題がある中で頭の下がる思いです。世界のナベヅルの9割が出水で越冬する事実は地域の人たちの誇りでもあります。**〈地域の誇り、郷土愛〉**

**【ウミガメ】**アカウミガメの日本最大の産卵地は屋久島

の永田浜です。永田浜の環境が悪化するとアカウミガメの存続に影響が出てきます。地元の皆さんは産卵環境と卵の保護活動に取り組んで、観光客の悪影響を軽減しながら貴重な体験を観光客に提供しています。〈地域の誇り、観光による地域活性化〉

**【希少種・貴重な森林】** 暖温帯と亜熱帯という2つの気候区分にまたがる鹿児島県には南方系と北方系の動植物が分布しています。特に島嶼部では動植物の多くが絶滅危惧種になっています。森林地域はそれらの動植物にとって重要な生息生育地なのです。そのため、国立公園や世界自然遺産地域として、地域のためだけでなく、日本全体のため、そして、人類のために保全活動が行われています。〈世界的に重要な自然〉

**【島の生活文化・伝統文化】** 島の中央部が山地で森林に覆われている奄美大島では海岸沿いに集落があります。各集落は前をサンゴ礁の海、後ろは山地の森林に囲まれ、隣の集落とも昔は陸続きの道がないため、集落単位で自立した生活を送る必要がありました。このため、生活のために、稲作や畑作のほか、前面のサンゴ礁の海で魚介類を採取し、山ではイノシシを捕り、どんぐりを採集していました。こうした生活は自然の恵みを損なうことなく受け取る知恵によるものでした。そうした生活の中で、稲の神様や海の神様に豊作や安全を祈る祭祀が引き継がれてきました。生物の多様性は地域ごとに多様な文化の形成につながっています。集落の人口が少なくなり、伝統行事の継承も難しい状況になっていますが、こうした島の暮らし（生活文化）や伝統文化を自然とうまく折り合いをつけてきた「環境文化」としてとらえなおすことは、これからの地域のあり方の模索に重要な視点を与えてくれます。〈文化の多様性〉

**――先ほどからのご説明で、鹿児島県はかなり以前から「自然と共生する社会の実現」という大きな目標を掲げてきたことが良く分かりました。そのために県内の自治体や県民はどう行動すればいいですか**

生物多様性鹿児島県戦略では5つの基本方針を掲げています。この5つの基本方針に沿った行動が「自然と共生する社会の実現」のために必要な取り組みです。

①参加を通じて、人と自然（生物多様性）のつながりを理解する

②重要地域を保全し、自然のつながりを取り戻す

③生物多様性情報を蓄積し、科学的に生態系を管理する
④生物多様性を支え、生物多様性に支えられる環境文化を継承する
⑤生物多様性の向上につながる産業活動やライフスタイルに転換する

以上の5つです。

**――この5つの方針に沿った行動を具体的に言えば**

自治体の行動と県民の行動に分けて考える必要があります。県民にとってまず重要なことは、人と自然（生物多様性）のつながりを理解することです。楽しみながら自然体験ができる活動や学習会などに参加することが効果的です。国立公園などの自然や貴重な野生生物の保全に関わったり、外来種の駆除に協力することで、自然とのつながりを感じ、生物多様性の重要性を認識することが重要です。そして、生物多様性を損なわずに向上させるようなライフスタイルに少しでも近づけて欲しいと思います。例えば、カエルやドジョウなどの生き物が少ない水田よりも多くの生き物がいる水田から収穫されるお米を購入することなどです。一人ひとりの行動の変化が鹿児島の生物多様性を維持し、向上させるためには重要なのです。また、事業活動についても同様に、生物多様性を損なわない方向に変えていく必要があります。こうした取り組みを通じて、自然と共生する社会に向かうことができます。自治体には、国や県と連携協力して、国立公園などの自然や貴重な野生生物の保全に関わるとともに、地域にとって重要な自然地域についても科学的知見に基づいて保全することが求められます。また、県民が自然の重要性を知り、自ら行動するための普及啓発活動や情報提供を行うことも必要です。地域の環境文化を継承する取り組みの支援にも自治体として力を入れて欲しいと思います。

**――鹿児島県は生物多様性県戦略の基本理念として「共生と循環」を掲げていますが、これは国が決めたものですか**

鹿児島県が1990年に策定した総合開発計画で打ち出した「屋久島環境文化村構想※」の具体化を検討する中で基本理念として「共生と循環」の考えが示されたもので、鹿児島発の考え方です。

※屋久島環境文化村構想：1990年に立案された鹿児島県の長期計画（総合基本計画）で重点プロジェクトのひとつとして立案された。国際的にも学術的にも価値の高い屋久島の自

然環境とその環境の中で育まれてきた屋久島特有の自然と人とのかかわりの生活文化（環境文化）を手がかりとして、人と自然が共生する屋久島ならではの個性的な地域づくりをすすめようとする取り組み。

――共生と循環を具体的に言えば

人間は地球上の他の生物とともに生きていく存在であり、循環を繰り返す生命の輪の一つでしかない、という認識の重要性を強く訴えたものです。現在発生している新型コロナウイルス感染症の世界的大流行も、人間が自然の領域に踏み込み過ぎた結果として生じたものと見ることもできます。世界では、人と生態系（自然）と動物の健康を分けて考えるのではなく、相互に関連するものとして取り組む「ワンヘルス」の考え方が提唱されています。

## 鹿児島の生物多様性の特色

――鹿児島県の生物多様性の5つの特色とは

それは、「日本列島の縮図であること」「渡瀬ラインで分けられる2つの生物の世界があること」「アジア・太平洋との結節点としての生物多様性であること」「環境文化が息づいていること」「鹿児島の産業を支えていること」の5つです。

――それぞれのポイントを教えてください

**①日本列島の縮図**　屋久島では海岸線から山頂部（最高峰は宮之浦岳1935m）の気候変化に応じて亜熱帯から亜寒帯までの植生を連続的に見ることができます。

**②渡瀬ライン**　トカラ列島の悪石島と小宝島の間にある深い海峡によって氷期に島がつながることがなかったため、生物（特に両生類・は虫類）の分布境界が存在します。これを発見者に因んで渡瀬ラインといいます。鹿児島県内に分布の南限種（ラインの北側に分布）と北限種（ラインの南側に分布）が多いのはこのためです。

**③アジア・太平洋との結節点**　南西諸島はかつて大陸の一部だったことから大陸の生物が今も生き残り進化を続けています。また、地理的に南方や大陸の玄関口に位置することから、生物、文化両面で結節点となっています。

**④環境文化が息づく土地**　奄美群島には自然を畏敬し、自然とともに暮らしてきた文化（環境文化）が残されています。

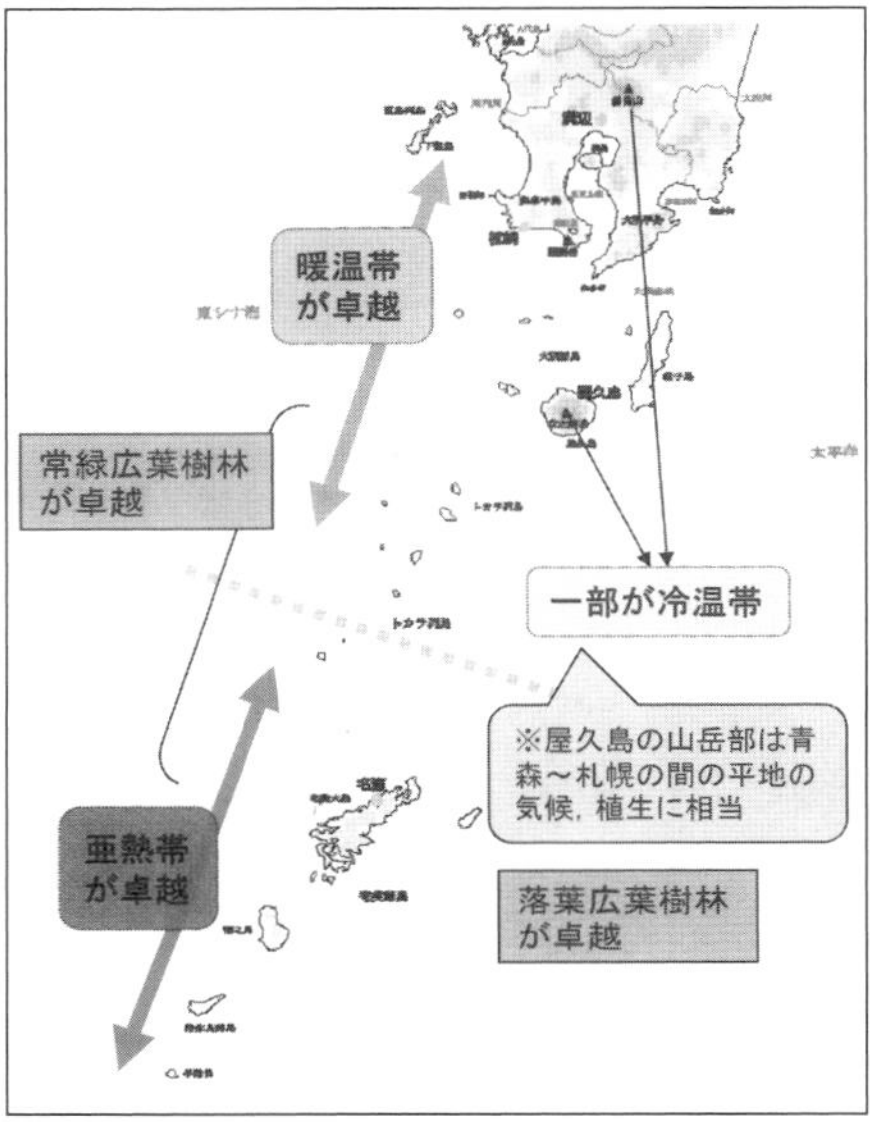


**鹿児島県の３つの気候帯と植生** ※点線が渡瀬ライン
（生物多様性鹿児島戦略報告書より）

**⑤生物多様性に支えられた鹿児島の産業**　生物資源を取り扱う農林水産業、焼酎などの特産品製造、豊かな自然を活用した観光など鹿児島を代表する産業は生物多様性に支えられています。

## 世界遺産条約と日本の世界自然遺産

**——世界自然遺産に登録されることの意味は**

世界遺産条約に基づいて、後世に残すべき人類共通の遺産と認定されたものが世界遺産です。自然遺産と文化遺産が対象になります。条約の規定により、世界遺産の保護は国の義務となりますが、県や自治体、地域住民の理解と協力が不可欠です。２０２０年現在、日本では文化遺産が19件、自然遺産が４件登録されています。なお、奄美沖縄４島（奄美大島、徳之島、沖縄島北部及び西表島）の世界自然遺産登録が申請され、２０２１年夏に登録の可否が決まる予定です※。

※奄美沖縄４島は２０２１年７月の世界遺産委員会決定により、世界自然遺産に登録された。

**——屋久島が日本で最初に世界自然遺産に登録されたのはなぜですか。改めて教えてください**

屋久島の世界自然遺産としての価値は、①傑出した自然美と②貴重な生態系にあります。①は海岸部の亜熱帯植生から山頂部の亜寒帯（亜高山帯）の植生まで連続的に植生の変化がみられ、自然景観として傑出していると評価されています。②は樹齢千年を超えるスギ（屋久杉）の天然林が山中に存在していることなどです。

屋久島が日本で最初の世界自然遺産になったのには理

由があります。屋久島の自然を活かした地域づくりを考える県の検討会が1991年に「屋久島を世界自然遺産にすべき」と提案し、関係者が奔走した結果、翌年に日本が世界遺産条約に入ったのです。その際に政府は当然のこととして屋久島を世界自然遺産候補に推薦しました。こうした事情から、屋久島は1993年に日本最初の世界自然遺産として登録されたのです。

**――そして今、登録申請中の奄美沖縄4島（奄美大島、徳之島、沖縄島北部および西表島）の世界自然遺産としての価値は何ですか**

現在登録申請中の奄美本島と徳之島（鹿児島県）・沖縄島北部と西表島（沖縄県）には世界的に重要な絶滅危惧種や固有種が数多く生息生育しています。このことが世界自然遺産の価値と言えます。これらの生物の中には、奄美地域がユーラシア大陸から切り離された後も奄美地域で絶滅することなく生き延びてきたアマミノクロウサギや種の分化を続けているトゲネズミ類などが含まれます。こうした生物を生態系とともに確実に保全することが人類にとって重要です。

**――「奄美のノネコ」問題とは**

奄美大島と徳之島の山中には野生化したネコ（ノネコ）が繁殖していて、アマミノクロウサギなどの絶滅危惧種や固有種を捕食しています。これがノネコ問題です。山中に捨てられた飼いネコや山中に入り込んだ野良ネコが野生化したのがノネコです。2015年の環境省調査によれば、奄美大島に600頭から1200頭のノネコが生息していると推定されています。ノネコにとっては生きるための餌が多い環境ですが、餌となる野生生物には世界自然遺産の価値がある貴重な生物が多いのです。このため奄美大島では、環境省・県・地元5市町村が共同で「生態系保全のためのノネコ管理計画」を2018年に策定して、山中のノネコを捕獲し、新たな飼い主を探す取り組みを始めました。ノネコ管理計画に基づく発生源対策として、飼いネコの不妊去勢手術の実施など適正飼養の促進と野良ネコの数を抑制して管理する取り組みも併せて行われています。

奄美大島ではハブの被害を軽減するために1979年に30頭のマングースが放されました。その後20年間で1万頭以上に増加したと推定され、貴重な野生動物を捕食して、生態系へ大きな影響を及ぼすことになりました。

このため、環境省は2000年から本格的にマングース防除事業に乗り出して、現在ではマングースは捕獲されず、生態系も回復してきました。マングースの根絶も間近と言われています。ノネコ問題には地域住民が深く関わっているためにマングースと同様に考えることはできませんが、行政と地域住民が協力して、「人もネコも野生動物も住みよい島」になってほしいと思います。

## 日本の生物多様性に迫る危機

――最近、生物多様性が脅かされ一部の生物は絶滅すら危惧されるというニュースを耳にすることが多いですが、どのような危機が迫っているのですか

生物多様性を脅かす危機は大きく4つに分けられます。①開発や乱獲など人間活動による危機、②人間活動が縮小して里地里山の自然が変化することによる危機、③人間が持ち込んだ外来生物の増加によって在来生物の存続が脅かされる危機、そして、④最近深刻になりつつある地球温暖化による危機です。これらの危機により、日本の生物多様性が脅かされているのです。

――人間活動が縮小すると自然が回復するように思いますが

原生的な自然はもちろん重要です。しかし、里地里山は日本の原風景ともいえる、人手が加わってできた二次的な自然地域ですが、絶滅危惧植物の多くが里地里山に生育しているのです。エネルギー源の転換により里山の雑木林から薪炭材の伐採が行われなくなったり、草原が茅場として利用されなくなったり、少子化や高齢化で耕作放棄地が増えたり、結果として人間活動が縮小することによって、里地里山に生育していた植物が危機に瀕しているのです。里地里山ではこれまで人間が適度に関与することによって生態系が維持されてきたので、生物多様性の保全にとって重要な地域なのです。

――地球温暖化が日本の生物多様性に与える影響は

日本の平均気温は100年あたり1・26℃の割合で上昇しています。また、沿岸域の海面上昇や海洋酸性化も進行しています。生態系への影響としては、すでに高山植物群落の減退、外来種の竹類の分布の北上、南方系チョウ類の個体数増加や分布域の北上などが報告されています。高山帯に生息するライチョウへの影響も懸念されます。海面水温の上昇による海洋・沿岸の生物への影響も

すでに現れ、沖縄県の石西礁湖などで発生しているサンゴの白化現象は高水温が一因となっています。

**――最後に、鹿児島県民（＝国民）一人ひとりが生物多様性を考え、行動するに当たって考えるべきポイントは**

生物多様性が人類の生存を支えているだけでなく、豊かな暮らしのためにも必要だと認識していただくことが重要です。例えば、私たちの食生活はごく限られた動植物に依存しています。しかし、将来を考えると多様な動植物の存在は「保険」の意味でも必要なのです。また、食品生産のために国内外の生物多様性が損なわれている状況にあります。そうした事実に目を向けることも重要です。世界では生物多様性を自然資本ととられる考え方が広まっています。自然資本を損なわずにうまく活用しながら経済を回していくことが、持続可能な社会を形成するために必要だという認識です。

世界中で生物多様性の損失は進んでいます。これを止めるためには、単に自然保護を進めるだけではなく、生活、産業、福祉、健康などあらゆる面で生物多様性や自然の価値を十分に認識した行動が不可欠なのです。鹿児島県民の皆さんには、生物多様性の価値を認識して、生物多様性を損なわずに活かすことにつながる行動をとっていただきたいと思います。まずは、一人ひとりの消費行動を変えることから始めましょうか。

**参考文献**

『鹿児島環境学Ⅰ』（鹿児島環境学研究会編／南方新社／2008）
『生物多様性鹿児島県戦略』（鹿児島県ホームページ）
『奄美のノネコ』（鹿児島環境学研究会編／南方新社／2018）

# 3　ふるさと鹿児島の歴史と文化（ヒト）を学ぶ

――松尾千歳鹿児島大学非常勤講師・尚古集成館館長に聞く

**松尾千歳**

尚古集成館　館長
鹿児島大学法文学部非常勤講師
鹿児島国際大学国際文化学部
非常勤講師
昭和 35 年（1960）　福岡県生まれ
昭和 58 年（1983）　鹿児島大学法文学部人文学科卒（日本史学）
同年　尚古集成館入館　現在に至る

島津家の歴史・文化、特に幕末の技術史を中心に調査･研究を行っている。また、明治日本の産業革命遺産の世界文化遺産登録に最初から係わり、桜島・錦江湾ジオパークの世界ジオパーク認定に向けた取り組みにも関与している。

**主な著書**

『鹿児島県の歴史』（共著）山川出版社　1999 年
『島津斉彬－大海原に夢を抱いた殿様－』（共著）尚古集成館　2009 年
『海洋国家薩摩－海が育んだ薩摩の文化－』（共著）尚古集成館　2010 年
『西郷隆盛と薩摩（人をあるく）』　吉川弘文館　2014 年

## なぜ、歴史と文化を学ぶことが大事なのか

**――地域（故郷）の歴史を学ぶことの意味は**

私は、人と人、地域と地域の交流は、その人、その地域の歴史と文化の衝突だと思っています。自分の足元の歴史と文化を知ることは、精神的に大地に根を張ることです。世界はますますグローバル化しています。情報も、人も、モノも、お金も、世界が一体化しています。だからこそ相手の歴史や文化に飲み込まれ流されないように自分たちの歴史・文化を学ぶ必要があるのです。

**――それは日本人の価値観を知るということですか**

その通りです。日本は狭いようで、気候も風土も文化も多様です。しかし四面を海に囲まれた日本列島という

地理的、歴史的な条件の中で、自然との共生や人と人との関係性などの日本人独自の価値観が生まれました。ですから地域の歴史と文化を知ることは自分自身や日本人のアイデンティティを知ることでもあるのです。

**――鹿児島県人は〝地域（故郷）の歴史と文化〟の価値を認識していますか**

江戸時代の薩摩人の方が、（すでに数百年続いていた全国屈指で独自の）薩摩の歴史と文化の素晴らしさを知っていて、誇りを持っていました。だから西郷や大久保のように、江戸や京都でも「おれは薩摩隼人だ！」と胸を張り堂々と行動できる人物が育ったのです。

**――地域の文化の基本の一つは方言です**

戦後の高度成長期に大阪や東京に出て行った鹿児島の人たちは〝鹿児島弁を喋ることを恥ずかしい〟と考えるようになりました。江戸時代から商業の町として江戸とは違う独自の文化を作り上げた関西人は、プライドと自信があります。だから今でも関西人は東京で関西弁を喋ることを恥ずかしいとは思っていません。「東京がなんやねん！」という具合です。いま鹿児島人も堂々と東京や大阪で鹿児島弁を喋ってもいいと思います。

**――大学生には鹿児島の歴史と文化をどのように教えているのですか**

鹿児島は日本の辺境というイメージが強いが、辺境ということは外国に近い、接しているということでもある。日本国内だけでみると辺境だが、視野を世界に広げると江戸や京都の方が辺境、広い視野で自分たちの歴史・文化を見直してもらいたいと言っています。

**――ほかにはどんなテーマを**

学生が一様に驚くのが江戸時代の薩摩藩の食文化です。1996年に港区の教育委員会が薩摩藩の芝藩邸の発掘調査をしたのですが、現場から出てきた2000点あまりの獣骨の出土品から島津藩士が主としてイノシシと豚を食べていたことが判明しました。江戸時代は獣肉食はタブー視されていましたから薩摩藩が中国や琉球の食文化の影響を強く受けていたことが証明されたのです。

**――この講義を受講している大学生の反応は**

受講生のおよそ半数が鹿児島県出身者ですが、彼らから授業で取り上げられたようなことを小中学校のころから教えてもらいたかったという声をよく聞きます。

**――小学生や中学生に故郷の歴史に興味を持たせる工夫が必**

要では

私は、「明治日本の産業革命遺産」の世界遺産登録にもかかわっていたのですが、その際、県庁の方に鹿児島の歴史をきちんと知ってもらわないと登録に向けた機運は盛り上がらない。大学で講義すると、学生から子供のころから教えてもらいたかったという声がよく上がると訴えて、小学生向けの副読本『かごしまタイムトラベル―日本の近代化の歴史を訪ねる旅』を作成してもらい、県内の小学生全員に配布しました。また県内の小学校や中学校から鹿児島の工業世界遺産や明治維新の講義の依頼も数多くあります。高等学校では県立鹿児島工業で2006年から毎年出前授業「島津斉彬と集成館事業」をやっています。

――高校生の反応はどうですか

反応は良いです。工業高校生は授業の1カ月後に磯地区の現地見学があり、その際、生徒たちにいろいろ話をする機会があります。生徒たちはよく「鹿児島は何も無いところ、文化や技術のレベルが低い所と思っていたけど、話を聞いてイメージが変わった。鹿児島が好きになった」と話してくれます。

――ふるさとに自信と誇りをもってもらうには県民すべてに鹿児島の歴史や文化を学習してもらうことも欠かせませんね

そう思います。鹿児島大学時代の私の恩師である五味克夫先生（鹿児島大学名誉教授）から「歴史は文献を読むだけでなく、実際に現地を訪れて、景観や雰囲気、そして地名や伝承などを立体的に見ることが大事だ」と教えられました。県民の皆さんも、歴史書を読んだり、歴史博物館や郷土資料館を見学することも大切ですが、一カ所でも多く現場（史跡）を訪ねて五感で歴史を感じて欲しいです。

## 鹿児島県人が学ぶべきふるさとの歴史と文化

――鹿児島の歴史というとどうしても明治維新前後の歴史に注目が集中しますが、ほかに学ぶべき歴史遺産は

縄文遺跡として有名な霧島市の上野原縄文遺跡や、堆積している縄文土器と弥生式土器のどちらが古いか、大正時代に堆積地層の分析で（縄文の方が古いと）日本で最初に判明した指宿市の橋牟礼川《はしむれがわ》遺跡は一度は見学すべき遺跡です。

――その後の時代では

海底一面に中国製陶磁器が沈んでいる奄美大島の倉木崎海底遺跡や、大量の外国製陶磁器が出土した南さつま市の持躰松《もったいまつ》遺跡などですね。どちらも南九州が海外交易の拠点であったことを物語っています。

――中世以降の歴史で知っておくべきことは

鎌倉時代に関東・東海地方から多くの武士が南九州に移住しています。川内川流域に移り住んできたのが祁答院《けとういん》、鶴田、入来院《いりきいん》など渋谷5族と言われている武士たちです。そのひとつである入来院氏は明治維新まで入来を統治し続けました。一地方を中世から近世まで同じ一族が支配し続けた事例は全国的にも少なく、入来院家に伝わる入来文書（鎌倉時代から江戸時代にいたる文書群）を核にした入来文書を1929（昭和4）年に米国滞在中の朝河貫一博士（福島二本松藩出身）が英訳して日本封建制研究の根本史料として紹介し、世界的に有名になりました。この入来文書のことは知っておくべきだと思います。

――関ヶ原の戦いで島津義弘の敵中突破は有名で、いまも妙円寺参りの儀式で受け継がれています

そもそも島津は関ヶ原の合戦で西軍に属して東軍の徳川と戦ったということになっていますが、島津義弘は当初は東軍に味方しようとしていました。連絡の不備や情勢の変化で西軍に味方せざるを得なくなっただけなのです。まして徳川に恨みを抱き続け、幕府転覆の機会をうかがい続けていたなどということはまったくありません。そこは長州藩との大きな違いです。

――それをお聞きすると幕末の薩摩藩の動きが良く理解できるような気がします

１８４０年代、薩摩藩は日本の他地域より早く、通商を求めるイギリス・フランスの外圧にさらされました。このままでは殖民地化されるという強い危機感を抱き、幕府や藩といったレベルではイギリス・フランスに対抗できない、日本が一丸となって対処すべきと考えるようになりました。幕末維新期の薩摩藩の動きは、幕府や藩という枠組みをなくして日本を近代国家に生まれ代わらせるしかないと考えたからです。幕府は旧来の枠組みにこだわったので力づくで排除せざるを得なくなっただけなのです。

――大航海時代からザビエルの来日や鉄砲伝来など、日本の

最南端に位置する薩摩藩は海外交流の前線基地でした

多くの日本人は1853年にアメリカのペリー提督が浦賀沖に来航したことから日本が開国へ向かったというイメージがありますが、薩摩や琉球（王国）にはその30年以上前から、アメリカやイギリス、フランスの船が頻繁に来航していました。ですから薩摩藩には危機感があったのです。特に1824年にトカラ列島の宝島に上陸したイギリス船の船員が、島役人に銃撃を浴びせ牛を強奪したので、薩摩藩士が反撃して船員1人を射殺する事件が起きました。その10数年後の1837年にはアメリカの商船モリソン号が鹿児島湾内に侵入する事件も起きましたが、この時は砲撃して退去させました。その2年後の1840年に清国でアヘン戦争が起こったので薩摩藩の危機感は一層高まったのです。

――江戸や京都の公家・武士・庶民より、ずっと早くから薩摩の人たちは外国の脅威を感じていたのですね？

その通りです。前述のように1840年代、薩摩藩領の琉球にイギリス・フランス船が来航し、強大な軍事力を誇示して通商を迫りました。その際、薩摩藩が琉球王府に出した指令が残っているのですが、戦争になったら3、4歳の子供が相撲取りに相撲を挑むようなものなので、絶対に手を出すな、穏便に退去させるように、と指示しています。力の差が歴然としているのを認識していたのです。それでその差を少しでも縮めないとたいへんなことになると動き始めます。

――それで薩摩藩は伊能図より正確な薩摩の国の地図を100年以上前から作成していたということですが

徳川幕府は、慶長（17世紀初頭）・正保（17世紀半ば）・元禄（18世紀初頭）・天保（19世紀半ば）に全国規模で国絵図を作成させています。薩摩国や筑前国とかの国レベルの地図です。元禄国絵図の一部、天保国絵図の全国分が残っていますが、薩摩藩関係のものは元禄のものが残っています。それが実に正確なのです。伊能図とそん色ありません。さらに正保国絵図の写図が東京大学の島津家文書の中にありますが、これも非常に正確です。

――薩摩藩と琉球王国の長い関わりの歴史はどう理解しておくべきですか

琉球王国は15世紀の初めに中山王だった「尚巴志」が統一して琉球王についてからその地理上の優位性を活かして日本、朝鮮、中国、東南アジアとの交易によってずいぶん栄えたのです。関ヶ原の戦いの後、1609年に島津家久は徳川家康の許可を得て、琉球王国に侵攻し、支配下に置きました。「江戸上がり」と言って幕府の将軍の交代の時に琉球の衣装に身を包んだ使節団が鹿児島に上陸し、陸路で江戸へ向かったのです。その衣装や音楽は庶民の大きな関心を呼びました。その名残は鹿児島駅近くの琉球館、琉球松などに残っています。

――明治6年に発布された「廃仏毀釈」が鹿児島では他県に類を見ないほど徹底的に実行されたのはなぜですか

県内にあった約1600の寺院は全廃、僧侶も還俗させられ、仏像は廃棄、経典や仏画は焼却と徹底的に破壊されました。「薩摩の大提灯」という例えがあります。薩摩人は上が決めたことには（盲従的に従い）同じ行動に走るということを指したものです。明治の廃仏毀釈もそういう行動の結果だと思います。

## 鹿児島県人にとっての明治維新

――薩摩にとっての明治維新とは何だったのでしょうか

そもそも、明治維新は徳川幕府を倒すことが目的ではありませんでした。日本を植民地化されないような国、近代国家に生まれ変わらせるためだったのです。その近代国家樹立の妨げになったから徳川幕府が排除されただけで、薩摩藩や長州藩が天下を取るためのたたきではなかったのです。だから幕府が倒れると薩摩藩もなくなる、勝者も敗者も、近代国家樹立の産みの苦しみを味わったのです。

――具体的にはどういうことですか

幕府や藩という枠組みや、公家や大名、武士や農民という身分制度が白紙になりました。それだけに勝者であった薩摩藩や長州藩の出身者は新政府に不平不満を抱きがちだったのです。そのために萩の乱、佐賀の乱、そして西南戦争と、戊辰戦争で勝者となった藩の武士たちが次々と新政府に反旗を翻したのです。

――明治維新の一連の流れはいつからいつまでと考えればいいのでしょうか

一般的にはペリー来航から西南戦争終結までだといわれますが、薩摩藩の場合、1840年代にイギリス・フランスの激しい外圧を受け、近代化・工業化の動きが始まっています。ここから明治維新に向けた動きが始まったのだと理解しています。

**――明治維新を動かしたのは「薩摩藩」だったのは紛れもない事実ですが、なぜ?**

日本の他地域より早く、軍事力をちらつかせて通商を迫るイギリス・フランスの外圧にさらされたからです。だからこのままでは植民地化されるという危機感をいち早く抱き、植民地化されないように先頭に立って活動したのです。明治維新は日本を植民地化されない国にするのが目的でしたから、薩摩藩がリードする形になったと思います。

**――島津久光公が28歳という若さで抜擢した家老小松帯刀(35歳で急逝)は明治維新の影の立役者だったのでは**

小松の人脈の広さと人柄から調整役としての交渉力は群を抜いていました。久光公の決断が大きかったことは紛れもない事実ですが、家老の小松抜きには薩摩藩は一枚岩になれなかったと思います。坂本龍馬を薩摩藩が引き受けたのも小松の力でした。小松が足の持病(痛風)で夭折しなければ薩摩藩の命運は違ったものになったはずです。

**――明治維新150年をきっかけに久光公が再評価されています**

鹿児島で生まれ、鹿児島で育った久光公は中央政界に人脈がなかったというハンディキャップがありました。兄の斉彬と比べて世界情勢や西洋の科学技術についての知識は劣っていましたが、学者肌の人物で古今和歌集の研究や朱子学の見識は超一流で、政治家としての判断力や行動力も斉彬が一目置くほど優れていました。その象徴が文久2年(1862)に藩主でもない、官位もない久光が1000人の兵を率いて上京した有名な「卒兵上京」の決断と行動です。幕末政治の流れを変えました。

**――斉彬と久光の関係は**

斉彬が藩主に就任する前に「お遊羅騒動」というお家騒動がありました。正室の子斉彬を藩主とするか、側室お遊羅が生んだ久光を藩主にするか、2人が争うような構図になってしまいましたので、2人はライバル関係で不仲だったと誤解されることがあります。しかし斉彬は久光の資質を高く評価していました。また久光も英明な斉彬を慕っており、仲のいい兄弟だったことは間違いありません。

**――久光公はどのようにリーダーシップを発揮したのですか**

斉彬公の軍事力強化や産業力強化（集成館事業）という開明路線をよく思わない保守勢力が多数いました。斉彬公亡き後、その保守勢力が巻き返しに出て、尊王攘夷を唱える大久保などの若手急進派が暴発寸前になったのです。このとき久光は、藩主忠義直筆の『諭達書』を出しました。それは若手の藩士を「誠忠」として評価すると一方、亡き斉彬公の遺志を継いで藩が一枚岩で動くことと、過激な攘夷運動に走って他藩の急進派と接触することを禁じたのです。その命令に背いた藩士有馬新七らを上意討ちにした寺田屋事件が有名です。久光のこのぶれない決断と行動が朝廷の絶大な信頼を得たこともよく知られています。

――有名な西郷の「敬天愛人」の思想は沖永良部島への遠島（1年6カ月）で生まれたと言われていますが、本当ですか

西郷は奄美大島の龍郷に2年6カ月、徳之島に2カ月、最後に沖永良部島に1年6カ月、遠島処分にされます。元治元年（1864）に赦免されて沖永良部島を離れますが、この間に体験した苦難、そして純朴で献身的な島民との交流が、西郷を一回り大きな人間に育てたことは間違いありません。「敬天愛人」は西郷が好んで揮毫したものですが、沖永良部での1年6カ月の思索の時が大きく反映されていることは間違いないと思います。

――西郷が征韓論をめぐって明治6年に下野せず（西南戦争も起こらず）日本の最高責任者になっていたら日本はどうなっていたでしょうか

日本各地で士族の不平不満が渦巻き続けて、混沌とした状況が続いたと思います。西郷がどんなに偉くても、士族の不平・不満を鎮めるのは困難だったでしょう。

## 700年続いた島津家と鹿児島人の気質

――戦国時代から700年間、殿様が変わらなかったという鹿児島県だけの歴史はいまの県民性に何か影響していますか

明治維新以降の今まで（150年）より、江戸時代（260年）の方が長いのです。宮崎県など、日本の他の地域（府県）は、江戸時代には中小の藩がいくつもあり、天領なども混在していました。そういう県の方が多い。だから江戸時代はバラバラ、それぞれが独自の歴史・文化を築いてきたのです。それを一つにまとめ、県が一丸となって物事を進めようとしても、バラバラだった時

代の方が長いのでなかなかうまくいかないということは間々あります。鹿児島県の場合、江戸時代も薩摩藩が治めていたのでまとまりがある。また連続性もある。足並みをそろえやすいという点はあると思います。

**――島津家は関ヶ原の戦いで負けたわけですが、大幅に領地を削減された毛利家とは違って、家康から三州を安堵されたのはなぜですか**

まず、徳川家と島津家が対立していなかったことです。積極的に西軍に加わったのではなく、やむなく西軍に加わった。この点は家康も理解していたと思います。だから許した。また、これは日本側の資料には出てこないのですが、朝鮮出兵時、反豊臣で徳川と島津が裏で手を組んでいた可能性があります。当時、島津家には中国人の家臣もいました。その一人「郭国安」が中国に出兵情報を伝え、島津義久は表向き秀吉に従っているが、内心は弟を秀吉に殺され彼を恨んでいる、義久は謀反を計画しており、中国にそれに加わってもらいたいと願っていると言っています。中国側は驚いて、その真偽を確かめるべく工作員を鹿児島に送り込んでいます。工作員の報告に、謀反計画は事実であった。謀反計画には「東海道」が加わっているとあります。「東海道」は家康しか考えられません。裏で徳川と島津はつながっていたのです。

**――それは知りませんでした。江戸時代に徳川家と島津家が姻戚関係を結んだ理由にも結び付くのでしょうか？　両家の婚姻関係は薩摩藩にとってはどんな影響があったのですか**

島津家は将軍家に御台所（将軍夫人）を送り込んだ唯一の大名です。それも2人も送り込んでいます。一人は13代目家定に嫁いだ斉彬の養女勝子お一（かつ）・篤姫は２００８年のＮＨＫ大河ドラマの主人公篤姫（天璋院）で全国的に有名になりました。もう一人は、島津藩主重豪の娘ただ子・茂姫（広大院）で11代将軍家斉の夫人です。徳川幕藩体制が維持できなくなった幕末の政治の混乱の時期に、島津と徳川の姻戚関係は薩摩藩の立場や行動に少なからぬ影響を与えたのです。

**――ところで、江戸時代は海外情報に（日本一）敏感だった薩摩藩（鹿児島）が、なぜいま内向きになっているのですか**

江戸時代、薩摩藩は鎖国していなかったのです。琉球（沖縄）では中国との交易が続いており、その収入が薩摩藩の主要財源の一つになっていました。海外情勢の変化は、その琉球口貿易に多大な影響を与えます。だから海外情勢に敏感でした。維新後はこれがなくなります。これも内向きになってしまった一因かなと思っています。

——長崎で聞いた話ですが、長崎出島のオランダ商館長が江戸幕府に届けた「オランダ風説書」を薩摩藩は裏金を使って横流ししてもらい将軍より早く見ていたと聞きましたが、これは本当ですか

それは初めて聞きましたが、ありそうな話です。

——2018年のNHKの大河ドラマ『西郷《せご》どん』でも「郷中教育」が話題になりましたが、その良いところ悪いところは

良いところは、仲間意識、団結心を強くすることにあると思います。悪いところは、排他的・閉鎖的な集団を作ってしまうことかなと思います。

——江戸時代の薩摩藩には寺子屋がなかったそうですが、農民ら庶民階級の教育はどうなっていたのですか

正直わかりません。資料がほとんど残っていないのです。ただ16世紀に鹿児島に来たザビエルが、身分が低い人もみな読み書きができると驚いています。また西郷は奄美大島に潜居時代に島の人たち、庶民階級の子供たちに学問を教えています。士族が多い鹿児島は、領内隅々まで多くの士族がいましたから、その中に農民らに学問を教えるような人がいたのではないでしょうか。

## 鹿児島を再び輝かせるには

——西南戦争で負けたトラウマから鹿児島人は今も抜け出せないのですか

抜け出せていないと思います。自分たちの歴史・文化をきちんと理解していない、誤解している、誇りを持てなくなっている人が多いから鹿児島にしかない物を平気で壊して、日本のどこにでもあるようなものを取り入れることをしているのだと思います。

——西南戦争の端緒になった西郷の「政府に尋問の筋これあり」と言った真意は何だったのですか

西郷の心境はよくわかりませんが、まず西郷は、自分が去った後の政府に対し「何をやっているんだ。もっとしっかりせんか」という思いを持っていたのではないかと思っています。それから、西郷暗殺計画、西郷はこれを真実だと受け止めていたのではないかと思います。自分の方針を貫くために、時に冷徹な判断をする大久保利

通。幕末・維新期に大久保のそうした姿を西郷は見ていましたから、大久保だったらやりかねないと思ったのです。でも自分は暗殺されるようなことはしていない。だから「政府にもの申す」ということになったのではないかと思います。

**——西南戦争後に薩摩人が長州人（伊藤や井上、山県）に後れを取った理由は**

西郷が西南戦争に負けて51歳で亡くなり、その1年後に大久保が49歳で暗殺されてしまったことが大きいと思います。その後の政府はいわゆる長州人が主導権を握りました。薩摩人は「義を言うな」と教えられていました。政治の世界では義を言うことが大切です。長州の人は義をいうことが得意なのかなと思います。

**——先日、三重県へ行ったら三重の三賢人は「本居宣長、松尾芭蕉、松浦武四郎」だと聞かされました。（北海道の命名者）松浦武四郎は全国的には知られていませんが、あとの2人は日本人なら誰でも納得です。鹿児島には明治維新の三傑のうちの西郷と大久保以外に歴史的な賢人はいるのですか**

鹿児島の歴史を語るときに西郷と大久保があまりにも有名で、鹿児島の人たちもそれを誇りに思い過ぎるところがあります。鹿児島にも歴史上の賢人は数多くいます。いま言われた北海道の命名者は松浦武四郎ですが、北海道開拓の基礎を築いたのは薩摩藩出身の黒田清隆です。北海道ではいまも松浦より黒田の方がよく知られていると思います。札幌の大通りには黒田の銅像がどんとそびえています。松浦の銅像は札幌にはありません。また明治期の日本画の巨匠、黒田清輝・和田英作なども全国に名をとどろかせています。日露戦争で活躍した大山巌や東郷平八郎などもいます。日露戦争でバルチック艦隊を破った東郷は世界的にも有名で、外国の軍艦が鹿児島を訪れた時は多賀山の東郷平八郎の銅像に必ず参拝します。全国的にも世界的にも知られている薩摩人はたくさんいるのです。

**——西南戦争の後の明治時代に活躍した薩摩人はいますか**

やはり五代友厚と寺島宗則ではないでしょうか。五代はおととしのＮＨＫ朝ドラ『朝が来た』の准主人公として取り上げられ明治維新後に商都大阪の基盤を作った人として、全国的に有名になりました。いまも大阪市内には五代の像が5カ所も建てられていることは私も知りませんでした。五代は、いまも大阪人に尊敬されています。

また阿久根出身の寺島宗則は一般にはあまり知られていませんが幕末の薩摩藩きっての海外通で外国語も堪能でした。もともとは医者で、斉彬公の侍医で集成館事業の洋書の翻訳を担当していました。１８６５年には薩摩藩の使節として、他の18人の英国留学生とともに渡英していますが、その4年前の１８６１年には幕府の遣欧使節の一人として福沢諭吉とともにヨーロッパを視察しています。それくらい優秀だったということでしょう。

**――鹿児島人がふるさと鹿児島に誇りと自信を持ち、明治維新で日本の歴史を動かしたように、鹿児島を再び輝かせることはできるのでしょうか**

　自分たちの先祖が歩んできた歴史、育んできた文化をきちんと理解し、受け継いでいくことだと思います。日本から世界にはみ出したような雄大な歴史・文化があるのが鹿児島の強さです。鹿児島が育くんできた歴史・文化は、東京や福岡がいくらお金を投じても同じものは作れません。他がまねできない歴史・文化を受け継ぎ、活用することが、鹿児島が再び輝くことにつながると思います。

**参考文献**

『鹿児島県の歴史』（原口泉・松尾千歳・皆村武一 他著／山川出版社）

**尚古集成館**：薩摩藩第28代当主島津斉彬によって始められた集成館事業を展示する博物館。国の重要文化財に指定され、2015年に「明治日本の産業革命遺産」を構成する「旧集成館の機械工場」として世界遺産に登録されている。

# 第6章●地方創生の5つのテーマ

## ―鹿児島県を事例として―

（左）萩原誠（元南日本新聞客員論説委員）VS（右）宮島孝男氏（郷土研究家・元鹿児島県議）

## 地方道県に共通する5つのテーマ

２０１４年に始まった政府主導型の「地方創生」政策がなかなかうまく行っていないことは衆目の一致するところだ。北海道から沖縄まで、それぞれの地域が、地域主導で個性と魅力にあふれた地域づくりに挑戦するしかない。

ここでは鹿児島県を事例として、５つのテーマ（**地域ビジョン、大学連携、第一次産業、観光、歴史・文化**）で、宮島孝男元鹿児島県議と元地元紙（南日本新聞）客員論説委員の著者とで、それぞれのテーマの課題と対策を話し合った。これらの５つのテーマは全国のどの地方の活性化にも欠かせないテーマである。本書は、地元の国立大学のポテンシャルを地方活性化に活かすにはどうすればいいか、という問題意識に立っている。

その意味で、２番目のテーマ「いまなぜ、地域と大学連携なのか」を、地域の側の関係者に、十分考えていただきたい。地域と大学のギャップがあまりにも大きいと感じるからだ。

# 1　地域の長期ビジョンが全ての土台

## 国に欠落する「地方の未来図」

**萩原**　安倍政権は２０１４年に「地方創生」を大きな目標に掲げましたが、８年経った今も目立った成果は見えません。『文藝春秋』が２０１８年10月号で〝安倍首相に直言する〟という特集を企画して、地方紙の論説委員長の14の直言を掲載しました。私が一番、共感したのがわが鹿児島県の南日本新聞藤田一知論説委員長の「いっそ幕藩体制に」でした。（第1章参照）そのほかに3人、安倍政権の地方創生の問題点を鋭く直言された方がおられました。

「とうに分かっていたはずの人口減、少子高齢化社会の到来に対して、政治は何をしてきたのか。解決策は経済成長一辺倒ではあるまい、成熟社会の新しく、大きなビジョンを明快に語ることを切望する」（四国A紙）、「介護などの社会保障政策や空き家の急増、里山の荒廃など地方の諸課題にどう対応するか。憲法9条改正を叫ぶ前に、50年先、１００年先の日本全体の設計図を描き、地方の存続についてビジョンを示すことが先決だ」（中国B紙）、「少子高齢化が進む日本では、経済発展だけを追い求めるやり方はもう限界にきている。多様性を認めながら支えあう社会を目指したい」（東北C紙）です。

**宮島孝男**
郷土研究家・作家
元鹿児島県議会議員
1954年鹿児島県生まれ。
九州大学文学部（社会学）卒。鹿児島を題材にノンフィクション、エッセイ、コラムなどを執筆。著書に「ウォッチ！県議会」（南方新社）、「島尾敏雄と指宿そして宇宿」（アート印刷）など。

**宮島**　安倍政権が、地方からの提言に真剣かつ謙虚に耳を傾けてきたか甚だ疑問です。現政権の地方創生政策の実態は、「地方中心都市への集中」と「田舎の切り捨て」ではないですか。進捗や成果がはかばかしくないので、「女性活躍」「一億総活躍」「働き方改革」「人づくり改革」など次々と看板替えして国民の目をそらせてきました。一番の問題は看板政策の「アベノミクスの成長戦略」の3本目の矢の具体策は未だに目に見える形になっていないことです。

**萩原**　そもそも成長戦略そのものが、いまの日本にとって正しい政策ではありません。中央集権が手詰まりになったので、地方創生などと言い出したのが実態だと思います。その証拠が地方創生担当大臣の人選と任期です。初代は大物政治家（石破茂／実際は何もしなかった）でしたが、その後は小者政治家のオンパレードで、一年ごとに代わってきました。今、誰が大臣なのか、大半の国民は知らないと思います。もっとも、それを批判しても何も変わらないので、地方の自治体（道府県）ごとに10年先、20年先の「地域のビジョン」を掲げて、そこへ至るロードマップ（道筋）を県民全員で議論して推進していくしかありません。

**宮島**　おっしゃる通りです。石破さんは、世代間や地域間で広がる格差の是正を説き、「国民運動」にすべきとまで張り切っていたんですが、結局何もできませんでした。この「地域のビジョンづくり」のシンクタンクこそ地域の国立大学ではないでしょうか。執行機関である県庁と密接に連携することがビジョンを実現させるための第一歩だと思います。

**萩原**　私は、それに地元の新聞（県紙）を加えるべきだと考えています。地元紙は県民へ向けての情報発信（報道）と調査報道（分析・提言）、そして県内のすべての関係者への啓発ができる機能があるからです。三者の連携密度の濃さが、10年後、20年後に全国46道府県の「地域力の優劣の差」として顕在化するはずです。ところで、鹿児島県の長期ビジョンはどうなっていますか。

**宮島**　鹿児島県が２０１８年3月に策定した「かごしま未来創造ビジョン」では「『鹿児島に生まれてよかった。鹿児島に住んでよかった』と実感できる鹿児島（にする）」となっています。具体的には「鹿児島のウェルネス」（健康・癒し・長寿に役立つ鹿児島の良質な地域資源）を活かしきる、ということが掲げられています。もっとも、これだけでは他県と区別がつきにくいので、私は「ウエルビーイング鹿児島」とか、「クォリティライフ鹿児島」などのキャッチフレーズを決めて、食糧供給基地とリゾート基地を鹿児島県の将来目標として打ち出すべきです。

**萩原**　ウェルネスとかクオリティライフという言葉は一般県民にはなじみのない言葉ではありませんか？

あえて言うなら「レジャー&ヘルシー空間・鹿児島」あたりの表現がいいと思います。レジャーは余暇、ヘルシーは健康を表す言葉です。離島も含めた鹿児島には薬草や機能食材が豊富なので、健康長寿フーズ（の供給基地であることを強調して）レジャー&ヘルシー空間の提供を鹿児島の2本立てにすれば、県民にとっても観光客や中長期滞在者にとっても、移住を考える人にとっても、鹿児島で暮らす・過ごす健康長寿のライフスタイルがクリアになると思います。

**宮島**　「レジャー&ヘルシー空間・鹿児島」、いいキャッチフレーズですね。説得力があります。もっとも鹿児島県のビジョンを考えるときに問題になるのが深刻な人口流出です。2018年の九州沖縄地区の人口減少数も減少率も、鹿児島県は九州2位（1位は長崎）です。県全体では毎年1万人以上減少していますので、深刻な状況です。

**萩原**　確かに人口減少は深刻な問題ですが、もっと重要なことは、その人口減少と高齢化を前提として、20年、30年後に県民がどんなライフスタイルを目標にするかです。国が音頭を取って進めている「地方創生政策」と「経済成長戦略」の二兎を追う政策は、明らかに両立しません。それに乗っかることは、国がシャカリキに守ろうとしている中央集権型の地方創生策の罠にはまります。年代によって考え方は違うと思いますが、一人ひとりの県民が、これまで通り「欲望のままの人生」を追い求めることが本当の幸せなのかを考え直さないといけません。鹿児島に限りま

**九州・沖縄地域県別人口減少数・率**（著者作成）

| 県 | 人口（千人） | 2019年度増減数（人） | 増減率（%） |
|---|---|---|---|
| 福岡県 | 5124 | ▲5582 | ▲0.11 |
| 佐賀県 | 818 | ▲5559 | ▲0.67 |
| 長崎県 | 1336 | ▲14746 | ▲1.09 |
| 熊本県 | 1758 | ▲11065 | ▲0.63 |
| 大分県 | 1141 | ▲9445 | ▲0.82 |
| 宮崎県 | 1087 | ▲8531 | ▲0.78 |
| 鹿児島県 | 1617 | ▲12296 | ▲0.75 |
| 沖縄県 | 1485 | 3937 | 0.27 |

※2021年1月1日現在

せんが、地方に住んでいる子供たちが将来に夢や希望を持てるような「地域の未来図」を描くことは日本の喫緊の課題だと思います。県議会なんかが、その先頭に立つべきなんですが、やっていますか？

**宮島**　残念ながら、やっていませんね。ところで、鹿児島の企業力は全国最下位？（上場会社の数と時価総額）、最低賃金も全国最下位クラス、高校卒業生の県内就職率も全国最下位クラス、などの悲観的なデータが多いのですが、その要因をどう考えますか。

**萩原**　鹿児島の企業は圧倒的に中小企業ばかりで、同族会社が多く、全国や世界に打って出る企業はごくごく少数です。ですから、全国の地方の県共通の悩みですが、優秀な若者ほど県外に出て行きます。

著者（元南日本新聞客員論説委員）

九州新幹線の全通から10年経ち、福岡まで1時間強、大阪まで4時間になり、確かに便利にはなりましたが、大企業の鹿児島支店・営業所は廃止されるなど、新幹線の鹿児島までの延伸で人口流出が加速されたのですから皮肉なものです。

## 鹿児島県こそ「平和と共生」の未来図を！

**萩原**　ところで、鹿児島県は第二次世界大戦で若くして命を落とした「特攻隊の基地」が一番多かった地域です。6月23日の沖縄県全戦没者慰霊の日、8月6日の広島原爆記念日、8月9日の長崎平和祈念式典、8月15日の全国の戦没者を対象にした終戦記念式典がありますが、鹿児島では「特攻隊員追悼の日」みたいなのはあるのですか？

**宮島**　県内の基地跡で毎年、特攻隊員ら戦没者の慰霊追悼式が開催され、遺族らが参列していますが、統一された慰霊祭はありません。知覧基地のあった南九州市では毎年8月に「平和へのメッセージ from 知覧スピーチコンテスト」を開催するなど、特攻隊員への想いを繋ぐ行事は続けられています。ただ県内各所の特攻基地跡や資（史）料館・祈念館など訪ねる人は年々少なくなり、遺族や高齢者の方々に偏っているようにも感じます。

**萩原**　私自身は知覧の特攻平和記念会館は確か5回行きましたが、涙なしには見れませんよね！　いつまでも語り継がねばいけません。鹿児島の基地から飛び立って亡くなられた特攻隊員は何人位いたのですか。

**宮島**　実は正確な数字はつかめていないのですが、知覧特攻平和会館や特攻隊戦没者慰霊顕彰会の資料を集計すると、鹿児島から出撃し亡くなったのは２２３６人になっています。大戦中の特攻戦没者は５８５２人ですから4割近くを占めます。

**萩原**　そういえば、昨年（２０２０）『海軍兵と戦争』（南方新社）を出版されましたね。

**宮島**　海軍の飛行機乗りだった指宿在住の廣森幸雄さん（インタビュー当時、92歳）にお聞きした戦争体験の他、三島村黒島の特攻隊の秘話など綴りました。廣森さんのインタビューで一番印象に残ったのは、「戦争は勝っても負けてもみじめだ」「戦争だけは絶対にしてはならない」という切実な思いでした。今の子供たちは戦争のことをよく知りません。「戦争は、なぜいけないのか」、それがピンとこない子供も増えています。さらに今の日本の政治・社会の在り様を見ていますと、日本が再び戦争への道をたどるのではとの懸念を抱かざるを得ない状況です。非戦・平和の学びをもっと教育に取り入れねばとかねてから痛感してきました。それで、廣森さんの戦争体験・証言、戦争への思い等をベースに中高大学生向けのノンフィクションとして出版しました。もちろん大人にも読んでもらいたいです。

**萩原**　ところで、慶応大学の井手英策教授が２０１８年に出版した『富山は日本のスウェーデン』（集英社新書）が話題になりました。この本に倣って「鹿児島は日本の○○国」とするならどこの国がいいと思いますか？

**宮島**　何を基準とするかによりますよね。もう経済的な豊かさを基準にする時代は終わったのかもしれません。

**萩原**　そもそも富山県の人口は１００万人強ですし、しかも1億2千万人の日本国の一部なので、富山県をどこかの国に例えるのには無理もあります。だけど、外国のいいところを道府県の将来のお手本にすることは県民にとってもいいことだし、国を動かすことにもつながる可能性はあります。

**宮島**　あえて挙げるとすれば私は、ニュージーランドがいいと思います。豊かな自然、活発な火山、温泉、温暖な気候、農業（畜産、漁業、果樹）、観光立国など、鹿児島県と共通点も多いです。

**萩原**　ニュージーランドには日本ほどではないまでも「四季の移ろい」があるそうですが、温暖な気候とは言えないのでは？

もっとも幸福度ランキングは北欧諸国に次いで世界8位ですから、よほど暮らしやすいのでしょうね。ニュージーランドに移住している音楽プロデューサーの四角大輔《よすみ》さんが「ニュージーランドから見た日本」というテーマで毎日新聞夕刊の「特集ワイド」（2018年9月19日付）のインタビューに答えていました。私が一番印象に残ったのは〝日本国憲法がニュージーランドでも広く知られている〟という箇所でした。日本が唯一の被爆国であることはもちろん、太平洋戦争の加害者でもあり被害者でもある、その深い反省から平和憲法が生まれ、非戦の9条があることを、みんなよく知っています。世界中のどこの市民も戦争はしたくないから、その部分で「日本ってすごいよね」と言ってくれます。

**宮島**　日本の憲法9条がニュージーランドの人たちにも知られているとはすごいことですね。

**萩原**　ニュージーランドと言えば38歳のアーダーン首相は2018年に産休を取ったことや新型コロナ感染対応でも、女性宰相としてのリーダーシップが世界中から称賛を浴びました。ニュージーランドの国会議員の40％は女性らしいですから、典型的な男社会の鹿児島県のお手本にするにはハードルが高すぎませんか？　私は鹿児島県のお手本はデンマークがいいと思っています。

**宮島**　どういう点がお手本になりますか？

**萩原**　国民の幸福度は世界2位ですし、日本の天皇制に次ぐ長い歴史を持つ王国です。もっとも幸福度の高い北欧諸国に共通することは、まず人口が500万人〜1000万人でコントロールしやすいこと、それぞれに自然環境の厳しさがあること、（国の規模が小さいので）国の運営を国民総参加でやるしかないことの3つです。その結果、高福祉高負担国家になりますが女性の地位は男性と同等です。将来、どんな役割を担うかの教育が徹底していることもお手本になります。部分的にでも、鹿児島県で真似できないかと思います。一番、見習えそうなのは、若者一人ひとりを将来どんな役割を担う県民（＝国民）に育てるか、の教育改革です。

ニュージーランドやデンマークに一番見習うべきは、高度成長なんか考えていないことです。国民が不安なく、豊かに暮らせるかが国家運営の基本になっています。鹿児島県も人口160万人しかいないんですから、幸福度の高いデンマークやニュージーランドをお手本に、「幸福とは何か」の県民総参加の運動を始めたらどうでしょうか。岩手県はやっていますよ！　特に高校生に対しては東京や大阪の大学に進学することが、将来本当の幸せにつながるか考えさせることも必要ではないでしょうか。

**宮島**　この2年間の新型コロナ感染問題の深刻さを経験したので、鹿児島の高校生や親御さんたちが地元の大学へ進学することのメリットを考えるチャンスかもしれません。

**萩原**　もう一つ、デンマークやニュージーランドなど、世界で幸福度の高い国に共通するのは「自然との共生」が土台にあることです。人口密度が小さいので自然の中の人間という感覚があるんでしょうね！　日本の縄文時代みたいなものです。現在審査中の奄美大島・徳之島・沖縄本島北部・西表島の世界自然遺産登録が実現したら、国内で世界自然遺産が2カ所もあるのは鹿児島県だけですから、「自然環境共生・鹿児島宣言」を発出してはどうでしょうか。どう考えても不可能な「経済大国」から、「自然環境大国へのニッポン」への大転換の先鞭をつけたら、明治維新以来の鹿児島の存在感が高まることは間違いありません。

※2021年7月26日に奄美大島・徳之島、沖縄本島北部、西表島は、正式に世界自然遺産に登録された。

**宮島**　確かに国はお題目のように成長、成長と言っていますが、平成の30年間、GDP基準の成長率はほぼ横ばいでした。アベノミクスは2本の矢の無茶苦茶な金融緩和、借金増大の財政投資だけに注力して3本目の矢の産業の活性化は何もやれていません。

**萩原**　仰せの通りです。アベノミクスの3本目の矢はもともとあり得ない話です。政府は一時期、製造業の大企業が潤えば地方にもおこぼれがあると「トリクルダウン」を強調していましたが、いつの間にか言わなくなりましたからね。

**宮島**　経産省出身の塩田新知事には、withコロナ時代の斬新な産業政策を期待したいです。

**萩原**　鹿児島県の将来は、経済産業省ではなく農水省や環境省、そして厚生労働省としっかり連携することが重要です。鹿児島県の将来の重点産業は「農・畜・水・林業」「観光産業」「医療・福祉・介護産業」だからです。日本一の離島群（離島の数は長崎県が日本一）を抱える鹿児島県には、大企業が無く中小企業しかありません。一方で、新幹線も高速道路も飛行場もしっかり整備されています。この便利さと不便利さが共存する鹿児島を活かすシナリオが鹿児島の未来図の基本です。《沖縄県の次にアジアに近く、便利さと不便利さ、都市と田舎が共存する・鹿児島》を最大限生かして、アジアからの留学生、技能実習生、医療介護従事者、観光客、移住者などを戦略的に拡大させていくべきです。鹿児島県こそ〝多人種共生・多文化共生・自然環境共生日本一！〟を目指すべきなのです。

**参考文献**
『デンマーク人が世界で一番幸せな10の理由』（マレーヌ・ライダル／サンマーク出版／２０１５）

**幸福度の高い国**（国連のデータを基に著者作成）

| 幸福度の高い国と日本 | 人口（万人） | 中央年齢（歳） | 順位 | 国の特色 |
|---|---|---|---|---|
| フィンランド | 550 | 42.3 | 1 | 世界最高の教育システム、女性首相、ロシアとの戦争 |
| デンマーク | 570 | 41.1 | 2 | 教育によって自分の居場所が見つけられる |
| ノルウェー | 530 | 39.0 | 3 | 石油による膨大な富を倫理観を持って投資している、漁業大国 |
| スウェーデン | 1020 | 41.0 | 7 | 北欧の大国、ユニークな世界企業群、女性首相 |
| ニュージーランド | 480 | 37.6 | 8 | 自然環境の保護に注力、女性首相、羊毛大国、再エネ（水力）大国 |
| 日本 | 12500 | 45.9 | 58 | 幸福度の低い原因：格差の是正に無策・女性の社会的地位の低さ・大企業優先の産業政策 |

▼COLUMN

## 『わたしの鹿児島未来図』「あるもの探し」と「徳のある地域」を目指して

鹿児島県議会議員　郷原拓男

### 変化の時代に描く未来図

未来のことは誰にもわかりません。しかし未来が誰に委ねられているかは明確です。

私たちの未来を描くことができるのは、私たちだけであり、より良い社会を築き上げようという「意思の力」こそ、私たち一人ひとりに求められています。個々人の努力の結晶が地域社会を構成し、地域社会の集合体が社会そのものです。どのような未来図を描くのか、という方向性の共有と併せて、私たちは毎日を誠実に精一杯生きていかねばなりません。

少子高齢社会を迎え、人口減少が進み、地域経済の縮小が予想される中、社会には大きな変革のうねりが押し寄せています。まず産学官連携で実現を目指すSociety 5.0によって、近い将来には情報化社会をバージョンアップした「超スマート社会」の誕生が見込まれています。ＩoT（Internet of Things）で全ての人とモノがつながり、様々な知識や情報が共有され、今までにない新たな価値が生み出されつつあります。そして世界の様々な課題の解決にも通じる、国連の「持続可能な開発目標」（Sustainable Development Goals：ＳＤＧｓ）の達成を果たしていくことも大きなテーマとして掲げていくことが求められます。

第二に、国籍や地域や性別や年齢などによる垣根が低くなり、今後は社会の多様性のさらなる拡大が見込まれています。特に２０５０年にかけて、世界経済の中心は名実ともにアジアとなり、世界のＧＤＰに占めるウェイトでは約４割、人口規模では５割弱に達することが予測される中、アジア諸国との連携はますます重要になります。これまで日本はアメリカにとってアジアにおける最大の外交パートナーとして存在感を発揮してきましたが、世界における影響力を維持していくためには、アジア各国との親密な関係を深めていく必要があります。そして、鹿児島はアジアに最も近い地理的な優位性を如何なく発揮していくことが求められますし、アジアへのゲートウェイとしての位置づけをより強固なものとしていく必要があります。

## 「あるもの探し」の地域づくり

こうした社会の変化の潮流を的確に捉えながら、地域に住み暮らす上で我々には、地域にないものへの要望を繰り返す「ないものねだり」を行うのではなく、地域に豊富にある「あるもの探し」を効果的に行い、さらに一歩進んで「あるもの磨き」を行うことが、必要だと考えます。つまり、私たちの周りにある当たり前のものが実はどれほど貴重であるか、ということに気づくことが地域をより魅力あふれるものにし、地域を活性化していく上で、必要不可欠だと思うのです。

郷原拓男鹿児島県議会議員

鹿児島を俯瞰してみると、恵まれた自然環境を土台として、「肉用牛」「豚」「鶏」といった畜産物、「さつま芋」や「そらまめ」などの農産物、養殖の「ブリ」「カンパチ」「ウナギ」の生産量が日本一であるなど、安心・安全でおいしい食物の宝庫です。また、世界の経済成長の６割を占めるアジアに開かれた地理的優位性を持つとともに、南北６００㎞に広がる豊かな自然環境や雄大に聳える桜島など、素晴らしい景観にも恵まれています。また、縄文・弥生時代の遺跡や古墳群が多数存在し、種子島への鉄砲伝来、フランシスコ・ザビエルによるキリスト教の布教など日本史に残る歴史の宝庫です。また幕末には、未知の時代を切り開き明治維新を成し遂げた、多くの偉人を輩出しました。さらに、大和文化圏・琉球文化圏との接点であったことも影響し、個性豊かな祭礼行事や民俗芸能が存在するなど、県内各地で多様な生活文化が育まれています。

こうした自然や農林水産業に立脚した、鹿児島の多様で魅力的な資源を、如何にして磨き上げ発信していくか。地域間競争が繰り広げられる中、「ないものねだり」ではなく「あるもの探し」をさらに積極的に推し進め、「あるもの磨き」を通じて鹿児島を発信し、インバウンドや輸出機会の増加につなげていきながら、交流人口の増加と観光振興につながるような取り組みが求められています。

## 「利他の精神」を呼び覚ます修養の地、鹿児島

こうした「あるもの探し」を推し進めながら、鹿児島に求められるもう一つの未来図。私は、「利他の精神を呼び覚ます修養の地　鹿児島」の存在感を高めていくことが必要だと考えます。古今東西の歴史をひもとけば、国家は隆盛と没落を繰り返しています。ローマ帝国、明朝中国、スペイン帝国、オスマントルコ帝国、大英帝国など、国民が真摯に努力を重ねることで、国家が成長発展を遂げると、やがて国民が慢心し驕り高ぶるようになり、国家が没落するということを人類は繰り返してきました。これは「自分さえよければ良い」という、判断基準に支配された社会風潮が蔓延した結果、「公」のために汗水を流すことが軽んじられるという事態が、人類の歴史において繰り返されてきたことが大きな原因だと言われています。

社会を取り巻く環境が、国内外ともに大きな変革を必要としている現在、多様性が尊重されればされる程、価値観の揺らぎとともに、本当に大切な判断基軸を見失ってしまうと思います。言い換えると、自分の人生を歩む上で何に重きを置くべきかという座標軸が、分からなくなってしまうということです。

「鹿児島」には、先の大戦において908名の海軍特攻隊員が南方海域に飛び立った「鹿屋」や、439名の陸軍特攻隊員が出撃した「知覧」など、国のために身を捧げた先人の思いを偲ぶことができる慰霊の場が各地に存在します。また、「天地自然の道を行う際には私心を差し挟んではならない」と戒め、「命もいらず、名もいらず、官位も金もいらぬ」と無私の精神を説いた「西郷南洲翁」の息遣いを感じることのできる地でもあります。つまり、鹿児島は「国のために、愛する家族のために」と一途な思いを紡ぎあげた、多くの先人の思いに満ち溢れた地域だと言えます。

価値観が揺らぎ、本当に大切な判断基軸が見失われつつある時代だからこそ、「自分さえよければよい」という時代風潮から脱却し、「利他の精神」に則った生き方が評価される時代への回帰が求められると思います。そういった精神を復興する場、「利他の精神」の歴史に彩られた鹿児島の存在感の発揮こそ、私は地域社会復興の起爆剤になり、人々が幸せを感じながら生きることができ、結果的に日本が世界で輝く道だと確信

して止みません。

**令和の時代に相応しい鹿児島の未来図を！**

令和の時代が幕を明けました。「令和」は「beautiful harmony」（美しい調和）と英訳されるそうです。文字通り令和という時代を、美しい調和に彩られた時代にするためにも、鹿児島を明るい希望に満ち溢れた地にしていかねばなりません。

変化の激しい混とんとした社会にあって、先輩方が築き上げてこられた鹿児島の「あるもの探し」を行い「あるもの」に磨きをかけるとともに、愛する祖国の未来のために堅忍の想いで戦った先人の魂に触れ、忘れられつつある「利他の精神」や「公への貢献」などを復興していくことこそ、鹿児島が描かなければならない未来図だと私は確信しています。私も微力を尽くし、地域社会発展のための礎になれたら、と願って止みません。

**【著者ミニ質問】**

**――プロフィールは**

１９７７年鹿児島県鹿屋市生まれ。大阪大学経済学部卒。日本航空（ＪＡＬ）勤務。（社福）敬心会理事。鹿児島大学院農学研究科修士課程修了。（公財）稲盛財団イナモリフェロー。鹿児島県議会議員2期目。

**――政治家を志した理由は**

無認可保育園の運営をしていた両親が、保育制度の在り方や不具合について語り合う姿を見ながら幼少期を送りました。世の中を動かすのは制度や仕組みを作る政治ではないかとの思いが芽生えたのを契機に、政治への志が募りました。

**――県議8年間で注力したことは**

課題解決の知恵は現場にあり、地域や現場の声を県政に届けることが大切だと思います。自分なりの未来像を描きつつも、独りよがりではない、地域の声の最大公約数とのバランスを心がけて県政に届けることに注力しました。

## 2　いまなぜ、地域と大学連携なのか

### 連携しないと大学も地域も、地盤沈下する

**萩原**　前著『地域と大学』は、いまなぜ地域と大学が連携しなければいけないかの理由の一端を紹介した本です。対象は国立大、公立大、私立大すべてでしたが、続編である本著『新・地域と大学』は地方の国立大学だけを対象にしました。

**宮島**　もともと私は地元のシンクタンクにいたので、県の課題が何かは理解していたつもりです。その後、県会議員をやった経験から大学と地域の連携の必要性を感じるようになりました。ですから前著『地域と大学』は特に知事・県議と県内で大学が所在する鹿児島市・霧島市・鹿屋市・薩摩川内市の首長さんに読んでもらい、大学との連携の牽引者になってもらうべきだと強く感じていました。

**萩原**　残念ながら県議や県内の大学所在地の首長さんで拙著『地域と大学』を読んだ人はいないのではないですか。私は、知事や県内の自治体の首長さんが、地域の大学と自治体との連携がなぜ必要なのか、またどんな連携をすべきなのか、そして連携しても色々な障害も多いことを十分、理解してもらいたいのです。

**宮島**　前著では、山形大学の小山清人学長が「廃藩置県が実施される前の山形県は庄内・最上・村山・米沢という藩に分かれており、幕府の直轄地もあったので、その個性ある地域づくりに山形大学の総合力を活かせる時代が来たと考えております」と発言されていましたが、その後、山形県の地域づくりは進んでいるのですか。

**萩原**　それはすぐに達成できる目標ではありません。少なくとも10年、20年単位でつくり上げていくものです。

前著から本著に一貫する問題意識は明治維新以来150年続いた中央集権が行き詰まった今、〝江戸時代のような地域の多様性を取り戻すしか日本の将来はない〟という視点です。ですから、私は山形大学の小山学長が言われていることに100％賛成です。実際、いい意味で山形県には今も江戸時代の藩の気風が残っています。庄内、最上、村山、置賜、米沢という具合です。島津一極支配が700年近く続いた鹿児島の人たちにはちょっと理解しがたいだろうとは思います。

**宮島**　同じ対談で、和歌山大学の山本健慈学長（当時）は「いまは財政削減の側面が行き過ぎている。特に地方の国立大学の存在意義や地方の国立大学への国家予算配分の考え方について、国民的な議論を深めることが喫緊の課題だと痛感しています」と言われていましたが、あれから4年近く経ちますが、いまだに国民的議論にはなっていないのはなぜですか。

## 大学広報の強化は不可避

**萩原**　一言でいえば国立大学の発信力（広報）が弱いことと、地元の住民が大学に関心がなさ過ぎることの両方です。多くの国民は自分の子弟の大学入試のときと在学中と就職活動時しか大学に関心がありません。ですから多くの国民は地方の国立大学が財政面でどれほど追い詰められているかに興味もないし、全く知らないのです。そのことが日本の将来に禍根を残すなんて想像だにしていないと思います。

一方の国（財務省や文科省）は地方の実情を理解していませんし、地方の国立大学側も自分たちの窮状を真剣に県民や国民に発信していません。どっちもどっちです。本来は国立大学86校を束ねる「国立大学協会」が情報発信すべきですが、東大など旧帝大群と地方の小規模の国立大学群では置かれた立場も窮状もあまりにも違いすぎますか、国民に向けての統一した広報戦略が立てられないのだと思います。大新聞や大テレビなどのマスコミも日本の高等教育の構造的な問題点について、あまり興味がないのか、取材していないからなのか、報道しなさ過ぎます。

**宮島**　大学広報の何が一番、問題なのですか。

**萩原**　大学の広報のメインが相も変わらず「入試広報」だ

からです。大規模な私立大学は受験生の数を増やす広報に重点を置いています。受験料は返さなくていいからです。国立大学は受験生を集めるのに苦労しないので、本来の広報も入試広報も中途半端です。経営陣がそんな調子なので、本当の意味での広報職員はまったく育っていません。厳しく言えば、それぞれの国立大学は、何を発信すべきか、何を大学経営の根幹に据えるかについて方針がないと言ってよいと思います。地方国立大学の広報部（課）はどの教員がどんな研究をやっているのか、どんな学生がいるのか、特に留学生の動向など、学内の情報を一元的に把握していなければいけません。そのためには情報把握の仕組み作りや教職員の広報マインドの醸成も必要になります。そうでないと「情報発信のネタ探しや情報発信の優先度」を決めることができません。また地元メディアや全国メディアへの発信ルート（人脈）の保持・維持も必要ですが、ほとんどできていません。これは国立大学の経営陣に広報マインドが希薄だということの裏返しでもあります。

**宮島**　また小山学長は山形大学の教員は、「〝おらだ（我々）の大学〟と言ってもらえるように、しっかりと地元に根付いた大学づくりを心掛けたい」とも言っておられますが。

**萩原**　この点は前著で紹介した当時の岩手大学藤井学長のコメントをぜひ読んでいただきたいです。（前著『地域と大学』27頁参照）「２０１１年3月に発生した東日本大震災で岩手大学教職員の意識が大きく変わった」と盛岡駅前のホテルメトロポリタンでお会いした時に強調されていたことを今も鮮明に覚えています。それまで地域、地域と言わなくてもと思っていた岩手大学の教職員が、東日本大震災を境に、地域に頼られない大学では（国立と言えど）生き残っていけないと思うように意識が変わったと強調されていました。その藤井先生は病気で亡くなられました。今でも本当に残念に思っています。

**宮島**　岩手大学の教職員の意識を大きく変えるほど、東日本大震災はショッキングな出来事だったわけですね。『地域と大学』の30頁に「大震災発生後2年半の岩手大学の主な対応一覧表」がありますが、短期間で多彩な活動を迅速かつ精力的に実施されています。地域の皆さんも頼もしく思われたのでは。岩手大学には引き続き藤井学長の御遺志を継いでいただきたいですね。

萩原　そうあってほしいです。その辺は本著で後々任の前岩手大学岩渕明学長の話を聞いてありますので、ぜひ読んでいただきたいです。（第7章参照）ところで、山形大学の話に戻りますが、本部は山形市ですが、工学部は米沢市、農学部は鶴岡市にあります。この2学部は前身の高等専門学校の歴史が古いので、両市民は間違いなく〝おらだの大学（学部）だ〟と思っています。また私の経験の範囲で言えば長野県の信州大学本部のある松本市民は間違いなく〝私たちの大学〟と思っています。旧制松本高校からの長い伝統があるからです。その信州大学も工学部は長野市、繊維学部は上田市にありますから、長野県民が（キャンパスが分散した）現在の信州大学をどう見ているかは分かりません。逆にキャンパスが鹿児島市に集中している鹿児島大学は鹿児島市民や鹿児島県民から〝おいどんたっの大学〟と思われているのでしょうか？

宮島　〝おいどんたっの大学〟どころか、それ以前の問題だと思います。自治体の職員、議員でさえ共同研究や連携事業を行っているほんの一握りの人を除くと鹿児島大学の実情をほとんど知らないと思います。一般の県民に至っては言わずもがなです。大学側のＰＲ、情報発信も不足しています。「県民に開かれた大学」「県民とともに歩む大学」にはまだまだ程遠いと思います。

萩原　それはまずいですね。結論を言えば学長の危機感とリーダーシップにつきます。鹿児島大学は伝統あるが故の「学部の壁」もネックになっている気もします。

宮島　同じく山本学長は「国立大学の成り立ちを考えるとき、「地域連携事業」を大学経営、もしくは学長の経営理念の中心に据えることは、いまも相当な難題なのではないか」と発言されていますが、なぜですか。

萩原　それは、地方の国立大学の多くが戦後の学制改革で、それまでの医学校や師範学校、農林学校などが統合されてできたので、学部ごとのＯＢ会や学部の名誉教授なども含めた学部ごとの縦の力が強いからです。「地域活性化」のように学部横断的にやらないといけないプロジェクトはなかなかまとまらないのが（学長の力をもってしても）実情なのです。

宮島　ところで、地方創生を推進する国は「地方創生の一翼を大学が担う」と決めておきながら、その一方で運営費交付金を削減しています。国は矛盾した政策を堂々とやっているように見えますが……。

**萩原**　全くその通りです。文科省が財務省に押しまくられているのが実態で、毎年大学の運営費交付金が削られて、鹿児島大学に限らず、地方の国立大学はどこも予算のやりくりに四苦八苦しています。全国の地方の首長さん方や地方選出の国会議員や県議会の有力者も、それを知っているのですかね。地方国立大学を支える国会議員の会あたりをどの党でもいいので立ち上げてもらいたいです。今のうちに手を打っておかないと（地方の）自分たちにとっても大きなマイナスになります。国立だから我々には関係ないと思ってる県庁幹部や県議会が多いのではないですか。将来、そのツケが自分たちに降りかかってくることを分かっていないのだと思います。

## 地域と大学の連携を成功させる3条件

**宮島**　前著『地域と大学』の中で、地域と大学の連携を成功させるために不可欠な3つの条件を挙げていますね。

**萩原**　3つあると思います。①それぞれの組織が、連携しないと生き残れないという「危機感」を持つこと、②地域と大学の「コミュニケーションの密度」を高めること、③地域と大学の連携を実効性あるものにするための両者を取り持つ「橋渡し人材（コーディネーター）」を発掘・育成することです。もっともこの3条件を満たすことはそう簡単にできることではありません。どの県が「地元の国立大学をフル活用して地方創生競争で先頭を走れるのか」、大学側にもその覚悟と意識改革が必要だと思います。

**宮島**　条件②では「県庁が音頭をとって自治体と大学のコミュニケーションを推進するのも一つの手段」と言っておられますが、私は副知事が鹿児島大学の理事になるのもその推進の手段として効果的かと思います。

**萩原**　まず、県の副知事を国立大学の理事にという提案ですが、いまの法律ではできません。ただ副知事を辞めて前職になれば国立大学の理事や監事になることは可能です。県に影響力を発揮できる元幹部県職を鹿児島大学の経営陣に参画させるのは非常にいい考えです。もっともお飾りで招くのはやめるべきです。それより喫緊の対策は県庁に大学政策の専任担当を置くことです。この辺は新しい塩田知事の英断に期待したいところです。

**宮島**　塩田新知事には、県庁の改革（職員の意識も）、県民との対話、市町村との連携強化に加えて、ぜひ地域の大学との連携に力を入れて欲しいです。

**萩原**　同感です。鹿児島県の高等教育改革は、一強の鹿児島大学をどう改革するかということと同じです。その点で、4年前の南日本新聞の調査報道、《変わりゆく学府》は鹿児島県の高等教育の問題点を鋭く指摘したいい企画でした。もっともあの重要な調査報道を、どれだけの首長や県の幹部職員、県や市町村議員が読んで、問題を認識したでしょうか。あのシリーズで、特に重要だと思ったのは「県独自の設計図が必要」（一部下記転載）と「大学を地域の知恵袋に」の部分です。このことを取材記者（兵頭昌岳記者）にアドバイスしたのは当時の国立大学協会の山本健慈専務理事（2020年3月退任）です。山本先生は元和歌山大学学長で、助手のころから学長まで40年近く和歌山大学におられたので、和歌山県と和歌山大学の相互関係を熟知されていました。だから「県独自の設計図も必要」という問題意識を持っておられたのだと思います。

**萩原**　そもそも論に戻りますが、大学は研究と教育が本業です。できればその本業と地域の多種多彩な課題解決を連動させることが望ましいのです。その点では愛媛大学の社会連携推進機構の取り組みは、他の地方大学の参考になると思います。その基盤としては学部間の垣根が（非常に）低いことがあげられます。地域の課題解決は学部横断型でないと対応できませんからね。（第4章1参照）

**「変わりゆく学府―鹿児島大学改革―6．社会連携」**
**南日本新聞　2017年3月21日付から転載**

県内随一の鹿児島大学は、改革のスピードに遅れている。国の方針通りでは地域特性とかけ離れた画一的な改革になりかねず、かじ取りは難しい。地域貢献だけが鹿大の役割とも限らない。前和歌山大学学長の山本健慈・国立大学協会専務理事は「東京が考える設計と鹿児島から考える設計は違っていい。地域の高等教育をどう考えるのか、県レベルで議論すれば国とは違うアプローチも出てくる」と話す。各大学や県、産業界が集う場で、将来の鹿児島を見据えた地域版大学改革の議論が必要だ。

（取材執筆　兵頭昌岳記者／現指宿支局）

## 県庁に大学窓口担当を！

**宮島**　鹿児島県では長島町が幅広く大学の連携を地元の活性化に生かしています。長島町は養殖ブリの生産量日本一でも知られていますが、鹿児島大学水産学部の東町ステーションも立地しています。長島町は他の研究を含めて鹿児島大学との連携をさらに深めていきたいとする一方で、幅広く多くの県外の大学とも連携関係を築き上げています。

**萩原**　長島町の大学との多様なテーマでの連携は知りませんでした。どんな連携をしているのですか。

**宮島**　例えば、ジャガイモの種イモ開発では、新潟県の長岡技術科学大学と共同研究を進めています。2019年11月1日、長岡技術科学大学のキャンパスが設置されました。また、教育関係の事業や子供と学生との交流では、東京大学、一橋大学、慶應義塾大学、早稲田大学、九州大学、熊本大学、熊本県立大学などと連携しています。人口1万人足らずの小さな町が一流大学を使いこなしています。他の自治体も範とすべきです。

**萩原**　その通りです。もっとも県内にもそれなりに大学や個別の先生と組んでいる自治体はたくさんあります。東京の大正大学は奄美群島のいくつかの自治体とだいぶ前から連携協定を結んで、種々の活動をしていますし、東京の玉川大学は南さつま市に学生も入って地域の農業の活性化プロジェクトをやっていると思います。また本書でも取り上げましたが与論町の星空観光プロジェクトは国立大学で唯一観光学部のある和歌山大学と連携しています。（第3章 COLUMN ②参照）

**宮島**　長島町地方創生アドバイザーの明石照久氏（熊本県立大学名誉教授）は、「大学との関係は、一つの大学や研究者とご縁ができれば、次々に発展していくもの。具体的な大学研究者等から適切なアドバイスを受けることができるような環境が整えば、状況は劇的に変わる。研究者のコミュニティは意外に狭いので、他の大学であっても、学会等を通してお互いに面識がある場合が多く、そこが突破口となって、複数の大学研究者とのネットワークが確立されていく。このような関係づくりはどこの自治体においても、実施可能だ」とおっしゃっています。

**萩原**　大学との連携を広げるのは結構ですが、役場の職員の対応力が「質と量」の両面で追いつかなくなったら元も子もありません。また地域の国立大学との連携は、個々の自治体がバラバラに推進するのではなく、県庁が大所高所から眺めて、地域にとっての将来効果を基準に優先度を判断すべきです。

**宮島**　それは、できていないかもしれませんね。

**萩原**　文科省が国の地方創生策に乗っかって2016年に始めたCOC事業は「金の切れ目が縁の切れ目で」、文科省の補助金が2019年で終了すると尻切れトンボになっているケースが多いです。

**宮島**　どうすればいいのですか。

**萩原**　お手本は序章で紹介した北陸3県の富山大学、金沢大学、福井大学が参画している「北陸未来共創フォーラム」です。このプロジェクトは、北陸3県の個々の組織がバラバラに進めても、北陸3県の明るい未来像は描けないという危機感がベースにあります。

翻って南九州の将来構想は誰が描いているのでしょうか。南九州にある国立大学の宮崎大学、鹿児島大学、琉球大学が重層的な連携を進め「黒潮文化圏」という共通テーマでまず「食産業の研究開発」に取り組むべきです。重点テーマは「カツオ」「お茶」「ウナギ」になると思います。

**宮島**　その実現のためには、どこが動けば良いのでしょうか。

**萩原**　県庁＝知事が動くしかありません。鹿児島県の場合は、まず「鹿児島県高等教育地域連携プラットフォーム」を早急に設置すべきです。岩手県が2021年6月に立ち上げているので、調査に行くといいです。第7章の岩手大学岩渕前学長の発言が参考になります。国（文科省）の高等教育の発想は戦後の経済成長の成功体験から脱皮できない発想なので、地域ビジョンに沿った地域と大学の連携（研究開発）とは大変な齟齬（ギャップ）があります。ここにメスを入れないと地方国立大学の研究のための研究に終わってしまいます。

# 3　鹿児島県の第一次産業の課題

## ブランド戦略の司令塔がない

**萩原**　鹿児島県の第一次産業（農業水産林業）の弱点を挙げると、県内の産地がバランバラに動いている、高付加価値ブランドが育っていない、（県外）流通の支配力が弱い（ＪＡ、仲卸任せ）、直販力が弱い、担い手の減少・高齢化です。それらを改善する実行力が鹿児島県の政治・行政・産業界のリーダーたちにあるのかが問題です。その象徴が「鰹節」の最終商品の市場シェアです。荒節の国内シェアは80％なのに、鰹節パックの市場は愛媛県の「マルキ」「マルトモ」、高級品は日本橋の老舗「にんべん」に席巻されています。

**宮島**　指摘された弱点は分かっているのでしょうが、なかなか解決・克服されません。

**萩原**　21世紀の鹿児島の経済（雇用）を支える産業は「農畜水産・林業、（レジャーを含む）観光業、医療・福祉・介護産業」であることは明らかです。宮島さんは、『どげんする？　鹿児島　鹿児島地域づくり戦略論』（２０１２年／南方新社）の中で、「鹿児島ブランド」と「鹿児島のＰＲ」に問題ありと指摘されていましたね。

**宮島**　今の「かごしまブランド」は、ブランド化の目的である価格面での優位性や流通支配といった成果にあまり結びついていない、と指摘しました。

**萩原**　それは〝消費者に（その価値が）知られていない鹿児島ブランド〟ということですね。農産物について言えば確か２０１５年だったと思いますが、県の農政部はそれまでのブランド政策が間違っていたと公式に認めています。その典型的な例が「鹿児島産のサツマイモ」です。それまで県は知覧と頴娃産を「サツマイモの鹿児島ブランド」として認証する、というプロダクトアウトのブランド政策を推進していました。その弱点の反省からだったと思います。

**宮島**　いわゆる「消費者発想」が弱い、「売り場発想」が弱いというのは、昔から指摘されています。

**萩原**　それにしても、県が野菜や果物のブランド政策をどう変えたのか、東京の売り場を見ている限りでは全く見えません。

**宮島**　本県のブランド戦略は、縦割りの行政機構に合わせて農畜産物（「かごしまブランド」）、水産物（「かごしまのさかな」）といったカテゴリー別の取り組みがなされており、林産物や加工食品も含めた総合的なブランド化への戦略を練り直すべきではないでしょうか。

**萩原**　私の経験からいえば、県産品全体のブランドという考え方は現実的ではないと思います。熊本県の「くまモン」のように県のブランドイメージが確立すれば、統一ブランドで展開できる可能性がありますが、くまモンの成功は例外中の例外です。鹿児島県の場合は、鹿児島県が競争力を有する品目か、これから注力する品目に絞ってブランド戦略を推進すべきです。「タケノコ王国、かごしま」「ウナギ王国、かごしま」「みかん王国、かごしま」「かつお節王国、かごしま」といった具合です。

## お茶のブランド戦略が試金石

**萩原**　その格好のテーマが「お茶王国、かごしま」のブランド戦略です。

**宮島**　２０２０年度の荒茶生産量のシェアは、静岡36％に対し、鹿児島34％と2ポイント差にまで迫っていますからね。

**萩原**　鹿児島県は奄美群島を除くほぼすべての地域でお茶を生産しています。問題は県全体のお茶の販売量と収益力を高めるブランド戦略がありません。県内の各産地がバラバラに動いています。

**宮島**　鹿児島のお茶のブランドは県外では「知覧茶」と「かごしま茶」の2つのブランドで流通している（五分五分）ようですが、本県の農産品は、お茶に限らずバイヤーの認知度はそれなりにあるものの、消費者の認知度が低いのが弱点です。ですから大消費地の消費者の認知度を高める必要があります。

**萩原**　おっしゃる通りですが、消費者の認知度を上げることはそう簡単ではありません。お金もかかりますし、どこからどう手を付けるか、誰がリーダーシップを取るのか、という根本的な問題があります。東京の茶問屋は「知覧茶」で売る方が（ブランドが小売店に通っているので）売りやすいからと言っています。それでは知覧茶ブランド以外の産地ブランドをどう展開するのかです。志布志茶とか日置茶とか霧島茶とか宮之城茶もありますよね。私が懇意にしている東京の茶問屋の社長は「鹿児島の茶業界は生産業者と販売業者が連携せずバラバラに動いている、不思議でならない」と昔から指摘しています。

**宮島**　去年は新型コロナウイルスの影響により販促イベントができず、県産の一番茶は前年比15％安の過去10年で最低を記録しました。一方、8月の「全国茶品評会」では、普通煎茶10kgの部で南九州市と霧島市が産地賞1、2位に輝き、技術や品質の高さを証明しました。

**都府県別荒茶生産量（2020）**（農水省）

| | 都府県 | 生産量（t） | 比率（%） | 主力ブランド |
|---|---|---|---|---|
| 1 | 静岡 | 2万5200 | 36 | 静岡、本山、川根、掛川 |
| 2 | 鹿児島 | 2万3900 | 34 | 鹿児島、知覧 |
| 3 | 三重 | 5080 | 7 | 伊勢 |
| 4 | 宮崎 | 3060 | 4 | ― |

**萩原**　技術や品質の高さは重要ですが、流通を抑えていないと、品質が良くても消費者に「いいお茶」と認識してもらえません。またお茶は「日本文化の象徴」なので、伝統やブランドイメージも重要になります。たとえ鹿児島が生産量日本一になっても、江戸時代から続く「宇治茶」「抹茶の宇治」、静岡の「掛川茶」「川根茶」「本山茶」、そして福岡の「八女茶」「玉露の星野茶」などのブランド力にはかないません。ですから鹿児島のイメージを活かした「茶の神話（イメージ）づくり」に地道に取り組んでいくべきなのです。

**宮島**　生産量（あら茶）日本一になった時の鹿児島のお茶業界をけん引するようなマーケティング戦略は考えられませんか。

**萩原**　3つ考えられます。一つは種子島の1番茶から始まって、北薩の4番茶まで供給できる他県にない長期間にわたる供給力を、鹿児島の地域力（＝地形・気候・風土）と連動させて消費者にアピールすることです。高級品から汎用品までの展開、大手飲料メーカーとの連携など、鹿児島主導型のマーケティング戦略が必要になります。鹿児島県だけが可能なこの供給体制を全国にアピールできれば鹿児島のお茶のブランドイメージアップにつながる可能性は大きいと思います。2つ目は、無農薬もしくは超減農薬のお茶を（産地ブランドとせずに）、県全体の統一ブランドにして国内・国外に展開する戦略です。実はお茶は農薬を比較的多く使う品目なんです。だから間違いなくインパクトがあります。ただ供給量をコントロールしないと既存の商品の足を引っ張ることになるので、細心の注意は必要です。3つ目はお茶の健康促進効果を大学や研究機関とタイアップして、地道にアピールしていく戦略です。当面は、生産量で勝負せざるを得ない鹿児島の茶業界にとっては非常に重要な「長期戦略」になります。このテーマでは、鹿児島大学と茶の研究体制日本一の静岡県立大学との連携を県庁が積極的に仲介して推進するべきです。現在は鹿児島大学でお茶の研究をしている先生はたった一人で、しかも片手間です。日本一のお茶生産県なのですから、今後は、茶業界あげて大学の研究費のバックアップが必要です。「お茶は健康に良い」というのは昔から日本人の常識ですが、学問的に突き詰めた研究はまだまだ不十分です。

## 「高知家《け》」に学ぼう！

**萩原**　鹿児島県の農産品のブランド政策で参考にすべきは高知県が展開している「高知家ブランド」です。東京の野菜売り場では「しょうが」と「みょうが」は年間通じてほとんど「高知家ブランド」が売り場を席巻しています。東京のある野菜仲卸の社長さんに聞くと九州では熊本県や福岡県のＪＡや自治体が熱心に売り込んでくると言っていますし、「鹿児島は売る気があるんだろうか」と厳しいことを言われたことも一度や二度ではありません。

**宮島**　鹿児島県の農業産出額は、２０１９年は４８９０億円で3年連続、都道府県別の2位を維持しました。しかし鹿児島の農業は産出額は大きくても儲けが少ないと言われています。その要因をどう考えますか。

**萩原**　その要因ははっきりしています。鹿児島の農業粗生産高は、全国的に知名度の高い鹿児島黒牛、鹿児島黒豚などの畜産比率が60％くらいあるので、売り上げが大きくなります。しかもここ10年近く子牛価格の高騰やほとんど輸入に頼っている飼料代の高騰で売り上げの上昇の割に利幅は拡大していません。これを打開するには「直販」（流通の短絡化）と（高く売るための）「ブランド化」しかありません。牛肉一つとっても、鹿児島黒牛というブランドは東京の消費者にも広く知られていますが、「神戸牛」「松阪牛」「飛騨牛」「米沢牛」、そして九州の「佐賀牛」など、高価格で販売されているブランド牛は、鹿児島にはありません。

**宮島**　確かに鹿児島黒牛と松坂牛を比べてみれば、考え方の違いは明白ですね。松坂牛の産地は松坂市を中心とする22市町村に限られており、また厳しい基準をクリアしなければいけません。鹿児島でもやろうと思えば可能なのでは？

**萩原**　時間をかければ、十分可能です。最近、大崎町の羽子田《はねた》人工授精所の羽子田幸一社長が「大崎牛」のブランド化に取り組むというニュースを鹿児島に帰省した時、地元の新聞とテレビニュースで知りました。大いに期待したいです。

**宮島**　ところで鹿児島県（の農政部）は「攻めの稼げる農業の実現」に向けて着実に取り組みを進めるとしています。その手段として、パプリカやトマトなどの生産性の高さで知られるオランダの「スマート農業」や「クラスター形成」などは参考になりませんか。

**萩原**　鹿児島県の気候風土、農地の制約（狭さ、離島など）、伝統的な作物・栽培技術、市場との輸送コストを考えるとオランダの農業は鹿児島の参考にはならないと思います。オランダは野菜・果物だけでなく、北部ヨーロッパの花卉（花）の流通センターとしての機能が最大の武器になっています。アフリカやヨーロッパの各地から航空便で運ばれてくる花卉の取引所として、オランダは絶好の位置にあるからです。

**宮島**　ということは、これからの農業は大規模化・集約化を進めていくこと（産業政策）、その一方で家族経営など小規模農業を存続（地域政策）させる両輪が必要だということですか。

**萩原**　その通りですが、それは日本全体としては、という話です。鹿児島県の場合は明らかに後者（小規模農業主体型）を選択すべきです。「多品種・高付加価値・高回転農業」という戦略です。必然的に「小規模・多品種・直販型」農業経営が基本になります。

**宮島**　食品加工産業はまだまだ伸びる余地があるのでは

ないですか。

**萩原**　その通りですが、県全体としてはそういう戦略に注力しているとはとても思えません。食品加工業の成長性はこのところのコロナ感染問題で劇的に変わりつつあります。「ステイホーム需要」です。「カット野菜」や「冷凍食品」「レトルト食品」はコロナ問題と関係なく最近伸びてきましたが、コロナ騒動で成長が加速するのではないでしょうか。もっとも食品加工分野で鹿児島の地元企業が育っているかと言うと、お寒い限りです。いま県内にある食品加工企業は大半が県外資本ではないですか。行政や金融機関のバックアップが中途半端だからだと思います。

**宮島**　水産物について言えば、「鰤王」のブランドで有名な長島町漁協は健闘しています。

**萩原**　「鰤王」は輸出では有名ですが、東京でも「鰤王」ブランドで売られているのですかね？　私は見たことありません。それ以上に早急にやるべきことは農産物・海産物の首都圏での直売所の設置です。何年か前に奄美の瀬戸内町に行ったときに、加計呂麻海峡ではイセエビがたくさんとれるけど販路がないと若手漁師さんから聞かされました。奄美空港から最終の航空便で東京へ運べば高く売れますよとアドバイスはしたのですが、イセエビだけではロットにならないので、運んでもらえません。ですから奄美群島のJAとJFと行政がタイアップして、年間の出荷品目、集荷システムを整備して、東京のどこでもいいので「奄美、朝どれ直売センター」を作ったらいいんです。たちまち東京中の話題になってお客が押し寄せます。

**宮島**　「奄美、朝どれ直売センター」のアイディア、いいですね。

## 鹿児島の第一次産業の将来は、「機能性食材・食品」にかかっている！

**萩原**　最後に強調したいのは、鹿児島県の農業の未来は、鹿児島の風土が生む機能性食材に懸かっているということです。南日本新聞の児島佳代子記者が2016年から2018年まで連載した「鹿児島の食の底力―機能性研究の現場から」の中で、「おいしいだけでなく体にいいという切り口で、鹿児島の食材をアピールすべきではないか」と提案していますが、まさに的を得た提言でした。

**宮島**　確かにそうですね。あの特集では、黒酢、焼酎、魚の頭……の記事が印象に残っています。

**萩原**　私は断然、緑茶の記事です。２０１１年１月に放映されたＮＨＫ『ためしてガッテン』では、静岡県の茶どころの一つ、掛川市民が茶の（主として生活習慣病に対する）健康効果の治験に協力した結果が紹介されました。その番組の中で「深蒸し茶」を飲んでいる掛川市民はガンの発症率が低い、と報道された部分がありました。この話はあっという間に全国に広がり、「深蒸し茶をくれ！」というお客がお茶売り場に殺到しました。その掛川市民の生活習慣病改善とお茶の効用について指導をされていたのが旧知覧町出身の（当時の）掛川市民病院副院長の鮫島庸一先生です。児島記者のインタビュー記事の中で、鮫島先生が子供のころ茶摘みの手伝いをされていたことや、「鹿児島の人、もっとお茶を飲んで！」と、一人当たりの緑茶消費量が、静岡市民は鹿児島市民の倍以上、掛川市民に至っては３～４倍は飲んでいると指摘されていました。

**宮島**　生産量以外は、消費量もお茶の研究も、静岡の足

**鹿児島の食の底力—機能性研究の現場から**（南日本新聞／2018年8月3日付から一部引用）

| | 食材 | 機能 | 主な産地 |
|---|---|---|---|
| 1 | 奄美スモモ（プラム） | 抗酸化力 | 奄美群島、トカラ列島 |
| 2 | 壷造り黒酢 | 認知機能を改善 | 霧島市福山町 |
| 3 | ハンダマ（金時草） | 老化や高血圧、肝障害抑制 | 奄美群島、トカラ列島 |
| 4 | 米麹 | 肥満抑制、糖代謝改善 | 県内各地 |
| 5 | ボタンボウフウ（長命草） | 脂肪吸収抑え肥満予防 | 南さつま市 |
| 6 | 緑茶 | 効果多様、健康長寿に寄与 | 南九州市など県内各地 |
| 7 | 桜島大根 | 死を招く血管病防ぐ | 鹿児島市 |
| 8 | 芋焼酎 | 血糖値上昇を抑制 | 県内各地 |
| 9 | べにふうき（お茶） | アレルギー抑制 | 南九州市、霧島市、屋久島など |
| 10 | ゴマ | 強い抗酸化力、老化予防も | 大島郡　喜界町 |

元にも及ばないでは、確かに茶業県鹿児島とは言えませんね！

**萩原**　緑茶だけでなく鹿児島のヘルシー食材は本当に盛りだくさんですよ。特に奄美群島など離島は機能食材の宝庫です。亜熱帯気候と降雨量と土壌の恵みなんです。

## 「北海道」を見習おう！

**宮島**　この対談の冒頭で、「レジャー＆ヘルシー空間・鹿児島」を県のキャッチフレーズにしたら、と提言しました。その背景には、２０１８年に鹿児島県が策定した「かごしま未来創造ビジョン」の「鹿児島のウェルネス」（健康・癒し・長寿）が基盤としてあるわけですね。

**萩原**　その通りです。県は、食の部分で〝安心・安全な食〟としか表現していませんが、それにヘルシーを加えるべきです。その具体論は南日本新聞の児島記者の取材記事を土台に、対象品目（食材・加工品）や機能性を産官学で再検討して、県全体の「鹿児島の機能性食材プロジェクト」を推進すべきです。

**宮島**　県が策定した「鹿児島のウェルネス」の要素は、「温暖な気候」「豊かな自然」「美しい景観」「豊富な温泉資源」「安心・安全な食」「先進的な医療施設」「健康づくりに適した環境」と7つが掲げられています。これだけなら「○○県のウェルネス」と言われても違和感はありませんよね。鹿児島の独自性が問われます！

**萩原**　鹿児島県のホームページに掲出されている「生物多様性鹿児島戦略」を読めば、鹿児島にはなぜ「ヘルシー食材が豊富なのか」が分かります。一例をあげれば、「麹や酵母、黄金千貫あってこその薩摩の焼酎」と明示されています（「生物多様性鹿児島戦略を学ぶ」（第５章２参照）。

**宮島**　それはいい考えです。そうなると鹿児島県の「安心・安全・ヘルシー食材」とは何なのか、なにか基準が必要になります。それで、この前ネットで調べたら、北海道がすでにやっていました。

**萩原**　それは知りませんでした。どんな基準なのですか。

**宮島**　「北海道食品機能性表示制度」（愛称：ヘルシーＤｏ）という規格で２０１３年（平成25年）４月にスタートしています。

**萩原**　機能性食品の国の法令は非常に厳しいので、道府県といえど機能性食材の基準を勝手に設定できないはずです。北海道はどんな基準で健康食品と認めているのですか。

宮島　ネットで調べた限りですが、まず、北海道産の機能性素材を含んだ道内製造の加工食品であることが大前提で、機能性素材については健康機能の確認試験（ヒト介入試験）が行われ、その成果が「査読付き論文」として公開されているもの、と規定されています。

萩原　これは鹿児島大学の「産学・地域共創センター」に相談する案件ですね！

宮島　「ヘルシーDo」のうたい文句として、「《北海道は豊かな食の宝庫であり、その加工食品は安心・安全、おいしい》北海道ブランドとして国内外から認知されています。そこに「健康」をプラスし、北海道ブランドのさらなる向上を目指して、機能性に関する情報を発信するこの制度を作りました」と記されています。

萩原　加工食品の開発で道全体の第一次産業の売り上げを伸ばそうとする戦略ですね、誰が考えたのか、北海道人の開拓者精神の象徴みたいな話で、鹿児島県人にはない発想です！

宮島　北海道には汎用2大作物「ジャガイモ」と「トウモロコシ」がありますし、付加価値品としてはカニとホタテと昆布があります。いずれも北海道の気候風土に合致し、北海道の第一次産業を支える代表的な農水産物です。ただ北海道の健康食材と言っても、乳製品と昆布くらいしか浮かびません。カニやホタテが健康に良いというイメージはありませんしね。

# 4 鹿児島県の観光戦略の視点

## ポストインバウンドの活性化戦略

**宮島** 2018年、年間延べ宿泊者数が886万人と過去最高を記録したことはプラスでしたが（一方、延べ外国人宿泊数の伸び率は全国30位と低調）、2019年は836万人に減少、2020年は513万人と前年比4割減の厳しい結果となりました（観光庁の宿泊旅行統計）。要因はいろいろありますが、新型コロナウイルスの影響がもっとも大きく、事態は深刻です。

**萩原** 鹿児島に限らず、新型コロナパンデミックによるインバウンド観光客の減少は予想以上に長引くのではないでしょうか。

**宮島** 2023年に開催されることが決まった鹿児島国体へ向けて、県内全域の観光資源の見直しと、新たな資源の掘り起しが喫緊の課題です。今や国体はスポーツの祭典と言うより、県外からの来訪者と県内各地域の住民との観光交流の色彩が濃くなっていますから、開催後の交流人口拡大につながるよう努力すべきです。

**萩原** 2018年に放映されたNHK大河の『西郷《せご》どん』を観光交流人口拡大へつなげることもあまりうまくいっていません。10年前の『篤姫』の時もそうでした。せっかくNHKの大河ドラマで鹿児島が取り上げられているのに、盛り上がるのはその年だけで翌年以降への持続性への努力が決定的に欠けています。

## 鹿児島空港が観光の鍵を握る

**宮島** 観光がらみでは2019年11月、県は「鹿児島空港将来ビジョン」を策定しました。2030年に国際線を4倍の16路線に、国内線を含む乗降客数を約1・2倍の730万人に増やすという計画になっています。

**萩原**　10年後に国際線を4倍に拡大なんて、「机上の空論」ではありませんか。

**宮島**　三反園前知事はマニフェストで「空港周辺にアウトレットモールやテーマパークを誘致し、娯楽空間の形成に努める」と掲げていました。「空港ビルはもうすぐ築50年。選ばれる空港を目指すため、臨空団地など周辺も含めた一体開発をすべき」との声もありますが、コロナや財政面を考えると実現は難しいかもしれません。

**萩原**　鹿児島は相変わらず「コンクリート発想」から抜けきれませんね！　早くから「アジアの物流のハブ空港」を目指してきた沖縄県の那覇空港や九州と東京、アジアと九州を結ぶ大動脈の拠点としての福岡空港は着実に整備が進んでいます。長崎空港、佐賀空港、北九州空港、大分空港などは地域密着機能に特化する方向に動いていています。鹿児島空港は那覇空港と福岡空港とどうすみ分けするのか、鹿児島県の長期ビジョンの中に「鹿児島空港の存在意義」が組み込まれていないとおかしいです。県内の世界自然遺産に登録された離島群があるので、沖縄県と連携して国内外からの来訪者をいかに増やすかが最大のポイントです。

**宮島**　確かに空港も地域間競争の時代です。福岡空港は滑走路を増設し発着枠を拡大するとともに、ホテルや商業施設を併設し魅力アップに努めていますしね。

**萩原**　鹿児島空港の将来像を県民挙げて考えることは、「鹿児島地動説」の県民性を変革するチャンスかもしれません。〝箱もの造れば後は何とかなる〟はもはや通用しません。

## 鹿児島市一極集中を活かす〝観光ネットワーク〟形成

**宮島**　鹿児島県の「観光交流人口の拡大」の鍵を握るのは、やはり県と県都鹿児島市が現在進めている「かごしま再開発」（鹿児島港本港区、サッカースタジアム、新体育館、天文館や鹿児島中央駅周辺など市街地の整備、本港区への市電延伸計画など）でしょう。ただし県内での鹿児島市一極集中に拍車がかかることも懸念されます。

**萩原**　鹿児島市一極集中になるのは、離島も含めた鹿児島県の地勢から見て当然のことで、さらに加速するのではないですか。要は、鹿児島市と県内の他都市・他地域がどんなすみ分けと連携をして相乗効果につなげるかですが、やってる気配はありませんね。

**宮島**　点を線にし、さらには面にしていくことですね。ソフト面の充実、ストーリー性、回遊性などの発想が重要になります。

**萩原**　南北600㎞の鹿児島県の観光の課題は「長期滞在型観光」と「大隅半島の観光強化」、そして何といっても「離島の観光強化」が3大テーマです。県のリーダーシップを発揮すべきです。

## 鹿児島観光の5大テーマ

**宮島**　ところで、これからの鹿児島の観光活性化にはどういう視点が重要だと思われますか。

**萩原**　5つのテーマが考えられます。まずスポーツの切り口です。コロナで中止が懸念された2020年鹿児島国体が他県の理解と協力で2023年に延期実施されることになったことは幸いでしたが、毎年開催される大会ではありません。日本中が想定外に盛り上がった2019年秋のラグビーワールドカップ・ジャパンでも鹿児島は蚊帳の外でした。九州では公式試合が開催された福岡市と大分市そして別府市、またウェールズが事前合宿した北九州市は市役所やラグビー関係者の努力で、驚くほど盛り上がりました。鹿児島市は優勝した南アフリカチームが合宿したのに、全国ニュースには全くなりませんでした。スポーツ合宿誘致を重点政策に掲げているのに、この有り様です。鹿児島県と県民のスポーツ観光の無理解の象徴がJ3「鹿児島ユナイテッドFC」の低迷です。鹿児島県は埼玉県、静岡県と並ぶサッカー人材輩出県で、世界レベルの遠藤選手（鹿実）や大迫選手(鹿児島城西)などトップ選手を数多く輩出してきましたが、地元のプロチームは三流に甘んじています。

**宮島**　鹿児島ユナイテッドFCについては、知人にかなりサッカー通の人がいますが、毎年2回程度しか観戦していないようです。あまり魅力を感じない、スタジアムに足を運ぶ理由がいまひとつ見つからないだとか。

**萩原**　そういう発想の人が多いのが、今の鹿児島の弱点(県民性?)です。鹿児島ユナイテッドFCは成績が低迷しているので魅力を感じないのは当然です。だから応援しようとならないのが不思議です。Ｊリーグはプライドを懸けた「都市間競争」ということも認識しなければいけません。鹿児島ユナイテッドＦＣの収入（スポンサー料＋入場料）は年間予算は同じカテゴリーの他チームの６割にすぎません。チームのスローガンは〝鹿児島をもっとひとつに〟です。鹿児島はバラバラでお金もないという象徴のようで本当に情けないです。

## 鹿児島の歴史と文化を「外の目」で再鑑定

**萩原**　第二は鹿児島の歴史と文化の切り口です。まず考えられるのが地元の「伝統的な祭り」を観光客が感動するように演出することです。私の地元の話で恐縮ですが、旧市来町の大里地区の「七夕踊り」は全国的にもユニークな祭りで、全国から人を呼べる価値があると昔から思っていました。ところが来年限りで廃止されると聞いて驚いていきます。

九州・沖縄のＪリーグ所属チーム（著者作成）

| | チーム（2021 年シーズン度） |
|---|---|
| J1 | 鳥栖（佐賀）、大分、福岡 |
| J2 | 長崎、北九州（福岡）、琉球（沖縄） |
| J3 | 鹿児島、熊本、宮崎 |

**宮島**　「大里七夕踊り」はそんなに価値のあるものですか。

**萩原**　昭和52年に、国の無形民俗文化財にも指定されています。農民の祭りで、豊作を祈り感謝する祭りで、集落ごとに虎や牛や鶴などの張り子に加えて、琉球人踊りの行列が出ます。２５０年くらいの歴史があり、全国的にも類のない祭りだと思います。この七夕踊りは、私が子供のころは祭りの担い手もたくさんいましたし、人口も多かったので近郊から観客がたくさん集まっていました。あれから40年、50年経って祭りの担い手である地元の若者が激減して、祭りそのものが成り立たなくなっているのです。

**宮島**　存続が危ぶまれる伝統芸能を、小学生までかり集めて何とか守っている地域は県内にもいくつかありますよ。肝付町内之浦岸良地区の「ナゴシドン」（夏越祭）は、地域おこし協力隊員が県内外から神舞奉納するつなぎ手の大学生を募り、維持存続させています。こういう動きも参考に模索してみてはどうでしょうか。

**萩原**　そのアイディアは大正解です。滞在中の経費（食費や宿泊費など）はすべて地域もちで、（場合によって県が費用を負担）全国の大学生にネットで「伝統祭り存続隊」の募集をかければ、交通費自己負担でも必ず応募があります。伝統の祭りも、いったん止めてしまうと復活させることは難しいですから。

もう一つは鹿児島の伝統芸能・芸術である「薩摩琵琶」を県外観光客への目玉にすることです。県民も聞く機会がなかなかありません。薩摩の国の歴史を体現する伝統芸術ですから、観光客と県民を対象にした常設の舞台を設置すべきだと昔から思ってきました。まずは県内の武家屋敷（麓）観光＋薩摩琵琶＋天吹《てんぷく》鑑賞を核にして、それに産業観光を組み合わせる企画などが目玉になります。

**宮島**　加治木島津家第13代当主の島津義秀さんはヨーロッパなど海外でも弾奏されていますが、薩摩琵琶※への外国人の関心は高いようです。国内でも、もっと盛り上がって欲しいです。県内には他にも何人か弾奏者がいらっしゃるので、競演の催しがあったらいいのではとかねがね思っています。

※薩摩琵琶：建久7年（1196）、島津氏初代当主島津忠久に従って薩摩の国に下った天台宗常楽院第19代住職宝山検校が伊作田尻（現在の日置市）に中島常楽院を建て、盲僧琵琶を日夜演奏したのが始まり。その盲僧琵琶が武士たちに好んで弾かれるようになって「薩摩琵琶」が完成した。16世紀には島津氏中興の祖、いろは歌で有名な島津忠良（日新公）によって天吹（竹製の縦笛）とともに武士道や青少年の教育のために奨励された。

**萩原**　第三は自然景観です。鹿児島の自然観光（エコツーリズム）と言うと、「桜島」や「屋久島」がまず思い浮かびますが、見どころはもっとたくさんあります。鹿児島はジオツーリズムの宝庫です。

**宮島**　霧島市の霧島ジオパーク、鹿児島市の桜島・錦江湾ジオパーク、三島村の三島村・鬼界カルデラジオパークの3つですね。

**萩原**　それが問題なんですよ。みんなバラバラに動いています。なぜ県内の自治体が手を組んでやらないのですか。ここに名乗りを上げていない「指宿市」は、それこそ県内随一の「ジオシティ」です。ついでに言うと指宿市の対岸の南大隅町の辻岳は阿多カルデラの外輪山の一部です。

**宮島**　確かに、指宿は開聞岳、山川マール、池田湖など、ジオスポット満載です！

**萩原**　だけど、ジオ観光を強く打ち出しているようには見えません。中でも橋牟礼川遺跡は全国屈指の遺跡なんですがね！

## 離島観光は、鹿児島の最大の観光ネタ

**萩原**　第四が離島観光です。鹿児島県と長崎県と東京都しか考えられない観光テーマです。なにかアイディアはありますか？

**宮島**　いくらでもあります。三島村（硫黄島、竹島、黒島）のケースですと今も活発に噴火している薩摩硫黄島が最大の売りです。それに竹島、黒島を加えた三島巡り観光は、ジオ・考古学・農産物・歴史秘話など、全国的には知られていない観光ネタが満載です。黒島には特攻隊の兵士が不時着して島民に助けられた秘話もあります。

**萩原**　その秘話は城戸久枝の「黒島の女たち」（文藝春秋）を読んで知りました。不時着して重傷を負いながら黒島に漂着した6人の特攻兵士を住民が手厚く介抱した話ですね。

**宮島**　昨年、県北西部の薩摩川内市の甑島3島を橋でつなぐ最後の甑大橋が完成しました。これで上甑・中甑・下甑が自由に行き来できるようになりました。甑島の見どころは実に多彩ですから、鹿児島の離島観光の目玉の一つになると思います。

**萩原**　同感です。もう30年近く昔のことですが、私の友人が「この前甑島に行ってきました」というので「何しに？」と聞いたら、スキューバーダイブでした。甑島はスキューバーダイブのスポットとしても昔から有名なんですね。知りませんでした。釣り人にも有名ですしね！屋久島や奄美諸島に匹敵する観光離島になる可能性があります。

最後の切り口が産業観光です。鹿児島ならではの産業観光で、「お茶」「焼酎」「養殖」が3大テーマです。お茶は生産から加工、そして取引所まで、県内全域に広がっているので、どの自治体でもコース設定が可能です。焼酎も同じで、都会人にはインパクトが大きいのではないですか。地元の焼酎に合わせて、地元の伝統野菜や海の幸の郷土料理を提供できれば、泊まってもらえますしね。養殖では、大崎町のウナギ、長島町のブリ、鹿児島湾のカンパチが候補です。

**宮島**　私は以上の5つと違った切り口で、この対談の冒頭で提案した「南北600㎞、レジャー＆ヘルシー空間・鹿児島」を観光テーマとして打ち出すべきだと思います。

**萩原**　長期滞在型観光ということですね。キャッチフレーズ的に言えば、「鹿児島で（最低1週間、1カ月、3カ月）人生の洗濯をしよう！」とか「鹿児島の離島で長寿の秘密を知ろう！」などが思い浮かびます。

**宮島**　2020年の後半になって、コロナ禍によるインバウンドを含む県外客の激減で、「マイクロツーリズム」（近場旅行）が見直されています。まずは、「ふるさとの魅力再発見の旅」を県民に呼び掛けることから始めてみたらどうでしょうか。

**萩原**　確かにインバウンド観光客がゼロになった反動で、全国的に足元の「ふるさと再発見の旅」が脚光を浴びています。この際、県内のすべての自治体が、それぞれに観光客にとっての《価値あるもの》を発掘する県民運動を推進してはどうでしょうか。キャッチフレーズは「県民まるごと観光プロデューサー！」とか「あなたの足元に観光の宝物が眠っている！」という具合です。

**鹿児島県の主な離島群**（著者作成）

| 離島 | 構成する島 | 売り物 |
|---|---|---|
| 甑島 | 上甑・中甑・下甑 | 恐竜化石、キビナゴ漁、下甑の「トシドン」、ジオサイト |
| 三島（村） | 竹島・黒島・硫黄島 | 大名タケノコ、火山と温泉 |
| 種子島 | 馬毛島 | 鉄砲伝来、ロケット基地、サーファー、トビウオ漁、安納芋 |
| 屋久島 | 口永良部島 | 世界自然遺産、縄文杉、サルとシカとウミガメ、宮之浦岳、火山 |
| トカラ列島（十島村） | 口之島・中の島・平島・諏訪之瀬島・悪石島・小宝島・宝島 | 全島が県立自然公園、有人島（7）無人島（3）、火山島とサンゴ礁、悪石島の自然神「ボゼ」はユニセフの無形文化財、温泉 |
| 奄美群島 | 喜界島・奄美大島・加計呂麻島・請島・与路島・徳之島・沖永良部島・与論島 | 東洋のガラパゴス、大島紬、画家田中一村、小説家島尾敏雄長寿の島、闘牛、黒糖、島唄、サンゴ礁、鍾乳洞、西郷隆盛の流刑、てっぽうゆり、サトウキビ、世界自然遺産、アマミノクロウサギ |

## 5　鹿児島の活性化は〝歴史と文化〟が基盤！

### 鹿児島の歴史の弱点を知る

**萩原**　私は２００７年度の南日本新聞客員論説で、「鹿児島の子供たち（小中学生）が鹿児島の歴史にあまり興味を持っていないことは由々しきこと」と指摘しました。当時の県教育委員会の調査（１９９９年度）では「郷土の歴史や文化にとても興味がある」と答えた中学2年生は8・3％、小学5年生は17・8％でした。少しは変わったのでしょうか。

**宮島**　２０１８年は、明治維新１５０年、ＮＨＫの大河ドラマ『西郷どん』が放映され、多くの講演会・シンポジウム、行事・イベント等が県内で開催されました。しかし「歴史を知らない、勉強していない首長や議員がいる」との声を県内外から少なからず耳にしました。地域のリーダーたちがこの体たらくですから、言わんや子供をや、です。

**萩原**　日本は1億2千万人以上の人間が、日本列島という島国で暮らしてきたので、世界でもまれな独自の自然観や文化・芸術・学問の歴史（蓄積）があります。それは国家成立以前の縄文時代から連綿と続いてきたものです。今を生きる令和の日本人には「縄文時代から続く〝自然との共生〟という価値観」や「２６０年も続いた江戸徳川幕藩時代に根付いた地域（道府県）の多様性」が引き継がれているはずです。しかし、明治維新から一貫して進められてきた「中央集権体制」と「経済成長一辺倒の価値観」の欠陥が、今回の新型コロナパンデミック対応の国と地方の連携のドタバタ劇で露見しました。分かりやすく言えば、令和の日本は「中央集権から地方分権へ」の分岐点に立っているということだと思います。

**宮島**　まったく同感です。「廃藩置県」ならぬ「廃県置藩」「地域主義」「分権・分散型国家」がこれからの流れではないでしょうか。そもそも明治維新を成就させたのは、わが薩摩、長州、土佐、肥前など、当時の辺境の地域だったのですからね。

**萩原**　260年続いた「江戸時代」が明治維新で「東京時代」に代わって150年、なんでも東京中心に考えてきた弊害が、いまの子供たちが故郷の歴史文化に関心が薄くなったことの最大の理由です。子供たちが今暮らしている「地域の価値」、ひいては「日本の価値」を知ることは「世界の他の国の価値」を尊重（リスペクト）することに繋がります。子供たちへ鹿児島の歴史や文化を学ばせる試みはいま、どうなっていますか。

**宮島**　自治体によって温度差はありますがそれぞれに取り組んでいるように思います。例えば、鹿児島市の小学校では、市の歴史や産業、偉人の業績等を掲載した「のびゆく鹿児島」や「薩摩義士伝」等の漫画教材を活用した学習、野太刀自現流など地域人材の活用による郷土教育を行っています。

**萩原**　そうなんですか。だけどもっと県民全員が鹿児島の歴史・文化を学ぶ場づくりが必要な気がします。県が主導権を発揮して鹿児島の歴史を〝維新史に偏ることなく〟、縄文から現代までの「生涯学習講座」を定期的に実施するとか……です。大学の協力も必要です。

**宮島**　ところで、鹿児島のある歴史好きな方から「福島県郡山市で2019年9月1日に開催された『大久保神社設立130年祭』に参列し、翌日は他の薩摩人ゆかりの地を訪ねて来ました」とお手紙をいただいたことがあります。そこには「全国各地を訪ねると『薩摩人は日本各地で貢献した』ことが分かる。そこで私は残された老後の活動として、『鹿児島県内の歴史を学び直し、先輩たちの果たした社会貢献を皆に伝える役目を果たしたい』」と書いてありました。私もそうありたいと思っています。

**萩原**　そういう活動は重要です。大久保といえば鹿児島では西郷さんが善で、大久保さんは悪（とまでは言わないまでも）ということになっています！　福島県で大久保神社まで建てられていることは知りませんでした。

**宮島**　大久保利通が安積疎水工事を先導したことは、肝心の鹿児島でもほとんど知られていません。福島県民は今でも大久保利通に感謝しており、郡山市では神社の建立（顕彰碑）のみならず、開成山公園にも大久保像（モニュメント「開拓者の群像」）を建てて崇拝しています。

**萩原**　ＮＨＫの朝ドラ『朝が来た』（２０１５年放送）では、五代友厚が大阪の商工会議所や証券取引所など商都大阪の礎を築いた恩人として描かれ、今も大阪市内には五代の銅像が確か５カ所か６カ所あるはずです。

**宮島**　ふるさとの歴史と言えば、歴史上の人物も大事ですが、より身近な郷土の偉人の功績を学ぶことも重要だと思います。

**萩原**　鹿児島には、例えばどんな人物がいるのですか。

**宮島**　幕末の指宿の豪商・濱崎太平次、大隅の戦国大名・肝付兼続、有明（現志布志市）の農業を拓いた野井倉甚兵衛、東市来の薩摩焼の沈壽官などがあげられるのではないでしょうか。

## 鹿児島の歴史の強みを復活させる

**萩原**　明治維新から１５０年の日本の急成長の基盤は江戸時代につくられたと言っても過言ではありません。なにせ２６０年も平和な時代が続いたので、日本各地で多士済々の人物が輩出されました。薩摩藩には士族の教育機関である藩校「造士館」がありましたが、庶民教育には熱心でなかったようですね。庶民の「識字率」が世界一だったのに薩摩藩の庶民の識字率はお寒い限りだったようです。

**宮島**　それでも、薩摩藩には強烈な郷土愛と郷土の誇りがありました。今の教育はそのあたりの教え方に問題があるのかもしれません。県民所得みたいな基準で「お金持ちの県が素晴らしい！」みたいな教育は間違っていると思います。鹿児島の子供たちにより広く深く教えるべきは「郷土の歴史と誇り」です。薩摩藩はコメがあまり取れなくて、サツマイモで食いつないだ歴史もありますからね。

**萩原**　「武士は食わねど高楊枝」みたいな生き方を教えるのが鹿児島には合っているのかもしれませんね。もう一つは郷土の負の遺産も教えることも必要です。その一例ですが、明治維新の前夜、桐野利秋が京都で暗殺した信州上田藩士赤松小三郎※のことをご存知ですか？

※**赤松小三郎**：信州上田藩士。明治維新の前夜、普通選挙による議会政治を日本で初めて提言した政治思想家。英国式兵学

の教官として薩摩藩にスカウトされ、京都の薩摩藩邸で開塾した。西郷より3歳下、大久保と同じ歳。慶応3年、西郷の片腕として知られた薩摩藩士桐野利秋に京都で暗殺された。

**参考文献**

『赤松小三郎ともう一つの明治維新─テロに葬られた立憲主義の夢』（関良基／作品社／2016）

**宮島**　知りませんでした。調べてみたら「赤松が生きていれば、日本の近代史は全く変わった形になっていたのではないか」と言われている人物なんですね。

**萩原**　いずれにしても、西郷と大久保しかいない鹿児島ではいけません。世界も日本も歴史の転換点に立つ今、国家ビジョンなく迷走する今の日本の政治は長州（の末裔）に振り回されています。明治維新の前後にあれだけの逸材を輩出した鹿児島（薩摩藩）は明治10年の西南戦争での西郷の死、その1年後の大久保の暗殺で終わったのではないですか。

**宮島**　1904（明治37）年の日露戦争の頃までは、寺島宗則、松方正義、山本権兵衛、大山巌、東郷平八郎など、軍事、外交、経済の多方面で活躍した薩摩人は結構いたのですが、どうもその後が続かなかった。昭和から平成、そして令和が始まった今は、もうさっぱりです。

**萩原**　同感です。尚古集成館の松尾館長は「寺島宗則の功績」にもっと注目すべきだと言っておられます。薩摩藩英国密航留学生の一人で、阿久根出身の語学に堪能な外交官として活躍した人物です（第5章参照）。

その薩摩藩英国密航留学生の話ですが、2019年の春に帰省した時に、鹿児島中央駅前の「若き薩摩の群像」に2人追加して19人に改修することが決まったことを知って、今さらとびっくりしました。昭和50何年だったか、「青春の群像」の建立を討議した鹿児島市議会で19人の薩摩藩密航留学生団の中に土佐藩士と長崎藩士が含まれていたので、その2人を入れるか外すかで採決したそうですが、僅差で排除案が通ったと聞いています。

いずれにしても薩摩藩密航留学生団の「青春の群像」を19人に戻すのに45年かかったという「排他性」を鹿児島県民は大いに自省しないといけません。

**宮島**　ところで政治の話で恐縮ですが、最近の国政選挙で野党が東北で善戦するのは、戊辰戦争で結成された奥羽越列藩同盟の長州出身の安倍政権に対する復讐、抵抗ではないかと考えるのですが、どうですか。

**萩原**　そこまでは言い切れないと思います。ただ言えることは旧奥州列藩同盟の県（藩）は、政治家、軍人、学者、芸術家など一本筋の通った優秀な人物を輩出しています。厳しい気候風土と並んで、明治政府を席巻した薩長の藩閥政治への反骨精神がバックボーンにあったことは間違いありません。その代表的人物が盛岡出身の平民宰相、原敬です。実はれっきとした南部藩の上級氏族の末裔ですが、最初の奥さんは薩摩藩士中井弘の娘（のちに離縁）なんですよ。私は縁あって盛岡市長が会長の「原敬を想う会」の会員なんですが、いま（政党政治の崩壊を前にして）政党政治家としての原敬の功績が見直されていますしね。盛岡市の小学生は原敬の思想（宝積※）を学ぶ多様な課外授業をやっていますよ。

※宝積《ほうじゃく》：原敬の座右の銘「人に尽くして見返りを求めず　人を守りて己を守らず」。

## 土佐人気質に学ぼう！

**萩原**　おととしの春、30年ぶりに高知に行きました。JR高知駅前広場に維新の土佐藩を代表する坂本龍馬、武市半平太、中岡慎太郎のどでかい像が3人並んで建っていたのには驚きました。鹿児島も、鹿児島中央駅前の広場に西郷と大久保のどでかい像を並べて建てたら、県民にもサプライズだし、全国からたくさんの日本人が見に来ると思います。現在は大久保像は高見橋のたもと、西郷像は城山下と離れて建てられています！　両雄並び立たずではなく、（昔はいざ知らず）鹿児島県民にとっては〝両雄並び立つ〟なんですからね。

**宮島**　ユニークなアイディアです。実際、２０１７年には西南之役１４０年として、西郷、大久保の曾孫を迎え「西南之役官軍薩軍恩讐を越えての慰霊祭」が南洲墓地で営まれ、慰霊塔も建立されました。随分長い時間がかかりましたが、時代は変わりました。

**萩原**　西郷が明治新政府に三下り半を突き付けて鹿児島に帰ったのは、高給を食み、妾を抱えて、贅沢三昧にふける高官たちを目の当たりにして、何のための維新だったのかと憤慨したことが大きな理由でしたからね。いまの政治情勢も同じではないですか。トップが平気で嘘をつく、バレそうになったら公文書を躊躇なく改ざんする、誰が見ても起訴すべき忖度官僚を〝証拠（はあるのに）不十分〟として不起訴にするなど、「権力の私物化」が目に余ります。

**宮島**　話は戻りますが、私は西郷と並んで大久保をもっとクローズアップ、評価すべきだと思っています。２０１８年の鹿児島は大河ドラマ『西郷どん』ブームで沸き立ちましたが、これまで不人気だった大久保に異変が起きつつあります。薩長同盟や明治維新を成し遂げたのは西郷だけの力ではなく、大久保あってのことでした。今日の日本は、内憂外患というか、国内外の難問題が山積しており、幕末維新時にも似た様相を呈しています。不屈の精神と強い責任感、冷静沈着で果断な態度、巧みな交渉術などで維新後の荒波を乗り切った大久保のような人物の再来がいまこそ必要なのではないでしょうか。

**萩原**　歴史に〝たら〟はないですが、大久保が暗殺されなかったら日本はどうなっていたのでしょうか。

**宮島**　長州閥の山県有朋に引きずられて一直線に太平洋戦争へ突っ走った軍事国家にはならなかっただろうと思います。大久保は岩倉使節団の一員として欧米の先進国を視察した結果、軍事を政治の統制下におくシビリアンコントロールの重要性を主張していたという有力な学説があります。

**萩原**　おっしゃる通りですが、大久保の再来は期待できません。もちろん西郷の再来もですが。ビジョンや哲学そして歴史観のある政治家は、いまの中央政界にはいなくなりました。大半の政治家が「世襲」と「世渡り上手」（忖度とゴマすり）で選ばれています。野党はあまりにもだらしないし、これで日本の将来は大丈夫かと国民の誰もが不安に思っているはずです。

**宮島**　大久保は為政清明※を信条としたように、政治は清くガラス張りで、金銭にも淡白でした。死去した際、残ったのは八千円の借金だけだったと伝えられています。そんな清貧な中で寄付行為もしていました。日本の政治家や官僚は、今こそ大久保の生き方に学ぶべきです。

**※為政清明**：大久保利通の政治信条、政《まつりごと》を行うには、心も態度も清く明るくなければならない、という意味。自筆の書が鹿児島市立美術館にある。

**萩原**　ところで宮島さんは県議時代に高知へ視察に行った時に、高知の人たちから「今の薩摩は、おとなしい。維新の精神を忘れたか。時は激動期、なぜ桜島のように燃えないのか、動かないのか、しっかりせい！」と叱咤されたと言われていましたね。私もおととし高知市に3日ほど滞在しましたが、歴史を感じる「壮大な田舎《いなか》だなぁ！」とかなり感動しました。坂本龍馬像が建つ桂浜の展望台から太平洋の大海原を眺めていると、竜馬やジョン万次郎を産んだ海洋国家「土佐」を実感しました。新幹線も走っていませんしね。令和の時代の日本は、こんな壮大な「田舎」を全国各地に復活させるべきだ、とつくづく思いました。

**宮島**　高知県は人口70万人の小県ゆえ、まとまりもあり小回りもきくのでしょうが、少なくとも鹿児島よりは“躍動感”があるんじゃないですか。鹿児島は一時期より減ったとは言え人口160万人で新幹線も通っています。その新幹線のストロー現象がじわじわ進行しているわけですが、県民はそれに気づいていません。このままでは20年後、30年後の鹿児島の姿が思いやられます。

**萩原**　私もここ10年、東京と鹿児島を行き来する中で、ずっとそう感じてきました。鹿児島の政治家には危機感がなく、お山の大将に安住しています。ネット情報ではありますが、高知の県民性は「反権力、リベラル反戦、議論好き、新しいことにチャレンジ」となっています。同じ情報では鹿児島の県民性は「保守的で他人に迎合する、一本気で融通が利かない、熱しやすく冷めやすい」と書いてありました。実際、この通りじゃないですか？

**宮島**　ある本に書いてあったのですが、高知県民は、権威に屈せず、妥協しない。おおらかさとルーズさと無頓着さが同居。自分の意見を無理に押し通す。常識や習慣にとらわれない、だそうです。

**萩原**　土佐人の見方は一致しているんですね！　これからの日本人の理想ですね。鹿児島の県民性はこれと真逆で、「議を言うな！」（つべこべ言わず行動せよ！）と教えられてきましたからね。これが今の世の中には合っていないです。議論を尽くすべき時代ですからね。最近知ったのですが、高知の県紙「高知新聞」が10年以上前に、「高知独立論」のシリーズをやったそうです。「土佐独立論」のテーマを県紙が企画したと聞くだけで、高知県民（土佐人）は違うなぁと感心します。南日本新聞と高知新聞が、日本の社会構造を一変させるような「令和版、薩土同盟キャンペーン」を企画してくれれば面白いです。過去の成功体験に安住している日本の保守勢力に喝を入れてほしいです。

**宮島**　「令和版薩土同盟キャンペーン」ですか。結構、反響を呼ぶかもしれませんね。両紙には、中央権力に距離を置き、地方独自・土着の視点・発想から、視野を大きく広く外に向けて、地方が真に勢いづくような大胆な言論の展開を期待したいです。

**萩原**　南日本新聞の藤田さん（論説委員長）は地方創生こそ地方紙が真価を発揮する場だと言っておられます。（第1章参照）岩手県や山形県を長年見てきた私も全くその通りだと感じます。

**宮島**　同感ですが、地方紙にはもっと厳しく具体的な提案をしてほしいです。

**萩原**　もうひとつ、鹿児島の政治家を見ていて感じるのは「上から目線」と「視野の狭さ」です。県民もそれをおかしなことと思っていないのが不思議です。

**宮島**　残念ながら薩摩人は官依存の強い県民性というか、自主性・革新性に乏しい県民になり下がってしまったような気がします。気骨のある土佐の男性を「いごっそう」といいますが、その旺盛な反骨精神と不屈の精神など大いに学ぶべきではないでしょうか。このままでは「肥後もっこす」のくまモンにも負けてしまいます。

**萩原**　もう一つの問題は、2007年に当時の田村省三尚古集成館館長に聞いた話です。「薩摩は明治維新までは南を向いて活動していた、しかし維新後は北（東京）を向いて活動している！」と。まさにその通りです。

**宮島**　先ほどから土佐人の話が出ていますが、10年ほど前に高知を訪問した時に感じたのは、県民に危機感も強く、進取の気性に富んでいることでした。当時、高知県庁では、「地域づくり支援課」（中山間地域の振興を遂行する組織。「地域支援企画員」制度も）、「県庁おもてなし課」「まんが・コンテンツ課」が設置されていて、「まんが甲子園」なども開催していましたからね。（組織名は訪問当時）

# 第7章●地方国立大学の存在意義

# 岩手を個性ある地域にするために

## ——岩渕明前岩手大学学長に聞く

（２０２０年６月30日取材）

**岩渕　明**

**略歴**　1949 年 9 月生まれ　宮城県出身

**学歴**
1974 年　東北大学大学院工学研究科機械工学専攻修士課程修了
1983 年　工学博士（東北大学）

**職歴**
1974 年　東北大学工学部機械工学科助手
1984 年　岩手大学工学部機械工学科助手
1991 年　同上　教授
2010 年～ 2015 年　岩手大学理事・副学長
**2016 年～ 2020 年　岩手大学学長**
2020 年（地独法）岩手県工業技術センター顧問（現在に至る）

**委員等**
2012 年～ 2021 年　復興庁復興推進員会委員
2016 年～ 2020 年　岩手県総合計画審議会会長
2012 年～　JST 各種事業の評価委員
1993 年～　岩手ネットワーク INS の委員等
2020 年　INS 会長に就任予定

**専門分野**　機械工学、トライボロジー、金型工学、地域創生論

**岩手県の現状（全国順位）**

**【人口】**１２１１千人（32位）**【面積】**１５２７５㎢（２位）**【人口密度】**79人／㎢（２位）**【人口減少率】**５・34％（３位）（２０２０年度）**【産業従事者】**（全国平均）第一次産業10・８％（４・０％）、第二次産業25・４％（25・０％）、第三次産業63・８％（71・０％）

**岩手大学の現状**

キャッチフレーズは「岩手の〝大地〟と〝ひと〟とともに」、宮沢賢治は農学部の前身盛岡高等農林学校ＯＢ。
**【学部】**人文社会科学部、教育学部、理工学部、農学部
**【学生数】**約５４００人

## 岩手大学が目指した改革

**――学長としての5年間、目指してこられたことは**

グローカルな大学にする、復興推進を継続する、岩手大学のアイデンティティを涵養する、そして岩手県（地域）を先導するという4大目標に取り組んできました。

**――グローカルな大学にするとは**

地方の国立大学が、地域に根を生やして（研究でも教育でも）世界的視野で勝負できる大学にすることです。ローカルな視点とグローバルな視点を併せ持つ教職員・学生を育成することが地方国立大学のこれからの責任だと考えています。

**――岩手大学が「グローカルな大学」へ舵を切ったのはいつごろからですか**

2016年度からです。震災復興の課題はローカルな課題だと思っていたのですが、世界共通の課題であると認識したことが大きな理由です。

**――2019年11月に創立70周年行事として「グローカル人材で未来創造」をテーマに国際シンポジウムを開催されましたが、岩手大学の海外の大学との交流の現状と目標は？**

韓国、台湾、中国、タイなどアジアを中心に56の大学と協定を結んでいます。学生を派遣するためには身の丈に合った大学との交流が大切です。自分の経験から、日本とは違った文化の中で生活経験することが将来非常に有効だと思います。同じ意味で外国の留学生にもたくさん来てもらいたいです。現在は230名程度ですが将来は300名程度まで増やしていきたい。また、それをサポートする教員のグローバル意識が必要なので、教員の海外派遣も積極的に支援しています。

**――一方、地域との関係では「地域を先導する」と表明されています。連携ではなく、先導とは？**

国立大学は2004年の独立法人化以降、改革を迫られてきました。岩手大学の強みはもともと地域連携でした。2011年3月に東日本大震災が発生したので、岩手大学は三陸沿岸の復興という使命を基軸にして大学改革を進めてきました。連携とは相手と歩調を合わせることですが、合わないときには大学と地域との関係は連携ではなく、地域を先導することと考えています。地域と同じペースでやったら、世の中の動きに遅れてしまい岩手大学にとってはメリットにならないからです。

——地方国立大学は、地域でなく日本全体に貢献できる人材を養成すべきだという意見もあります

各都道府県には最低1校は国立大学があります。特に地方に立地する国立大学は地域の政治、経済、産業、教育、文化などに大きく貢献してきました。その役割は高まりこそすれ、低下することはありません。地方の発展なくして日本の発展なしという局面に入っているからです。その大きな理由は日本が2007年から歴史上初めてと言っていい「人口減少時代」に入ったからです。

——社会を変えることも大学の役割、と言われています

若者が地域に留まるためには価値観の変化を促す必要があります。また地域を変えるためにはリーダーとなる人材の育成が必要です。地方国立大学の第一のミッションは地域のリーダーを育てること、第二のミッションは大学自らが「教育と研究、あるいは組織の改革」を進めて地域にお手本を示すことで、地域を引っ張っていくことです。男女共同参画やSDGsの取り組みもこれに当たります。このことが日本を改革することにつながると思います。

——大学に限らず組織改革は、「強みに磨きをかける方向」か、「弱みを強化する方向」の二者択一です。岩手大学の改革はどちらを選択されたのですか

強みに磨きをかけることに注力してきました。

——岩手大学の強みは？

地域との強い絆です。そうでなければ復興支援活動を8年も継続できません。

——岩手大学の「アイデンティティの涵養」と言っておられます

70年前の新制大学の創立は師範学校、高等農林、工業専門学校の統合であり、それぞれが独自の文化を持っていました。そのため岩手大学総体としての意識は学生、教員、同窓生には希薄でした。岩手大学一体となってスクラムを組んでアイデンティティを確立させないと大学自体が潰れてしまうという危機感を持っているからです。

——5年間の学長時代を振り返って、一番苦労されたことは教員の意識改革です。

——具体的には

高度成長期に大学の教員になった層には、世の中の変化を感じられないのか旧態依然とした発想から抜けきれ

ない人が多いのです。国立大学に迫られている改革についても、総論賛成、各論反対という超保守的な行動をとる教員が目に付きます。一例を挙げますと「英語教育の改革」でした。

**――どんな改革を**

まだ完成していませんが、グローバル化の時代、コミュニケーションツールとしての英語力向上を求めました。

## 地方国立大学を覆う閉塞感

**――〝地方国立大学には閉塞感がある〟と言われています**

改革、改革で落ち着く暇がなく、評価、評価で落ち着く暇がないということです。それに追い打ちをかけるように国からの運営費交付金が毎年削減されてきました。その結果、大学のマネジメントに関わる学部等の教員は、本来の教育・研究の改革に注力する余裕がなくなっています。それが目に見えない圧迫感・閉塞感につながっています。令和2年度には全学委員会等の大幅な削減を行って時間の確保に努めることにしました。

**――岩手県民は国立大学の岩手大がお金のやりくりに困っているとは思っていないのでは**

大学は国立大学だから安泰という印象を皆が持っているのは確かです。現実は学生定員を増やせない、授業料を上げられない、教職員の賃金を下げられない、人も減らされない、と八方塞がりです。ただ大変だと言っても県民は関心を示さないと思いますが、「新たに何かをするから」という名目がないと難しいでしょう。これまで、自分で研究費などを稼ぐことをしなさいと先生方には言ってきましたが……。

**――地方国立大学のマネジメントも人材不足と言われています**

副学長時代から大学の執行部で仕事をしてきましたが、大学でもリーダーが不足していることを痛感させられてきました。将来の大学のあり方を考えている教員が何人いるかと考えるとお寒い限りです。

**――そうなってしまった背景は**

多くの教員は自分の研究領域で生きていくことだけを考えていて、それを保証してくれる組織があれば十分なのです。特に地方の国立大学はそういう教員が安住しやすい組織風土があります。潜在能力はありながら、研究の深化を言い訳にして殻に閉じこもる人が多いのです。

**――具体的な理由は**

一番の原因は仮に研究領域を広げたとしても、失敗した時に国立大学教員としてのプライドを傷つけられることを恐れているのではないかと感じます。新しい領域にチャレンジするには勇気がいりますが、そこのハードルを越えることを躊躇しているのかなぁー。

**――〝木を見て森も見る視点〟も重要だ、と言われています**

私の40年近い大学教員の経験から考えると、学部は専門のコア養成であり、修士課程はそれを横展開すること、博士課程は分野を絞って深化させることです。その一段高いレベルが、システムとして全体を見る能力、「俯瞰力」です。かつて、世界一の戦闘機ゼロ戦を開発した日本の航空機の技術者集団が粋を集めて取り組んでいる「中型旅客機ＭＲＪ」が何年経ってもうまくいかないのは、日本の技術者が木を見ることは得意でも、同時に森を見ることが苦手なことの証だと感じます。木を見て、森も見れる人材を育てる教育システムが出来たらいいなぁ、といつも思ってきました。

**――大学改革プロジェクトとして「女性研究者の増加」を掲げてこられましたが、これも大学の閉塞感を打破する手段になると考えられたのですか**

大学（教育界）は保守的な社会です。大学にイノベーションをもたらすには多様性が必要であり、女性の力はキーとなると考えてきました。大学における男女共同参画プロジェクトを実行するには「学長の社会の動きを見極めたリーダーシップ」と「それをサポートする学内集団」が必要です。その大学の取り組みが、地域を変え、日本を変えることにつながると確信して取り組んできました。

**――女性の活躍は、いまの日本の停滞感と閉塞感を打破するために早急に改善しなければならない重要課題です。それが分かっていながら、なかなか進捗しないのはなぜでしょうか**

一般には男性側の無意識の偏見があるといわれていますが、大学だけで解決できる問題ではないのです。家庭教育を含む子供のときからの教育が必要です。女性教員との議論では、「男性が悪い」と言われてしまいます。十分な質を満たせば女性教員も公平に評価すると言ってきましたが、絶対的にマス（対象となる女性教員の数）が少なすぎます。優秀な女子学生に大学院進学を進めても、親が反対するので止めます、という答えが大半なのです。

※世界経済フォーラム（WEF／ダボス会議主催団体）の男女平等ランキング（2019）で日本は153カ国中121位に沈む。特に政治分野では144位で安倍政権が掲げてきた「女性活躍推進」とは裏腹に改革は全く進んでいない。アジアでは中国（106位）、韓国（108位）、インド（112位）にも後れを取っている。

――地方の国立大学は「グローカル」でなければいけないというのは

地方（地域）においては国立大学が最も海外との交流が質量ともに大きいと思います。地域においてもグローバル化は必須ですから、世界のスケールで、地域を眺めて、あるべき方向に地域を引っ張っていくのが、地方国立大学のこれからの使命です。ですからグローバルな視点&ローカルな目線を同時に持つことが地方の国立大学（にとっては不可欠）の要素です。

――それで「国立大学なのになぜローカルなの？」と言っておられるのですか

相変わらず地方という意識が抜けきれない教員がいます。地域の研究課題はグローバルな課題に比べてレベルが低いという〝思い込み〟です。最大の問題は教員の海外体験の有無です。すべての教員は短期・長期に関わらず外国生活体験がないといけません。その体験によって自動的に自分なりのグローバル目線とグローバル人脈ができます。

――岩手大学の教員約400名のうち外国生活の経験がない人は何％くらいいるのですか

1週間程度の国際会議等の参加経験はほとんどの教員が持っています。しかし数カ月から数年という比較的長期に外国に滞在し、生活を体験した教員は20％もいないのでは。

## 震災復興と岩手大学

――東日本大震災は貞観（平安時代）以来の1000年に1回の地殻変動による「大災害」でした

大震災の復興活動は自治体や国の大きな事業です。スケール的には、時間、距離、個人や全体などの「立ち位置の違い」によって評価が違ってきます。でも結局はビルト・バック・ベターのベクトルが必要であり、大学を含むそれぞれの立場から最適解を探していくことが必要です。当然、この活動は今後も継続していかなければいけません。結果として、被災地のみならず全国の地方創生あるいは世界の地方創生に貢献できると思っていますし、またそうしなければいけません。

**――ビルト・バック・ベターとは**

文字通り、復興は元に戻すことではなく、新たなシステムを創出することによって地域にイノベーションを起こす活動です。そのイノベーションは経済の活性化だけでなく、生活様式を変化させ、人間の生き方（価値観）や文化にも影響を与えます。

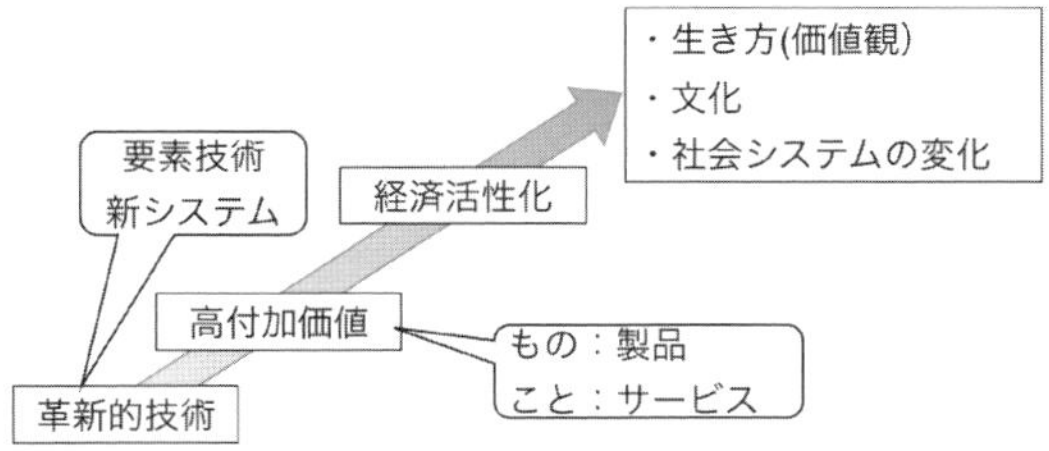

復興のイノベーション

**――岩手大学がこれまで９年間、三陸復興で取り組んできたプロジェクトは「地方創生に欠かせない大学主導型の地域イノベーション」と考えていいのですか**

我々の活動は全体から見れば限定的です。しかし大学が頑張っている姿を地域に見せることで地域の人は元気が出ます。人材育成や教員の派遣が地域イノベーションを引き起こすきっかけになったので、そう言えると思います。

**――陸前高田のグローバルキャンパス（ＲＴＧＣ）はその拠点なのですか**

岩手大学では三陸復興に関わる拠点を釜石と陸前高田に置いています。ＲＴＧＣは世界中の研究者・学生の交流拠点として、陸前高田市・立教大学と連携して２０１７年に設置しました。

**――これまでの成果は**

陸前高田市長は個々に陸前高田に入った大学生のボランティアグループに中高生を含む市民との交流を求めています。市長の要請に応えて、岩手大学も春の大学祭を協働で行いました。また、復興過程を見ながらの研究者間のシンポジウムの開催や自治体職員対象の防災・危機管理講座、国内外の政府・自治体職員等の訪問受け入れなどをやっています。ハーバード大学の学生は海外インターンシップの一環として夏に来て市民や企業人、岩手大学生との交流を行いましたが、〝被災しなかった同業者の共助におどろいた〟と報告しています。日本人ならではの行動だと思います。また中東から来た調査団は、復興活動に対する岩手大学の幅広い取り組みに非常に驚いたと言っていました。

**――震災復興に果たす岩手大学の役割は、9年間でどのように変わってきましたか**

最初の5年は復興事業に注力しましたが、後半はその経験を教育・研究に活かす方策を考えてきました。2017年にそれまでの大学院3研究科を「総合科学研究科」に統合しました。同時に、新たに「地域創生専攻」を立ち上げ、それまで学部横断的に行った復興活動としての教育プログラムと研究テーマを、「産業の再生」「コミュニティの再生」「防災教育の推進」「心のケア強化」に集約しました。

**――岩手大学が震災復興プロジェクトで、もっとも注力してきたのは水産業の復興ですね**

岩手県で東日本大震災の被害が最も大きかったのは大津波に直撃された三陸沿岸地域です。岩手県の三陸沿岸は日本最大のリアス式海岸で、ホタテ、海藻、ホヤなどの養殖が盛んな地域でした。また沖合は寒流と暖流がぶつかり合う世界の3大漁場の一つです。その水産業が壊滅的な被害を受けたわけですから、水産業の復興が岩手大学の最大のテーマになるのは必然の流れでした。しかしそれまで、岩手大学には水産関連の研究者は皆無でした。しかも躊躇している時間はありませんでした。それで震災から1年後の2012年春に、とりあえず復興推進機構内に「水産部門」を編成、新たな水産研究教育の体制整備に着手したわけです。2013年3月には釜石に水産研究センターを設置、2016年4月には農学部に水産コースを設置、その1年後の2017年4月には大学院総合科学研究科に地域創生コース設置と体制を整備しました。その間、日本の水産研究をリードしてきた東京海洋大学や北里大学、そして北海道大学、愛媛大学など全国の水産研究・教育の第一線の先生方に全面的な支援をいただきました。本当に感謝しています。

**――岩手大学の水産研究・教育の特色・独自性は**

私たちは三陸の水産業復興のための《実学としての水産人材養成》に力点を置いています。それでMOFF (Management of Fishery and Foods) の人材育成を提案しているわけです。MOFFは水産業を水産環境、水産資源、水産加工、水産流通など水産業全体を俯瞰して判断できる人材育成を目指しています。また魚を採る漁業から養殖する漁業へという変化を目指しています。

**――２０１７年度に大学院3研究科を「総合科学研究科」に再編されましたが、この狙いは**

そのきっかけになったのは２０１５年3月に仙台で開催された「国連防災会議」でした。岩手大学は復興支援活動のセッションを設けて、それまでの取り組みを紹介しました。そこで出た質問が〝岩手大学が全学をあげて復興活動を続けてきたことは理解できるが、大学としてこれまでの復興支援を教育・研究にどのように生かすのか〟でした。そのことが学部の壁を低くして、新たな教育・研究に挑戦することを目的とした「総合科学研究科」の新設につながったわけです。復興活動では学部の壁など意味の無いことでしたので、それを教育組織に導入したわけです。

**――鹿児島大学でも国大協の後援で、年1回防災シンポジウムをやっています。鹿児島県には桜島をはじめ人が住んでいる活火山が離島を中心に、10カ所近くありますし、土砂崩れを起こしやすいシラス台地が県内に広がっているので、防災教育は火山防災と土砂防災がメインです。集中豪雨や土砂崩れなど、これまでにない局地的な災害が多発しているいま、国立大学の防災研究・防災教育の（国民へ向けての）全国ネットワーク化が重要テーマでは**

確かにネットワーク化は必要です。私たちも国大協の支援の下、２０１８年には防災・危機管理に関する国際会議を開催し、国内外の研究者１５０名程に集まってもらいましたし、昨年は仙台での国際防災会議にて初めて東北大学、福島大学、岩手大学の学長のパネル討論を行い、連携の必要性を議論しました。また、12月の熊本地震での復興フォーラムにも参加し、復興における大学の役割について意見交換を行いま

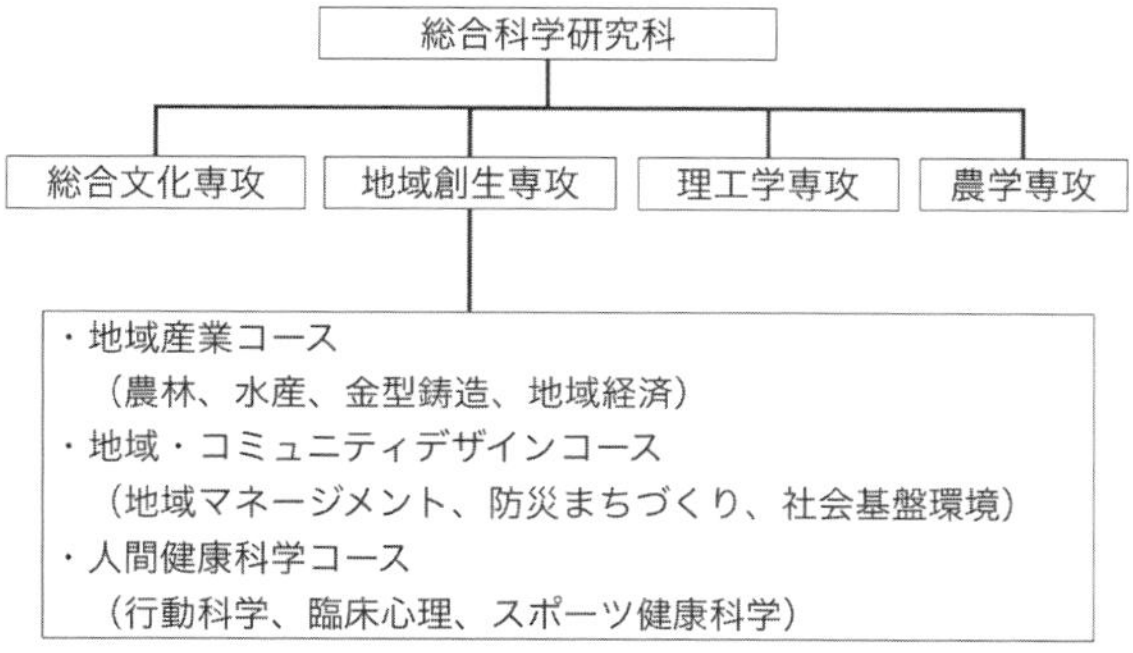


**岩手大学大学院総合科学研究科の組織図**

した。

——熊本地震復興フォーラムの「復興における大学の役割について」ではどんな意見が出ましたか

役割の大きさは（常日頃からの）大学と地域との関係の深さによります。全学で取り組むのか、関係・関心のある先生や学生のみが復興に貢献するのか、など姿勢の違いです。岩手大学のスタンスは１０００年に一度の災害に遭遇したわけで、〝勉強より重要なものがあるでしょう〟というものでした。

——全国の地方からの「首都圏への人口流出」や「地域コミュニティの衰退・崩壊」は、いま日本が抱えるもっとも深刻な国家的課題では

そうですね。日本の多様な自然と長い歴史の中で築かれてきた地方の農村や漁村や山村の「地域共同体」が、人口流出や高齢化、出生率の低下で、存亡の危機にあります。その典型的な事例が、大震災によって崩壊させられた三陸沿岸部のコミュニティではないかと思っています。

——三陸沿岸のコミュニティ復興プロセスではどんなことが起こったのですか

この震災では被災者は避難所、仮設住宅、公営住宅と住処を換え、その都度コミュニティの崩壊、再生を経験してきています。その再生に今も本学のスタッフもお世話をしていますが、基本的には自助を促すことに注力しています。被災前から人口流出はあったわけで、それは故郷に対する意識の変化があったからだと思います。昔は家を守るという意識を共有していましたが、科学技術の進歩に因るのでしょうが必要な時に田舎に帰る、帰れるという意識に変わってきました。ですから故郷を愛する気持ちは変わらなくても、別に沿岸部に留まる必要性を感じなくなったのだと思います。避難先の都会の方が生活する上では便利ですから。ですから居住人口は減少しても、関係人口、交流人口でコミュニティを維持しようという動きに変わっています。

## 地方創生と岩手大学の役割

——岩手県で生活する魅力を学生に認識させる教育はどこまで進展していますか

岩手大学は岩手県出身者が40％でそれ以外からの学生

も多くいます。ある時、学生から「青森出身ですが、岩手に就職しないとだめですか？」と質問されました。その時、「問題なのは岩手に留まることではなく、それぞれの地域の活性化であり、岩手で学んだことを青森で活かすことは全く問題ありません」と答えました。故郷で時代に合った生活ができればわざわざ故郷を出る必要はありません。故郷には脈々と流れる歴史があり、文化があり、自然があります。県域で考える時代ではないと思います。東京は経済的には豊かに見えますが、通勤電車で1時間揺られるのと、自家用車で通勤できるのと、自宅の畑で採れた野菜で食事するのとでは、どれが豊か幸せかという話です。

**――新しい農業を基軸とした岩手県の地方創生策を岩手大学のプロジェクトとして内閣府の地方創生事業の事前相談までなされたそうですが、なぜ申請されなかったのですか**

大学という立場で述べれば工学系は様々なプロジェクトで地域企業等と連携をとってきましたが、農学系は岩手大学のオリジンみたいなものなのに、チームを作ってプロジェクトを推進した経験があまりありません。農学は科学をベースにした実学という意識で2年前に新たな「次世代アグリイノベーション研究センター」を立ち上げましたので、そこのてこ入れ的な意味もありました。岩手にとって製造出荷額増は簡単でしょうが、農業という基盤が衰退すれば岩手の歴史・文化にとっては痛手です。食糧の確保は国を守る要素の一つですが、その点を政府は理解できないということです。農業を維持する方策を地域と一緒にトライしようというものですが、県庁も採択される見込みがないと、尻込みをしてしまいました。

**――おかしな話ですね。それでも岩手県にとって農業の見直しは必要ですか**

岩手県の位置づけを考えた時、やはり食糧供給県であることは事実です。本学のこれまでの産学官連携を考えると工学系なり工業はこれまでの産学官連携の取り組みを自力で道を開くことができました。

それに比べて農学系なり農業・漁業での連携はそれが遅れていると実感しています。特に実学としての農学で大学が新たな農業を先導する姿勢を示すことが重要だと今でも考えています。それが岩手にとっては最もプリミティブなアプローチだと考えるからです。

**――岩手県の総合計画（2019~2028）の審議委員会**

の会長をやられたそうですが、一番の問題は何でしたか

県民計画は県民全体のためのものです。しかし、これまでの計画は「県庁の、県庁による、県庁のための計画」の感がありました。計画は県民のものであり、全員の協力があってこそ意味があります。当然大学も大きな役割を担わなければいけないと考えてきました。

——岩手県の総合計画には「県民の幸せとはなにか」が大きな柱として組み込まれています

岩手県でも地元の大学の卒業生は、より条件のいい就職先を求めて東京などの都会へ出て行ってしまいます。大震災で住む場所や仕事をなくした人の県外流出を見るたびに、経済的な価値観を優先してきた戦後高度成長期の日本人とは異なる新たな価値観への転換が必要ではないかと感じてきました。ＯＥＣＤが提言してきたBetter Life Indexのような新しい価値観が、東日本大震災に直面してきた我々に課せられた使命だと認識しています。岩手県が総合計画の柱として「県民の幸せとは何か」を掲げているのは、そのような認識に沿ったものです。

——長野県は信州創生を担う高等教育振興の基本方針を策定していますが、岩手県（県庁）の高等教育バックアップ体制はどうなっていますか

長野県に倣って、岩手県にも大学の戦略的なサポート体制を作るように提案しました。昨年（２０１９年）県庁に「学事振興課」が設置されましたが、文科省のいう「高等教育地域連携プラットフォーム」の設置にはまだ至っておりません。大変残念に思っています。

——ともあれ、「いわて高等教育地域連携プラットフォーム」が２０２１年には設置されるそうですが、何が不十分なのですか

端的に言えば国の政策に対する姿勢ではないかと思います。文科省から高等教育地域連携プラットフォームの構想が国大協の会議で説明されたとき、岩手大学は岩手県にこのための準備をしよう、まだ決まっていないからこそ岩手の実情を反映させた構想案を提案できると言ったのですが、この事業の最終答申が決まるまでは県庁は動けない、ということでした。まさに待ちの姿勢です。そういう姿勢だと、事業内容が決まってしまえば、それに従うことしかできなくなります。

※「長野県高等教育振興基本計画（平成28年5月策定）：「個人の能力を活かす郷学郷就県づくり」のキーワードの下、知識基

盤社会への移行を踏まえて長野県の競争力の確保のため、県内の高等教育機関が重要な役割を果たす必要があるとして、県内の高等教育振興のために策定した基本的な方針。その担当部局として県庁に「高等教育振興課」を設置した。

## ――地域プラットフォームとは

18歳人口が減少すれば、現在の大学の入学定員は縮減せざるを得ません。国立大学の定員も当然その対象となり、県の人口減少比率に応じて、岩手大学の定員削減が割り当てられることになります。２０４０年に人口減少が20％（現状比）にもなれば、定員もそれだけ減り大学は存在できなくなります。それに対抗するためには、地域での高等教育戦略が必要なわけで県の（財政的）支援も必要不可欠になります。だからその議論する場を作りなさい、というのが文科省の地域プラットフォームの設置要望理由です。岩手県はこれまで「教育」は教育委員会マターで高校教育までという考え方です。大学等の高等教育は岩手県立大学を設置しているのですが、国立大や私立大を総合した高等教育の戦略は県の考慮外という考え方です。岩手県の人口の社会減の60％は高校卒業後の流出ですから、このまま放置すると岩手県内の高等教育機関は成り立たなくなります。県としてそれでいいわけはありません。

※２０２１年６月９日に「いわて高等教育地域連携プラットフォーム」が設立された。

## ――地方の県はどこも同じ課題を抱えているわけですが、動きが鈍い気がします。ところで、全国的にもユニークな「いわて未来づくり機構」はどんな活動をしているのですか

いわて未来づくり機構は、岩手県の総合的な発展を目指す、県内の多様な組織のネットワークで、平成20年に設置されました。商工会議所連合会会長、経済同友会代表幹事、岩手県知事、岩手大学学長の４名が共同代表を務め、事務局は県庁です。

## ――どういう機能があるのですか

それぞれのリーダーが会して、組織の利害を超えて（県全体の）方向性を共有・提案すること、そして知恵と行動力を結集して実践することです。しかし実際は、組織の裃を脱いで自由闊達なリーダーの意見交換が十分になされなかったことが残念でした。

**――岩手大学と岩手県の連携を考えるとき30年を超える歴史のあるＩＮＳ※の人的・研究・情報の蓄積は大きな資産です。岩手県の地方創生の重要な「プラットフォーム」を担ってきたＩＮＳは今後、どういう役割を担うのですか**

間もなく30年経ちますが、ＩＮＳも曲がり角にあると思います。我々は第一世代ですが、その思いや価値を、今のメンバーは十分理解しておらず、活動をルーティン的にこなしているだけです。状況の変化に合わせて「岩手を変えていく」という強いメーセージを活動を通して発信していくべきだと思います。コロナで延びのびになっている総会後に会長になる予定ですので、新たな産学官連携の形を創生したいと考えています。

※ＩＮＳ（Iwate Network System）：１９８０年代にスタートした岩手県内の産・学・官・民・金の交流のネットワーク。当初は科学技術と研究開発を目的としていたが、現在はマーケティングや国際交流や女子会など、ソフト開発のジャンルにも広がっている。

## 社会科学のスケールシフト学

**――ご著書『「スケールシフト学」考※』と『スケールシフトで考える地方と中央※』、興味深く読ませていただきました。「田舎度」など非常に興味深い指摘が多く、考えさせられました**

書籍『スケールシフトで考える地方と中央』

※『「スケールシフト学」考』（岩渕明／白ゆり出版部／２０１８・３）、『スケールシフトで考える地方と中央』（同２０２０・３）

ありがとうございます。もともとは工学的研究の立場から考えてきたことですが、立ち位置を変えることで、見方・考え方を変え、新たな最適解を導出するための学問と定義しています。まだ完成されたものではないので「考」としています。限定された条件の中で得たこれまでの研究結果に対し、「特異解」として考えるべきものを「一般解」として見なしてしまったことに対し、「それでいいの？」と自問することの重要性を問いかけたものです。私の研究で得た成果が、企業にとっては必ずしも有用なものではなかったという現実に直面したことがあり、その理由を考える必要性を痛感したのがスケールシフトを考えるきっかけになりました。この思考過程は社会科学にも十分適用できると思っています。

**――特に「スケールシフトから考える企業トップの資質」の部分で、中小企業のトップに要求される能力を分析されたわけは**

社会科学分野に適用できると考えたのが、企業の規模と社長の資質でした。本当は大学の規模に応じた学長の資質を考えたかったのですが……。

**――かつての高度成長期を支えた日本の大企業の人材育成は一流大学の学部卒（バチェラー）を採用し、あとは会社の社風に合うように、実務を通じて専門能力を鍛えればいいという、いわゆるオン・ザ・ジョブトレーニング（ＯＪＴ）でやってきました**

日本に必要なのはイノベーションです。ＯＪＴでは新たな発想は生まれないと思います。進学率をスケールに考えると容易に判断できます。アリの社会に準じれば、組織の方向性（戦略）を考えられる意識の高い人（リーダー）は20％、強い意見はないが最終的には賛成して協力する人が60％、我関せずの人が残りの20％という分類ができるそうです。大学進学率や大学院進学率を基準に「組織のリーダー」養成を考えると私の世代（昭和40年代学卒）の大学進学率は約20％でしたが、現在の大学進学者は約50％で、40年前の普通高校への進学率と同等です。したがって統計学的に言えば大衆化した大学卒業者が社会的ステータスを持つことはもはやありえません。しかも日本の大学院進学率は40年前、数％でしたが、いまも約７％で、日本の人口１００万人当たりの修士号取得者は６２０人ほどしかいません。イギリスでは３７６０人、アメリカでは２４００人ほどいて、理系のみならず、法律・経済・教員教育系も多くいます。欧米では政治家や実業家でも修士博士は当たり前なのです。閉塞した日本を変えていくには多様性が必要であり、質の高い議論をするには分野の異なる様々な高学歴者が集まっていることが必要だと思います。学歴偏重といわれるかもしれませんが、従来のＯＪＴでは、もうイノベーションは起こせません。

**――ところで『「スケールシフト学」考』の冒頭に地球温暖化問題は、時間軸を１０００年、１万年のスケールで見ると**

見かたは違ってくると書かれています。現在の環境問題をスケール学的に考えると（温暖化防止の努力は必然としても）過剰に心配することはないと考えていいということですか

何もしなくていいとは考えてはいませんが、重要なのは議論の多様性を尊重することです。やはり東日本大震災の状況を見れば「人間は自然にはかなわない」というのが実感です。マクロ的には「人間は自然に生かされている」という自然観を受け入れることが必要ではないでしょうか。盲目的に流されることが最も危険だと思います。

――「地方の立ち位置（スケール）」から令和日本の将来像を考えた場合に、地方の各地域が自ら自立・自転する戦略を立て、それを実践して、それぞれの地域が個性を発揮することが強い日本を創ると考えておられるのですか

その通りです。これまでの地方行政は中央政府の顔色をうかがいながら中央政府の方針に沿って施策を行ってきました。お金をもらうためには仕方ないかもしれませんが、中央は現場（地方の各地域）を知らないので頭で考えた施策を提案します。すると均一な地方になってしまいます。日本の強みを多様性ととらえれば、それぞれの地域が歴史、文化、産業など個性がありますから、各地域はその独自性（多様性）を主張しなければなりません。それを地方の自立と呼んでいます。（中央政府の）植民地からの独立ということになります。

――日本の強みを多様性ととらえておられますが、いまの日本はその多様性が生かされていないということですね

中央を中心とした政治では地方は画一的となります。イノベーションの原点は多様性であり、地方の各地域が独自の文化、風土、歴史、産業力などの戦略で個性を発揮することが必要です。グローバルな視点での均一化は危険だと思います。今回のコロナ禍においても危険度が高い東京と低い岩手が同じ対応することに疑問があります。地方は、もう少し緩やかな対応でもよいのではという意味ですが、東京の指示待ち（方針待ち）ではなく状況に応じた対応を各地域で考えることが必要だと考えます。

――『スケールシフトで考える地方と中央』の中で「田舎度」という考え方を提案されています。この「田舎度」は、地方の立ち位置を首都圏との相対関係で見直す有用な判断基準になりそうです

地方と言ったときに、画一的ではないというか、地方の各地域にも格差があります。見方により仙台や盛岡は田舎ともいえますし、都会ととることもできます。十把一からげに「地方」と呼ばれても困るわけです。そこで東京（駅）からの時間距離と人口の大きさで田舎度を定量的に定義したわけです。文化の伝播には時間がかかることを説明するためですが、コロナウイルスの感染者の数はバラツキはありますが、まさに田舎度と相関があると考えています。岩手県では現在（２０２０年6月15日）でも感染者はゼロです。これは驚異的なことと思います。「田舎度」で計算すると盛岡でも10人ぐらい出てもいいのですが。この理由は知事の判断で、東京エリアとの人的交流のみならず、飲食店での交流もシャットアウトしたことが最大の理由ですし、県民が真面目にそれに従ったという県民性もあると思います。その結果、自粛によって経済活動としては他地域と同様のダメージを出していますが。地方の各地域がポストコロナでの戦略を考える上では有効な指標ではないかと思っています。

――「田舎度」をポストコロナの（日本再生）戦略の基準として使う場合、どんなことに応用できますか

コロナ禍では東京一極集中のリスクが指摘されています。ということは田舎度に比例してリスクが小さいことを意味します。それを逆手にとって、地方に人を戻す、呼び込むチャンスだったと思います。大学で言えば、東京の大学に行かなくても岩手大学はリスクが小さいので安心して来てください、平常の大学生活が送れますと。しかし地方は政府の対応案待ちで、「東京からは来ないでください」と発信しています。状況を自分で判断し、対応案を自分なりに考えなければいつまでも中央に従属したままです。

地方は経済指標では劣りますが、それぞれが自然、文化、歴史の良さを持っています。それに「安全・安心」を加えることができます。田舎度で見れば地方と言っても格差はあります。様々な議論の中では黒か白かで判断する傾向が強いと感じているのですが、もっと定量的な議論をすべきです。田舎度という定量的な指標で自分の立ち位置を理解し、それぞれの地域がそれに応じて政策を考えることができれば面白くなります。

# 第8章●地方国立大学の喫緊の課題

## （1）広報力強化

「広報力強化」は地方国立大学のもっとも重要な課題である。その理由は2つある。一つは「大学自身の個性と競争力を社会に発信しなければいけないこと」、もう一つは「大学が立地する地域の活性化と持続可能性の実現にどう寄与（貢献）するのかを発信しなければいけないこと」である。

地方国立大学に国民の関心が向き始めたのは2020年初めに日本列島を襲った新型コロナパンデミックがきっかけだった。一般的な国民は、地方や田舎暮らしにはどんな良さと不便さがあるのだろう、と考えている。しかし「田舎に移住しましょう！」という行政（自治体の）のPR（勧誘）はあっても、地方（地域）が歴史的にどんな地域で、将来どんな地域を目指しているのかの情報発信はほとんどなされていない。地方や田舎の「将来構想（ビジョン）」は中央の意向を気にせざるを得ない行政では限界がある。だから総合的・俯瞰的・科学的に分析した中長期の地域ビジョンは「文理融合の知の拠点」である地方国立大学にしかできないのだ。しかし、地方国立大学にその認識と使命感があるとはとても思えない。地方国立大学は「自らの生き残り」と「地域（地方・田舎）の生き残り」はコインの裏表であることに早く気付くべきである。それは広報力（情報発信と情報受信）強化（＝大学の見える化）が唯一最大の推進力であることを認識すべきだ。そのために直ちに実践すべきことをいくつか挙げてみる。

○学長の「顔」を全国に見える化する＝政治から経済、暮らしなど、学長の考えを県内はもちろんのこと全国に発信することが重要である
○学長と知事の対談を年1回実施する＝県民に対するインパクトが大きく、県庁の幹部と大学の幹部、双方に問題意識と危機感が生まれる
○地方国立大学に対する3分野（県民・県内自治体・県内企業（産業））のステークホルダー（利害関係者）の定期的な意識調査の実施。大学が考えるほど、地域は大学のことを知らない、関心もない。まず大学に関心を持ってもらう謙虚な姿勢と（要望を積極

的に把握する）真摯な姿勢と行動が不可欠だ

## （2）「国立大学地域交流ネットワーク」の再構築・強化

いまから20年くらい前に、当時の鹿児島大学学長だった田中弘充先生たちのグループは驚くべき先見力で、国立大学独法化のアンチテーゼを提案した。「**国立大学地域交流ネットワーク構想**」である。以下の構想を文科省に提出している。

「（国立大学の）**独法化問題は、結果的には当局側の力の勝利に終わったが、全国立大学の最大で半数近い学長が集まる研修会を重ねる中で、提言「国立大学地域交流ネットワーク構築」という貴重な成果を手にした。そこでは、**競争原理と効率化に価値をおく独法化に対峙しうるア**ンチテーゼとして地域と全面的な交流・連携関係を築き、全国に張りめぐらした大学間ネットワークを通じて、地域が抱える多様な問題の全面的な解決を図ることで、共生の思想をもとにした21世紀の「持続可能な社会」の形成につながると考えた**」（Between 2003.01.02「特集　地域貢献の新しいかたち」より引用）

この構想は、中央集権体制の綻びが地方の現場で露見しているいまこそ、また地方国立大学の効率化がさらに迫られているいまこそ必要な理念でありシステムである。ただ、いま必要なのは「全国大学ネット」ではなく、「近隣大学ネット」である。先行して設置された「北東北国立3大学ネットワーク」（弘前大・秋田大・岩手大）の経験が参考になる。（本章 COLUMN ①参照）

この近隣地方国立大学ネットの推進に当たって、新型コロナ感染対策として（特に大学で）実践された「リモート授業やリモート会議」の経験は「強い追い風」だ。対面授業とリモート授業をうまく組み合わせれば、地方国立大学の知の拠点としての能力を飛躍的に高めることが可能になる。

**参考文献**

コラム「回想の国立大学地域交流ネットワーク」田中弘充（『検証　国立大学法人化と大学の責任』東信堂／187頁）

## ▼COLUMN①

# 北東北国立3大学ネットワークについて

岩渕明前岩手大学学長に聞く
（2021年10月1日取材）

**——北東北国立3大学（弘前大学・秋田大学・岩手大学）ネットワークの設置の経緯とその目的は**

すでに15年以上経ちますが、当時の3学長が連携の必要性を考えてスタートしました。正確に言えば、平成12年（2000）2月に3大学学長懇談会が開かれ、今後の大学間連携を話し合ったようです。そして同年8月に北東北国立3大学連携推進会議が発足しております。当時遠山プランの構想案が出されて、(特に教育学部の改廃・統合などを迫られ）東北地区の国立大学が独自に生きることの難しさを感覚的に持ったものと思います。方向性としては東北大学と連携する（東北大学岩手校など各校は学部教育までを主として行い、東北大学は大学院大学として立ち位置を変える）道もありましたが、東北大学と一線を画して残りの6国立大学でタッグを組もうという案もありました。その中で北東北3大学がまとまりやすいということで具体化したと思います。2016年には運営交付金の減少と人口減少の課題が見えてきて大学統合の話が再浮上しました。学長同士は合意したのですが、教育研究的には分野の重点化など種々の課題解決に構成員の理解を得ることが難しいということで、連携統合の話は立ち消えになったのです。

**——このネットワークで、これまでどんな活動をやってこられたのですか**

当初は、①共通教育、②共同研究、③共同のシンポジウム企画、④国際交流、⑤職員の相互交流（2年任期）などがありました。単位互換の講義などをそれぞれ提供していますが、受講者が多くないという問題があります。共通の地域課題に取り組むはずの共同研究もうまく進みませんでした。

**——今後、この3大学ネットワークを発展的に再強化するために何が必要ですか？**

大学のリーダーの意思統一は当然ですが、個人的には県域の壁を低くすることだと思います。東京一極集中が悪いといっても、県単位で完結型の高等教育をまかなうのは不可能です。廃藩置県から150年経ち、交通網の発達、情報技術の発達を考慮して、「新たな枠組み」を作らないといけないと思います。近隣の大学が補完しながら文化や歴史、自然の似たような少し広い範囲で連携すると考えれば、北東北3県は適切な組み合わせだと認識しています。

**――北東北国立3大学ネットワークのほかに、いま、注目すべき地方国立大学の連携のケースはありますか**

北海道内の北見工大、帯広畜産大、小樽商大の連携が面白いと思います。それぞれ単科大学的で分野が重複しない利点があります。研究・教育では独立的に運営されるでしょうが、距離的には互いに200km以上離れていますので、問題は、経営的にどの程度効率化できるかでしょう。一方、北東北3大学の場合は学部の重複があります。学部等の統合再編は経営的には大きなメリットがあります。前提として北東北3県の知事や県民が県を越えた連携なしには地域が存続できない、と選択（認識）すれば、大学の連携も動きやすくなると思います。

**――特に地方国立大学は教養科目を「リベラルアーツ科目」と「地域学」を売りに再編成すればインパクトが大きいと思います。対面とリモートを組み合わせれば他大学の教員も自由に招へいできるので、地方国立大学の教育の質は飛躍的にレベルアップできるのでは？**

その通りです。対面の集中講義形式よりは可能性があります。人件費削減も期待できます。

**――地方国立大学のCOC機能強化を戦略とした、いくつかの（近隣）国立大学の（統合に代わる）ネットワーク化は、「横ぐし、文理融合、共同研究、情報公開」を〝錦の御旗〟にして、県民や国民に目に見える形で提示する必要があります。そうすれば、地方行政マンの限界、議会の能力不足を補って、日本再生の切り札になるのでは**

〝県域の壁を大学連携で突き破る面白い発想ですね。岩手大学は〝地域を先導すること〟を私の時にビジョンとしましたから。かねてから課題になっている《地域高等教育連携プラットフォーム》が全国各地で機能し始めることを大いに期待したいと思います。

＊2021年10月に創設された「北陸未来共創フォーラム」がお手本になる。（序章参照）

## (3) 新しい「地域学」への挑戦

「地域学」は地方国立大学が、全力を挙げて取り組むべき学問である。また「地域学」は地域という狭い括りでなく「地方学」というアプローチも必要だ。「地域学」の重要性を最初に指摘したのは、2001年6月26日の日本学術会議の「地域学推進の必要性」提言だった。それから20年経って「地域学」が、いま注目される理由は3つある。第一に日本の中央集権体制の弊害が看過できなくなった結果、自主・自立・自転する地域をどう再構築するかが喫緊の課題になっていること。第二は、新型コロナパンデミック後に、人口密集地域である「関東圏・中部圏・関西圏」から地方・田舎(の地域)へ企業やヒトや行政機能を移動させることが緊急課題になっていること、第三に、日本の地方(=地域)にとって不可欠な「グローバル化」を、歴史軸・文化軸・地理軸で検討する必要性が高まっていること、である。

以上の3つの課題を、総合的に研究・企画・啓発できる機能(組織)は、地方国立大学にしかない。首都圏や関西圏の大学が、個別に、あえて言えばつまみ食い的に共同研究や個別研究でやれることではない。国の施策とは一線を画した(地方国立大学が中核となった)地域密着型の発想と分析が不可欠である。以下の3つの視点が考えられる。

○近隣の国立大学が数校連携して県域を越え地域(地方)に共通するテーマを模索する視点(例、四国遍路文化圏、南九州黒潮文化圏、北東北縄文文化圏、南紀・自然文化圏など)

○ポストコロナの日本の国家統治構造を地域(地方・田舎)から見直す視点

○アジアというフィールドで考える地政軸と日本の縄文時代に遡る時間軸で考える視点

歴史学者の山室信一京大名誉教授が《日本の地方や地域は海を越えて渡ってきた人々や文化との交流によって生成し、変容してきた。また国家や首都を通さない地方と地方のつながりの中で歴史は刻まれてきた》と指摘していることが参考になる。

**参考文献**
『黒潮の文化誌』（日高旺／南方新社／２００５）
『四国遍路の世界』（愛媛大学四国遍路・世界の巡礼研究センター／２０２０）
『地方の論理』（小磯修二／岩波新書／２０２０）

## （4）「平和学」関連科目の拡充

20世紀は「戦争の世紀」であった。日本は明治維新から西欧列国に肩を並べることを国家目標にして、富国強兵への道をまい進した。その結果、日清戦争では1万4千人、日露戦争では8万5千人が命を落とした。その流れの中でアジア・太平洋戦争へ突き走り、３３０万人とも言われる日本人が命を落した。その悲惨な戦争の反省から、日本は二度と戦争をしないと誓った。「平和国家」は日本の国是である。なぜ日本はこんな悲惨な戦争を引き起こしたのか、世界から戦争をなくすにはどうしたらいいのか、大学教育の中で総合的に「平和」を考えることはアジア・太平洋戦争で命を落した日本人に対する今を生きる日本人の責務である。しかし国立大学法人の「平和研究や平和教育」は決して十分ではない。そんな状況の中で注目すべき取り組みがいくつかある。そのひとつが、愛媛大学の「平和学」関連科目である。担当の法文学部和田寿博教授に聞いた。

**――これまで、「平和学」に注力してこられた理由は**

私はすべての学問・科学・教養・文化芸術は平和のために、平和とともにあり、大学では（細分化された分野の）研究や教育に留まるのではなく、実際の戦争や平和の実現のための「総合的な研究（成果）」を対象とする「平和学」こそが求められていると考えるからです。近年のSDGs推進は平和学と共通することがあります。

**――「平和学」関連の教育科目を実施した経緯は**

愛媛大学は、学部・大学院の授業改善に取り組み、２００１年度以降、新入生などが修学する人文・社会・自然などの教養科目（現在の共通教育科目）を改善しています。当時の主題別科目には大分類で「人間を知る」「社会を知る」「自然を知る」「健やかに生きる」「心豊かに生きる」が設置されました。私は２００３年度より「社会を知る」の小分類の授業「現代社会の諸問題」「地域と世界」などを担当し、2005年度より授業の副題を「戦争体験記録に基づく平和学」、「平和友好学」などとしました。当時の授業改善の担当教員は、私がアジア・太平洋戦争当時の企業や社会に関する調査・研究をしていることをふまえ、副題を「平和学」にすることを助言されました。

――「平和学」の授業内容は

和田寿博愛媛大学法文学部教授

平和学の授業では、第二次世界大戦、アジア・太平洋戦争の戦争体験をもつおじいちゃん、おばあちゃんをお招きし、戦前戦後の暮らしや家族・学校・地域、出征と戦場、勤労動員・学徒動員、空襲、被爆（被曝）、アジアや世界の海外事情、復興、父・兄弟や家族・知人・友だちの死傷や苦しみ、戦後復興、平和な社会づくり、学生に伝えたいことなどをお話いただきました。また韓国、中国（台湾・香港）、アメリカ、ドイツ、ロシアなどを訪問して戦争体験を調査し、アジア・アフリカ、中東、東欧など海外の紛争地を訪問した人、カンボジアや東チモールで平和構築に取り組む人、日本でシリア人の難民支援をする人などの経験を知る機会を設けました。私は戦争体験を日本平和学会の知見などから解説し、学生の考察や交流による共育に取り組みました。

――2004年の国立大学の独法化当時からこの科目を始められていますが、15年以上も続けてこられた理由は？

第一は、2001年のえひめ丸事件、同年の米国同時多発テロ事件とアフガン・イラク戦争などをきっかけに学生が戦争と平和、平和友好に関心を高めたことです。とても大きな意識変化でした。

第二は、今日に至るまで、共通教育科目の授業改善を図りながら、学びの主人公としての学生のおじいちゃん、おばあちゃん、外国人などの戦争体験を「知りたい・話したい・伝えたい」という意欲を尊重してきたことです。学生には「調べ学習」による考察と多様な形で感じたことを表現し、交流する機会を設けました。

第三は、おじいちゃん、おばあちゃんや外国人の戦争体験を知る機会を一期一会として大切にしたことです。授業の終わりに、お互いが「今日は貴重な機会をありがとうございました」と述べることに感銘を受けました。

第四は、当初は〝偏向している〟とまで言われた本授業への偏見が、事実に即して理解されるようになり、戦争体験者や学生・若者、外国人、広く市民の関心を呼び、メディアが報道し、平和学や戦争体験記録が広がったことです。戦争体験者をはじめ多様な人から「あなたは大切なことをやっている」「私も話したい、記録してほしい」「戦争遺品や体験記を寄付したい」「掩体壕などを保存する行動をしてほしい」と激励されるようになりました。

第五は、何よりも学生が平和学や戦争体験記録に関心を持ち、熱心に感想文を書く、空襲被災地や戦争遺構を訪ねて思索する、戦争をふまえたファミリー・ヒストリーを書く、難民や被災者を支援するなど、平和のために何かしたいと言動するようになったことです。

第六は、愛媛大学が、私が平和学の授業を実施することを特別扱いしなくとも、受け入れてくれたことです。背中を押してくれる教員・職員も数多くいました。

**――愛媛大学の平和学関連科目は今後も継続されるのですか**

私は平和学の授業で、学生たちに、戦争体験者のことを知りたい、話したい、伝えたい機会を促しました。しかし平和学の授業の継承は教員の意欲と大学の制度にゆだねられているのが実情です。

**――なぜですか？**

国立大学法人においては、法学・経済学・文学・医学などの伝統的な学問に対して、平和学の学問・学術体制は途上にあり、また理解が進んでいないからだと思います。地上戦や空襲、被爆体験のある沖縄・長崎・広島・東京などの小・中・高校では平和教育が理解され、実践されていますが、その他の地域では教員の裁量にゆだねられています。学部・大学院などの平和学研究・教育も同じ状況のようです。

**――最後にお聞きします。読売中高生新聞が2018年に実施した「ポスト平成に望む価値観」アンケートでは「平和」がダントツ1位でした。その背景をどのように考えればいいですか？**

当時の中高生、今の大学生「世代」は、海外での戦争や武力による威嚇を見聞し、日本の経済格差の広がりと幼少期に始まる生存競争（学歴や出世競争）を感じ、戦争に希望を見出す意見と平和を望む意見が存在します。若い世代にとっては、すでに戦争のような渦中にあり、それ故、平和を望むのでしょう。私が担当する平和学関連科目の受講生が年々、増加し、活発に言動していることからそのように感じます。

**ポスト平成に望む価値観**

| 順位 | 価値観 | 得票数 |
|---|---|---|
| 1 | 平和 | 8623 |
| 2 | 安全 | 6117 |
| 3 | 安心 | 4816 |
| 4 | 自由 | 2897 |
| 5 | 平等 | 2682 |

※読売中高生新聞が全国２万１千人の中学生・高校生を対象に「ポスト平成に大切な価値」を40の選択肢の中から３つずつ選んで投票した。2018年（平成最後の年）秋に実施。
https://www.yomiuri.co.jp/teen/20181119-OYT8T50005/

### 広島大学教養課程の「平和科目」

広島大学は２０１１年から、教養教育科目の中に「平和科目」を設けて、多面的に「平和」を考えるカリキュラムを学生に提供している。２０２１年度の平和科目は31あるが、特に注目されるのは「ひろしま平和共生リーダー概論」（槙原晃二教授担当）である。授業概要にはこう書かれている。広島大学では平和の意味を「すべての人が共生できる社会」と捉え、そのような社会の実現に向けて、身近な地域で課題解決に主体的に取り組むことのできる人材、「ひろしま平和共生リーダー」の育成を目指している。として、３つのテーマ（領域）を掲げている。「平和共生領域（被爆体験の伝承と発信）」「地域共生領域（中山間地域、島しょ部等の地域社会の再生）」「ソーシャル・インクルージョン領域（社会的ハンディキャップを抱える人々が共生できる社会の実現）」を柱として、地域課題を理解し、課題解決への基礎的な考え方・方法論を学ぶ。

### 長崎大学核兵器廃絶研究センター（RECNA）

被ばくを実体験した被爆地にアカデミアの共同教育研究施設として２０１２年に設置された。学問的調査分析を通して核兵器廃絶に向けた情報や提言を世界に発信する。長崎県や長崎市とも連携して、大学生の教育だけでなく地域に開かれたシンクタンクとしての活動を推進している、世界に例を見ない研究教育拠点である。スタッフは大学の研究者だけでなく、ジャーナリスト、官僚ＯＢ、平和活動家など多彩である。

**参考文献**

『戦争というもの』（半藤一利／ＰＨＰ研究所／２０２１）

『それでも日本人は「戦争」を選んだ』（加藤陽子／新潮文庫／２０１６）

『核のある世界とこれからを考えるガイドブック』（中村桂子／法律文化社／２０２０）


## （5）海外留学生倍増

地方国立大学が留学生を数倍増させないといけない理由は明確だ。

①少子化で早晩、日本人の学生だけでは定員すら確保できないことになる。

②（地方の）地域のグローバル化は地域の大学がけん引することがもっとも適切な手段である。

③（地方の）地域のグローバル化（多文化共生社会の実現）は地域の底力のかさ上げに大きく寄与する。

④地域の大学の研究力・教育力＋「地域の魅力」を世界の留学生へアピールすることは日本の活性化につながる。

⑤海外の優秀な人材を地方国立大学に勧誘し、卒業後は地元（もしくは日本）に就職してもらえば少子化日本の活性化に繋がる。

日本の大学の海外留学生はＯＥＣＤ諸国の中でも極端に見劣りする。当面の目標はＯＥＣＤ諸国の平均とし、将来的には歴史的に仕組みが出来上がっているイギリスは難しいにしても、ドイツ並みの学部・修士課程の外国人留学生受け入れを目指すべきである。

**外国人留学生の受入れ（比率）状況**（2016 年度／文科省）

| 留学生比率（%） | 日本 | OECD 平均 | イギリス | ドイツ |
|---|---|---|---|---|
| 学士課程 | 2.6 | 5.1 | 14.4 | 5.2 |
| 修士課程 | 8.3 | 14.5 | 33.9 | 13.8 |
| 博士課程 | 17.8 | 24.7 | 42.1 | 9.7 |

⑥大学のある地方都市を多文化共生都市として活性化させる。地方の国立大学は表現の差こそあれ、かなり昔から「地域に根ざし、世界に羽ばたく○○大学」という理念を掲げている。しかし現実はほど遠いのが実態ではないだろうか？　文理総合型の地方国立大学34校（序章（１）参照）は山梨大学のグローバル化に関する方針の6に掲げられている「キャンパスのグローバル化」に、地域（自治体・産業界・住民）とともに真剣に取り組んでいくべきだ。

## ▼COLUMN②
# 「地方大学のダイバーシティとグローバル対応で地方を再活性化」

西川裕治

新型コロナ（COVID-19）が猛威を振るう昨今だが、それを機に、オンラインでの教育・学習やビジネスの展開が一機に加速した。それは、国内だけでなくグローバルに世界をインターネットでつないだことは疑う余地はない。

COVID-19の影響で従来型の多くの企業には、販売の低下、事業縮小、撤退などの悪影響が大きく暗い影を落としている。ただその一方で、アマゾンを筆頭に、全世界をネットでつなぐビジネスを展開しているネット企業や、物流、特にウーバー・イーツに代表される〝ラスト・ワンマイル〟などを担う企業は大きく業績や雇用数を伸ばしている。ビジネス界においても二極化が急拡大しているのである。

西川裕治氏

さらに、学校、大学、進学塾などの教育分野でも、ネットの存在なくしては十分な授業も事業も実施できない時代になっている。教育分野では、欧米や中国、インド、シンガポールなどのネット先進国では、オンライン授業が一気に導入・展開されたが、日本の教育界では、一部の大学や予備校を除くと、ネット対応に不慣れなこともあり、その実施・普及は相対的には遅れたように見える。「仕方ないからオンラインを利用する」では進化はしない。COVID-19を好機ととらえ、「オンラインを最大限活用して教育界をリードするのだ」という姿勢が学校を含む教育産業の将来を決めるであろう。

インターネット社会の特徴は、何といっても「ボーダーレス」「グローバル」「ネットワーク」の3つの要素である。ほぼ全ての社会・経済活動を、これらの要素と有機的かつ効率的に融合・連携させることが不可欠な時代になったのである。これからの社会では、インターネットへの本格的な適応と対応なくしては、ますますＩＣＴ後進国になっていくことが懸念される。

上述の3要素の根本には、ダイバーシティがある。これまでの日本、特に地方は、ダイバーシティが欠如したモノカルチャーの社会であった。学校、大学、企業も同様である。つまり、全て日本的発想、日本文化、日本語だけが基準であり、グローバルやダイバーシティは、「ついで」や「おまけ」として捉えられてきた感がある。自動車企業など一部のグローバル企業を除くと、歴史的に産業界も日本市場、地元市場を中心にビジネスなどの経済活動を考えてきたように見える。

教育界もしかり。日本のトップ大学ですら、優秀な「日本人学生」を獲得することが最大命題であり、海外からの留学生はあくまでもお客様扱いされてきたように見える。これでは、ボーダーレスかつグローバルなネット社会で活躍できる人材を確保、育成することは容易ではない。勘違いしてはいけないのは、ネット社会という特別な社会ができたのではなく、我々の住む現実の社会全体がネット化しているのだ。

そこで日本はどうしたら良いのであろうか。今すぐに国境を取り払えというつもりは全くない。しかし、日本から全世界で通用する人材を育成、輩出するには、初等、中等を含むあらゆるレベルの教育の中に本格的でダイバーシティを普通の状態とし、若者の意識の中からボーダーを取り払い、世界全体を俯瞰する習慣、能力を習得してもらう必要がある。足元だけを見ていると、足元、つまり地方の変化すら見えなくなるからだ。

具体的には、首都圏、都市圏だけでなく、むしろ人口減少が進む地方の学校や大学においてこそ、積極的に海外からの優秀な留学生を取り込み、お互いに切磋琢磨しつつ、グローバルな視点、習慣および行動力・対応力を獲得してもらう必要があると考えている。

世界の市場・人口は、現在の70億人から90億人へと拡大していく中で、人口1億人程度の日本が、日本だけを相手にしていては確実に衰退することは目に見えている。

現在、世界の産業界を席巻しているのはGAFAM（Google, Amazon, Facebook, Apple, Microsoft）である。彼らは、日本の数倍規模の米国市場に満足せず、全世界を相手にビジネスを展開し、世界中からトップレベルの人材を集めているのだ。そこで、日本の大学や企業が優秀な外国人留学生や若手人材を獲得するにはどうしたらいいのか。それには、自ら世界に打って出るしかない。それは地方の学校や大学にこそ求められることでもある。日本の魅力は海外ではあまり知られていない。筆者は2015年以来、某政府系機関が推進中の、世界41カ国の優秀な若者を日本に短期招へいし、日本の科学技術や文化に触れてもらう事業に携わってきたが、日本に来て日本を嫌いになる若者はまずいない。それどころか、多くは日本の魅力を発見して好きになり、留学や就職などで再来日する若者が徐々に増えている。地方の発展は、世界を知り、世界と交流することから始まる。

日本のGDPや個人所得の伸び率は、伸び盛りの新興国には当然及ばないとしても、成熟した先進諸国の中でも明らかに低迷している。また、科学技術・学術研究所によると、中国は1990年代後半からのトップ論文数シェアの増加が著しい。また、日本は20世紀後半に緩やかな増加が見られたが、その後シェアを低下させている。その一方で、英国、ドイツ、フランスは、1980年代より着実にシェアを増加させているという事実が明らかになったのだ。「天然資源には恵まれなくても、人的資源には恵まれている」と信じていた日本の現状がこれなのだ。

このままでは、特に地方が衰退の一途をたどると危惧される。その一方で、地方の復興、繁栄なくして日本の繁栄はない。それぞれの地方が、グローバルな視野を持ち、それぞれの特徴を発揮して競い合ってこそ、日本全体に活力と活気が生まれると考えている。そこで、将来を担う若者を育成する地方の大学が核となり、地方の再生をリードする他ない。

地方の主要大学が〝地方では名門〟の意識では将来は見えない。自らの特徴、特長を探し出して鍛えなおし、さらに外に向けて発信、つまり広報していかなければ誰も気が付いてはくれない。外に発信しようとすることで、自らの長所にも短所にも気付き、改善、改良のきっかけともなる。

大学広報の例をあげると、「近大マグロ」が近畿大学の知名度を劇的に向上させた。その結果、受験者が増え、受験者が増えれば、当然、大学のレベルも上がる。

高い就職内定率やオンキャンパス・リクルーティング（企業が大学に出向いて新卒採用募集をする方式）で知られるＡＰＵ（アジア太平洋大学）は、当初から日本にはないグローバル大学を目指したが、当初は他大学から冷笑されたと聞く。日本の大学が世界ランキング競争で苦戦する中で、広島大学は、「10年後に世界大学ランキング１００位以内に入る」と宣言し、新聞に全面広告も出すなど広報にも努めた。そして２０２１年のＴＨＥ大学ランキングで、日本での順位が旧帝大群などに続いて10位となった。大学ランキングは無意味だと主張する人もいるが、多くの優秀な学生は、知名度を含むランキングで進路を決めるという現実がある。それを知っていて無視しているとすれば、自らの変革を嫌っていると言わざるを得ない。

地方の活性化において、地方の国立大への期待は大きく、その責任は重い。

**【著者ミニ質問】**

**――プロフィールは**

高校時代にアメリカに留学しました。地方国立大学卒業後は総合商社に勤務し、海外２カ国に駐在しました。企業退社後は海外投資企業関係団体や文科省関係機関のインド事務所駐在など、約50年間グローバル業務を経験し、現在も国際交流事業に従事しています。

**――７年間、若手人材（主として大学生）の国際交流事業に従事されましたが、地方国立大学に箴言したいことは**

地方でしか活躍できない若者に、これからの地方活性化を委ねるのは無理な話です。世界で活躍できる資質を持った若者でないと地方活性化はできないと思います。そんな資質を持つ若者を育成することこそが地方国立大学の最大の課題です。

**――そのための必須条件は**

まず、地方国立大学の教員自身が変わる（進化する）ことが必要です。同時に、海外からの留学生を増やすことが欠かせません。「10年以内に、学生の30％を海外留学生にする」など、大胆で具体的な数値目標を掲げて実行しなければいけません。（私の経験から）海外留学生が30％を占めるようになれば結果はついてきます。

# 番外編
# 地方国立大学はこのままでいいのか

## 岡目八目：辛口リモート座談会

2014年に当時の安倍政権は地方創生策を華々しく打ち出しましたが、結局、うまくいっていません。とどのつまりは文部科学大臣に指示して、地方国立大学に地方創生の一端を担わせようともしてきました。21年秋の自民党総裁選挙において、候補者からはコロナ対策や軍事力強化の政策が声高に出されましたが、地方創生についてはどの候補者もほとんど触れませんでした。このままいくと「地方創生」は地方国立大学が「最後の砦」なのかもしれません。そんな危機感を共有する70代の地方在住の4人の一言居士が、リモートで岡目八目の地方国立大への期待と懸念を話し合いました。

参加者は、**司会**（著者・東京都在住）、**A**（山形県在住）、**B**（山梨県在住）、**C**（鹿児島県在住）、**D**（広島県在住）。

### やっぱり、学長しだい！

**司会**　最初にひと言ずつ。

**Dさん**　国立大学の学長にはサラリーマン気質から脱皮してもらいたいです。国立大学は独立法人化されているのですから時代にマッチした〝起業家精神に富んだ人材〟を学長に選ぶべきです。同時に唯々諾々の教職員の意識改革も進めて欲しいです。そうしないと企業と同じく地方国立大学は衰退します。

**Bさん**　東大・京大など旧帝大系に比べて、地方国立大は文部科学省の子会社の色が濃いので、地方の現場が見えない東京の文科省の意に沿ってばかりいると実質効果のない「地域貢献」になりかねません。それにしても、サラリーマン的でなく、現場を知る気骨のある学長はいるんでしょうか？

**Cさん**　今の学長選出方法だと投票権者が多い医学部出身者が学長になる確率が高いです。歴史観があって、見識があり、多くの学部を束ねる統率力と実行力のある人を、人物本位で選ぶよう、学部エゴに拘束されない教職員の認識も変えないといけません。

**司会**　私の取材経験でも〝名医必ずしも名学長ならず〟と感じる学長が何人かいました！

**Dさん**　学長がいまリーダーシップを発揮すべき課題の一つが、「広報力強化」です。広報力は情報発信と情報受信の両方を足したものです。そして（文科省ではなく）まずは地域住民の信頼度を高めるために「大学の見える化」に挑戦し行動する学長でないと地盤沈下は必至です。

**Cさん**　もうひとつ学長に陣頭指揮をとって欲しいことは、全教職員が外部の情報に敏感で、かつそれを生かすことに真剣であるような風土に改革することです。

**Dさん**　国立大学というところはもともと閉鎖的な（国立大学）村社会を形成していることに当事者たちが気付いていないのかもしれません。だから普通の市民から見れば敷居が高くなります。

**Bさん**　話は変わりますが、最近国立大学の学長選挙があちこちの大学でもめているようですがなぜですか。

**司会**　東大や京大の話ですね。これは大学の自治、学問の自由、に繋がる深刻な問題です。私も詳しいことは分かりませんが、メディアの報道で東大の五神前総長が政府や産業界に異常なくらい接近しているなぁという印象は持っていました。興味のある人は『私物化される国公立大学』（岩波ブックレット／2021・9）を読んで下さい。地方国立大学では大分大学の事例が取り上げられています。

## 金太郎飴（大学）から脱皮せよ！

**Dさん**　地方国立大の最悪のケースは、横並びで、どんぐりの背くらべに終始し、独自の強みを発揮しないことです。そうならないためには明確な目標を掲げて、その実現に向かって努力する必要があります。

**司会**　地域貢献型の地方国立大学の場合、どんな目標が考えられますか。

**Dさん**　まず、行動すべきは、学内で全国区や世界に通用する研究テーマや研究者を探し出し、集中的にPRすることです。一般向けの公開講座でも、全国から受講したいという市民が押し寄せるような、その大学なりの独自のカリキュラムで全国にアピールすべきです。

**司会**　同感です。大阪市立大学の学生向けの「文楽集中講義」は学生以外に一般枠を設けていましたが、交通費も宿泊費も自己負担なのに東京、広島、福岡など、全国から受講希望者が殺到していました。講師が桐竹勘十郎さん（のちに人間国宝）など超一流ということもありましたが……。（前著『地域と大学』第4章参照）

**Bさん**　たしかに地方国立大学には、全国に世界に、アピールできる研究や教育をやっているのに、それに気付いているのか、気付いていないのか分かりませんが……積極的なPRをやっていない大学がほとんどではないですか。

**Dさん**　世界との競争を避け、地方に埋没する居心地の良さに安住しているからだと思います。特定の教員をアピールすると他の教員のやっかみを招くことを恐れているのかもしれません。

**司会**　平成時代（30年間）の日本の停滞と閉塞感は、地方に安住してきた地方国立大学にも責任の一端があると感じます。

**Bさん**　そこまで責任を問うのは酷だと思いますが、地方国立大学が生き残ろうと思うなら目先の弥縫策を止めて、地域活性化にもっと真剣に、大胆に、取り組むべきです。平成時代の「失われた30年」と言われた現象の主な原因は地方の多様性（地域性）を無視して、中央政府が全国を「金太郎飴」にしてしまったことが最大の原因です。地方国立大学も文科省に金太郎飴にされていることに気付くべきです。

**Cさん**　同感です。私の地域で感じる停滞感と閉塞感の原因には「県民性の変貌」もあります。戦前までの私の地域の県民性は「進取の気風に溢れている」と言われていましたが、その気風が戦後75年間で変質しました。それは「官（行政）依存」に毒されてしまったからです。おそらく、全国の地方の自治体や産業界は、自主独立心を失い、諦めというか「心の過疎化」が進んでいる気がします。

**司会**　「心の過疎化」ですか、鋭い指摘ですね。「霞が関依存症候群」ですね。いまや日本のすべての地方に定着しているのではないですか。国民もそれに気付いていないのが日本の致命傷になりかねませんね。

**Dさん**　その「心の過疎化」を治癒できるのは、もう地元の国立大学しかありません。地方国立大学には文系から理系まで幅広い「知の蓄積」があるのですから、地方のパワー不足の根っこにある「心の過疎化」を治癒する《地域の主治医》になってもらいたいです。

## 守旧派教職員はいらない

**司会**　最近、地方国立大学の地域貢献プロジェクトは「器作れど、教師踊らず」とか、「学長が笛吹けど、教職員舞わず」という厳しい声も聞きます。

**Aさん**　大学の教員は自分の研究のためか、外部資金獲得のための研究が中心になりがちですから、真剣に地域活性化や地域振興を意識して研究活動に取り組んでいる教員は少ないのではないですか。

**Cさん**　地方国立大学の教職員にも同情すべき点はあります。予算のカットや短期（期限付き）雇用で身動きがとれず、地域貢献までには手が回らないという話も漏れ聞こえてきます。

**司会**　確かにそうかもしれません。地方国立大学はここ10年以上、毎年運営費交付金を削減されてきましたから、定年退職教職員の補充を見送ったり、削減した人件費を不足財源に充当するなど「禁じ手」に踏み込む大学も増えていますからね。

**Cさん**　大学の今の地域貢献活動は、県庁や地元の各種団体とのすり合わせが不十分なので、地域の将来像にマッチした重要度の高いテーマに絞り込まれているか疑問です。「ふるさと納税制度」などを利用した地方国立大学への支援金を増やせば、連携の密度も大学と地域の信頼度も高まるのではないですか。

**司会**　ふるさと納税による支援ですか？　それは良いアイディアですが、現在の法制度で、可能なのか調べないといけませんね。

**Dさん**　地方国立大学の中堅の教員からは、地域貢献活動を正しく評価してくれる制度ができてない、交通費が自己負担になったりなどのボヤキも聞きます。地域連携は文系の教員が絡むことも多く、支援活動が数字に表しにくい部分も多いですからね。地元の自治体や企業がどれだけ金銭面の負担をしてくれるか、同時に大学内部でしっかり評価・支援する制度をつくる、この2つは欠かせません。そうでないと大学教員の地域貢献活動は空回りします。

**Aさん**　先ほどDさんが言われた「大学の見える化」が

郵便はがき

料金受取人払郵便

鹿児島東局
承認
229

差出有効期間
2026年7月
31日まで

有効期限が
切れましたら
切手を貼って
お出し下さい

892-8790

168

鹿児島市下田町二九二―一

図書出版
南方新社 行

| ふりがな<br>氏名 | | 年齢　　歳 |
|---|---|---|
| 住所 | 郵便番号　　－ | |
| Eメール | | |
| 職業又は学校名 | | 電話（自宅・職場）<br>（　　） |
| 購入書店名（所在地） | | 購入日　　月　　日 |

**書名**　(　　　　　　　　　　　　　　　　　　)愛読者カード

本書についてのご感想をおきかせください。また、今後の企画についてのご意見もおきかせください。

本書購入の動機（○で囲んでください）

A　新聞・雑誌で　（　紙・誌名　　　　　　　　　　）

B　書店で　C　人にすすめられて　D　ダイレクトメールで

E　その他　（　　　　　　　　　　　　　　　　　　）

購読されている新聞，雑誌名

新聞　（　　　　　　　　）　雑誌　（　　　　　　　　）

直接購読申込欄

本状でご注文くださいますと、郵便振替用紙と注文書籍をお送りします。内容確認の後、代金を振り込んでください。（送料は無料）

| | | |
|---|---|---|
| 書名 | | 冊 |
| 書名 | | 冊 |
| 書名 | | 冊 |
| 書名 | | 冊 |

もっと進めば、県民の方も財源不足に陥っている地元国立大学の窮状を理解できて、寄付金も増えるのではないですか。地方国立大学はＨＰやＰＲ誌などで大学への寄付を呼びかけていますが、どのプロジェクトに、こんな成果が期待されるので、支援して欲しいというような説得力のある呼びかけになっていないのが問題です。

## 「地域貢献」にこそ地域色を出せ！

**司会**　先日取材に行って初めて知ったのですが、愛媛大学の四国遍路の研究プロジェクトなんかは、もっとも地域色が出ている研究・地域啓発活動だと感じました。（四国内だけでない）多くの大学の研究者が関与していますし、四国４県の観光業など四国遍路関係の多くの自治体・団体が一体となって活動していますからね。

**Ａさん**　確かに大学の「研究・教育機能」と行政の「政策立案推進機能」と民間の「事業推進機能」がうまく連動できれば、地域全体に相乗効果が徐々に発現してくるはずです。その連動の形がうまくできていないのが現状ではないでしょうか。ここは地方国立大学が積極的にリーダーシップを取ることに期待したいです。

**Ｂさん**　前から思っているのですが、地方国立大学は江戸時代の「独立不羈の藩校精神と寺子屋の役割」を取り戻すべきではないですか。藩校は藩（地域）のエリート教育、寺子屋は庶民教育を担っていて、地域のリーダーを育て、地域を支える（農書や暦書を理解できる）農民や（読み書き算盤のできる）商人を育てたわけですからね。

**司会**　それは学生だけでなく、一般県民も対象にすべき、ということですか？

**Ｂさん**　もちろんです。生涯学習とはそういうことでしょう。

**Ｃさん**　そもそも論になりますが、このところの国の大学政策の基本的な間違いは「国立大学は、実業界ですぐ役立つ人材を育てろ！」と言い続けていることです。そのアンチテーゼこそ、「地域独自のリベラルアーツ教育強化」ではないでしょうか。昔の「藩校」はそういう教育をしていたわけですからね。

**司会**　ところでＢさん、あなたは日ごろから地方から中央政府を見るとその非効率さがよく見えると言っていますよね。

**Bさん**　地方の人口減少や高齢化は本当に深刻です。「地域活性化」をどう進めるかは地域ごとに事情が違いますから、地域が自ら政策の優先度を決めるべきです。しかし中央政府は相変わらず各省庁の縦割りで、既得権益を主張する勢力に引きずられています。全国、津々浦々にまで各省庁ごとに直接間接に天下り網を張り巡らせて、各省ごとの政策を推進しているわけです。いい面も当然あるわけですが、最近は国全体の非効率の元凶になっています。

**Cさん**　私の地元でもこの10年の国の地方創生策は「ふるさと納税制度」（実質は都市から地方への財源移譲）と「地域おこし協力隊」の活動が目につくくらいで、実際の効果はほぼゼロです（第1章参照）。戦後70年の歴史を振り返れば、都市圏から遠い地方の現在までの流れと今の立ち位置がよくわかります。戦後すぐの高度成長期は中学生や高校卒業生が労働力として大都市圏に出て行った時代、次の波は製造業を中心に地方に工場がたくさん進出していた時代、その工場が徐々に海外に移転するのと並行して、全国の田舎へ新幹線や高速道路が建設され、地元の土建屋と飲み屋と旅館が潤った時代がありました。そしていま、新幹線や高速道路がストロー現象で地方の人口減少と都市への人口集中を加速させ、そして思いもしなかった新型コロナパンデミックでインバウンド観光客はゼロ。田舎の旅館やホテル、居酒屋やラーメン屋が軒並み青息吐息、それが２０２１年秋の日本だと思います。

## 県域を越えた国立大学連携強化を！

**Bさん**　私が住んでいる東北地方でも北部の青森県・秋田県・岩手県などはCさんが今言われた九州南部地域と同じ歴史をたどってきました。

**司会**　それで「北東北国立3大学ネットワーク（弘前大学・秋田大学・岩手大学）」（第8章COLUMN ③参照）が結成された、という見方もできますね。

**Cさん**　私の地域で考えると宮崎県（宮崎大）・鹿児島県（鹿児島大）・沖縄県（琉球大）に加えて高知県（高知大）も入れた4つの国立大学が「黒潮文化圏国立4大学ネットワーク」を立ち上げて、「黒潮文化総合推進プロジェクト」を文理融合型総合プロジェクトとして推進すれば、地域活性化の強力な推進力になると思います。

**司会**　先日、愛媛大学取材のために調べて感じたのですが、四国でも「国立四国5大学ネットワーク」を早急に立ち上げて、優先度の高い共通プロジェクトを決めて四国全体が官民合同で推進するリーダーシップを大学が取れないものかと強く感じました。なにせ四国4県の人口は合計367万人、ほぼ横浜市の人口と同じですし、四国4県の人口減少は深刻ですからね。

**Cさん**　「県域を越えた地方国立大学の連携強化」という構想は、この本で主張している県ごとの「地方国立大学と県庁（知事）と県紙のトライアングル（三位一体）」が地域再生を連携して進めれば、「停滞日本」を地方や地域が競い合って変えていく強力なパワーになるのではないでしょうか。

**Dさん**　地方国立大学の経営陣や教職員は、本音では合併・統合を嫌っていると思います。しかし、地方の人口減少（特に18歳受験人口）と地域住民の高齢化は日に日に進行しており地方の停滞は深刻です。そんな状況下で地方国立大学だけが現状維持を許されるはずありません。県域を越えた、あるいは国境をも越えた大学連携を四の五の言わずに、学長のリーダーシップで一日も早く取り組むべきです。

**Bさん**　コロナパンデミックで国民の目が地方を向いているこのタイミングを利用して、地方国立大学の存在意義を高めることと経営合理化とを同時に進めるべきです。

**Cさん**　同感です。地方の活性化を進めるうえで、地方の国立大の果たす役割にこれまでになく期待が高まっていると思います。

**Bさん**　先ほど言われた（地域活性化のための）「国立大学・県庁・地元紙」のトライアングルの取り組みですが、そこに地元の金融機関を加えるべきではないですか。金融機関の情報力、融資・投資力、それに（地方の産業を担う圧倒的に多い中小企業の）経営者の目利き力が欠かせませんからね。また地域金融機関にとっても地元地域の活性化こそが自らの生き残り戦略でもあるはずです。

《地方国立大学への緊急提言》

## 生涯学習講座「ウクライナ学」を開講しよう！

2022年2月24日、ロシア軍がウクライナに軍事侵攻して、3カ月が経った。この戦争による日本への避難民は1000人を超えた。（5月20日現在）地方国立大学は非難声明を出すだけでなく具体的な行動が必要だ。そのひとつが生涯学習講座「ウクライナ学」の開講である。

この「ウクライナ学」の第一の目的は、ウクライナの過去・現在を学ぶことによって「県民＝含む学生」のグローバル感覚を磨くことである。

第二の目的は、日本中が（政府も自治体も企業も国民も）ウクライナからの避難民に同情しているが、この避難民が日本に住み続けるために、私たちの地域はどうすべきなのか、を考えることである。世界から非難されてきた日本の難民政策を考えることや技能実習生制度のあり方を考えるきっかけにすべきだ。

第三の目的は「平和立国」日本が、世界平和を実現させるためにどうすればいいのかを、この理不尽な侵略戦争を通じて、日本人一人ひとりが自分の頭で考えることである。

江戸時代の日本人は世界一文字の読み書きができる民度の高い国民だった。しかし現代の日本人は「グローバル感覚」が世界一貧弱な国民なのかもしれない。ウクライナの国民が置かれた窮状をこの「ウクライナ学」を通じて、わがこととして考えることは日本人が中央政府に盲従するリスクから抜け出す絶好の機会にもなる。何を学ぶのか、だれが教えるのか、費用はだれが負担するのか、地方国立大学があって良かったと県民に思ってもらえる絶好のチャンスだ。次に一例を挙げる。

〇ウクライナの歴史を学ぶ（歴代のウクライナ大使（角茂樹氏、黒川裕次氏など）に手弁当で来てもらうなど）

〇ウクライナの芸術・文化を学ぶ（国民的詩人シェフチェンコ、作家ゴーゴリ、ウクライナバロックの彫刻家ヨハン・ピンゼルなど）

〇ウクライナの地理学・地政学を学ぶ（黒海とは、ウクライナの産業は、チェルノブイリ原発事故……など）

講師は自大学教師（の得意分野）＋外部人材（リモート）で補う。すべては学長の決断次第だ！（2022年5月20日執筆）

# あとがき

この本の執筆に取り掛かったのは２０１８年の春だった。当時は、ふるさとの鹿児島でひとり暮らしをしていた96歳の母を見舞うために東京と鹿児島を行き来していた。羽田空港へのモノレールから眺める東京の景色と鹿児島空港と鹿児島市内を結ぶリムジンバスから見る景色の大きなギャップをいつも感じていた。

そんな矢先の２０１８年秋、月刊『文藝春秋』で特集された「安倍総理に直言する」に投稿された鹿児島の県紙、南日本新聞の藤田一知論説委員長の「いっそ幕藩体制に」を読んだことが、この『新・地域と大学』を「地方国立大学」に焦点を当てるきっかけになった。藤田さんの投稿は現在の中央政府と地方のギャップを鋭く指摘していた。２６０年続いた徳川幕藩体制では、首都江戸と地方の諸藩は「参勤交代」という巧みな仕組みがあった。その「参勤交代」は今も続いている。しかし地方政治家や地方官僚の東京詣では飛行機か新幹線で一直線に、ひとっ飛びだ。だから通過する沿道・沿線の町に情報もお金の欠片も落ちない。現代のニッポンは、権限も、お金も、情報も東京に集中している。だから地方（田舎）の画一化は行きつくところまで行き、金太郎飴ニッポンが出来上がっている。この中央集権体制は、戦後高度成長期には有効だったが、すでに昭和時代に役割は終わっていた。だからその後の平成時代は逆に日本停滞の元凶になり、停滞と閉塞感の30年を生み出してしまった。

先進国の中で唯一日本だけが、経済成長率も労働者の賃金もほぼ横ばい、だから子供は生まれず高齢化は進む一方になった。財源と権限を中央政府に握られた地方政府は、自主自立の精神を喪失してしまった。地方（地域）をどう創生（活性化）するか、地方の多様性（個性）をどう引き出すか、東京詣でを繰り返すうちに、地方政府は中央政府にモノ申す気力も、地域を立て直す知力も、県民を束ねる力も衰えているようにも見える。

そのことが、現代の幕藩体制では地方国立大学が主役ではないか、また主役になってもらわないと地方の個性は磨けない、地方の潜在力を引き出せないと考えるようになった理由だ。そんな問題意識からこの3年間、地方国立大学の学長や教員の方々に「地域の農業や観光の方向性」「地域の歴史や文化の価値の再発見」「地域全体の教育や研究のあり方」などについて、お話を伺う日々が続いた。そうしているうちに、いつのまにか3年余の月日が経ってしまった。ご協力いただいた先生方には感謝の気持ちしかない。

２０２１年秋、岸田文雄新総理は20年続いた新自由主義（資本主義）に代わる「新しい資本主義」への転換を宣言した。なかなか具体像が見えないが、お金が全ての資本主義から人間が主役の資本主義への転換に違いない。だから「新自由主義経済」に代わる「人間のための経済」を提唱した日本人経済学者宇沢弘文の「社会的共通資本」の考え方が、一躍、脚光を浴びている。その「社会的共通資本」（コモンズ）の思想を教えていただいたのは拓殖大学政経学部の関良基教授だった。また中央大学経済学部大学院山崎朗教授には地方創生の基本的な考え方をいろいろ教えていただいた。中でも「《地域》という切り口で考える地方創生」「地方こそ、東京飛ばしのグローバル戦略が必須」が特に印象に残っている。

岩手大学前学長の岩渕明先生には〝地方国立大学の存在意義〟について、本音で語っていただいた。第7章は、全国の地方国立大学関係者には大いに参考になるのではないかと思う。さらに岩渕先生には本書の構成や内容について、貴重なご指摘と助言もいただいた。厚く感謝申し上げます。

最近、ユーチューブで、日本に住んでいるウクライナ人、ロシア人、イタリア人、フランス人などの（なぜか若い女性ばかりだが）「日本に来て、住んで驚いた話」を聞いて半ば悦に入っている。彼女たちが異口同音に日本を褒めているのは、「治安の良さ、夜の安全」「日本人の親切さと礼儀正しさ」「コンビニと自動販売機の便利さ」「日本食の多彩さ・おいしさ」「ゴミ一つ落ちていない街の清潔さ（特にトイレ）」である。言われてみれば日本人にとっては当たり前の事ばかりである。

（外敵が侵入しにくい）完全な島国国家で（言葉が同じ）単一民族が基盤にあるのだろう。その基盤の上に、稲作文化から来る「助け合いの精神」、災害の多さからくる「自然との共生の精神」がいつの間にか身についているのが現代の日本人だ。その半面で、集団主義、横並び体質、男尊女卑、村社会という日本人独特の排他的な生き方も根強い。それはグローバル社会の常識である「多様性」が欠如するという負の要素にもつながっている。単一民族、単一言語、多神教的な宗教観という日本の強みの裏面の弱点である。異民族と混在して暮らすことを忌避する本能、そして世界標準では考えられないくらいの男社会、多様な意見を尊重しない組織運営などである。徐々に改善されていることは確かだが、時間をかけている余裕はない。

本書が地方創生をテーマとし、その主役を地方国立大学としている立場から考えると、地方国立大学にこそ令和日本の「多様化ニッポンのけん引者」になってもらいたいと強く思う。この本はその意味で、地方国立大学に対するエールであり叱咤激励の本でもある。

この本の企画からおよそ3年有余、「地方創生は地方国立大学が主役」と確信してから追加取材や追加項目を入れたりで脱稿が予定よりも1年以上遅れてしまった。逆に遅れたことで、コロナ禍の行く末を視野に入れることができたのは怪我の功名だった。また、令和4年2月24日、世界を驚かせたロシアのウクライナ侵攻が勃発した。そんな経緯から、本書には1年以上前に完成していた原稿も混在しているが、ご本人の了解を得て出版の時点でも内容に違和感がないように加筆修正したものもある。一部取材日時を明記しているのはそのためだ。ご迷惑を掛けたこととご協力いただいたことにお詫びと感謝を申し上げたい。

最後に原稿の遅れを辛抱強く待っていただいた南方新社の向原祥隆社長、前著『地域と大学』に引き続き編集を担当していただいた南方新社の大内喜来さん、また多くのコラムの転載を許諾していただいたBERC（経営倫理実践研究センター）の中村暢彦専務理事に厚くお礼申し上げます。

令和4年6月（平和の尊さを感じる日々）

著者

（第二十八回「児童・生徒の平和メッセージ」詩部門　中学校の部　最優秀賞）
（平成三十年沖縄全戦没者追悼式「平和の詩」朗読作品）

# 生きる

浦添市立港川中学校三年　　相良　倫子

私は、生きている。
マントルの熱を伝える大地を踏みしめ、
心地よい湿気を孕んだ風を全身に受け、
草の匂いを鼻孔に感じ、
遠くから聞こえてくる潮騒に耳を傾けて。

私は今、生きている。

私の生きるこの島は、
何と美しい島だろう。
青く輝く海、
岩に打ち寄せしぶきを上げて光る波、

私の中に広がりゆく。

たまらなく込み上げるこの気持ちを
どう表現しよう。
大切な今よ
かけがえのない今よ

私の生きる、この今よ。

七十三年前、
私の愛する島が、死の島と化したあの日。
小鳥のさえずりは、恐怖の悲鳴と変わった。

山羊の嘶き、
小川のせせらぎ、
畑に続く小道、
萌え出づる山の緑、
優しい三線の響き、
照りつける太陽の光。

私はなんと美しい島に、
生まれ育ったのだろう。

ありったけの私の感覚器で、感受性で、
島を感じる。心がじわりと熱くなる。

私はこの瞬間を、生きている。

この瞬間の素晴らしさが
この瞬間の愛おしさが
今と言う安らぎとなり

優しく響く三線は、爆撃の轟に消えた。
青く広がる大空は、鉄の雨に見えなくなった。
草の匂いは死臭で濁り、
光り輝いていた海の水面は、
戦艦で埋め尽くされた。
火炎放射器から吹き出す炎、幼子の泣き声、
燃えつくされた民家、火薬の匂い。
着弾に揺れる大地。血に染まった海。
魑魅魍魎の如く、姿を変えた人々。
阿鼻叫喚の壮絶な戦の記憶。

みんな、生きていたのだ。
私と何も変わらない、
懸命に生きる命だったのだ。
彼らの人生を、それぞれの未来を。
疑うことなく、思い描いていたんだ。
家族がいて、仲間がいて、恋人がいた。

仕事があった。生きがいがあった。
日々の小さな幸せを喜んだ。手をとり合って生きてきた、私と同じ、人間だった。
それなのに。
壊されて、奪われた。
生きた時代が違う。ただ、それだけで。
無辜の命を。あたり前に生きていた、あの日々を。

摩文仁の丘。眼下に広がる穏やかな海。
悲しくて、忘れることのできない、この島の全て。
私は手を強く握り、誓う。
奪われた命に想いを馳せて、
心から、誓う。

私が生きている限り、
こんなにもたくさんの命を犠牲にした戦争を、絶対に許さないことを。

だから、きっとわかるはずなんだ。
戦争の無意味さを。本当の平和を。
頭じゃなくて、その心で。
戦力という愚かな力を持つことで、
得られる平和など、本当は無いことを。
平和とは、あたり前に生きること。
その命を精一杯輝かせて生きることだということを。

私は、今を生きている。
みんなと一緒に。
そして、これからも生きていく。
一日一日を大切に。
平和を想って。平和を祈って。
なぜなら、未来は、
この瞬間の延長線上にあるからだ。
つまり、未来は、今なんだ。

全ての人間が、国境を越え、人種を越え、
宗教を越え、あらゆる利害を越えて、平和
である世界を目指すこと。
生きる事、命を大切にできることを、
誰からも侵されない世界を創ること。
平和を創造する努力を、厭わないことを。

あなたも、感じるだろう。
この島の美しさを。
あなたも、知っているだろう。
この島の悲しみを。
そして、あなたも、
私と同じこの瞬間《とき》を
一緒に生きているのだ。

今を一緒に、生きているのだ。

誇り高き、みんなの島。
そして、この島に生きる、すべての命。
私と共に今を生きる、私の友。私の家族。

これからも、共に生きてゆこう。
この青に囲まれた美しい故郷から。
真の平和を発進しよう。
一人一人が立ち上がって、
みんなで未来を歩んでいこう。

摩文仁の丘の風に吹かれ、
私の命が鳴っている。
過去と現在、未来の共鳴。
鎮魂歌よ届け。悲しみの過去に。
命よ響け。生きゆく未来に。
私は今を、生きていく。

（沖縄県平和祈念資料館提供）

■著者プロフィール


**萩原　誠**（はぎわら・まこと）

1945年鹿児島県生まれ。1967年京都大学法学部卒。帝人株式会社（マーケティング部長、広報部長）に勤務後、東北経済産業局東北ものづくりコリドークラスターマネージャー、日本原子力学会倫理委員、鹿屋体育大学広報戦略アドバイザー、静岡県東京事務所広報アドバイザーなどを歴任。元南日本新聞客員論説委員。
著書に「広報力が会社を救う」（毎日新聞社）、「会社を救う広報とは何か」（彩流社）、「地域と大学」（南方新社）がある。


**新《しん》・地域《ちいき》と大学《だいがく》**
地方国立大学《ちほうこくりつだいがく》は「個性《こせい》ある地域《ちいき》」を創《つく》れるか？


二〇二二年十一月二十日　第一刷発行

著　者　萩原　誠
発行者　向原祥隆
発行所　株式会社　南方新社
〒八九二―〇八七三
鹿児島市下田町二九二―一
電話　〇九九―二四八―五四五五
振替口座　〇二〇七〇―三―二七九二九
URL　http://www.nanpou.com/
e-mail　info@nanpou.com

印刷・製本　株式会社　朝日印刷
定価はカバーに表示しています
乱丁・落丁はお取り替えします
ISBN978-4-86124-470-4 C0036

## 地域と大学

地方創生・地域再生の時代を迎えて

◎萩原　誠
定価（本体2500円＋税）
Ａ５判並製、255ページ

**注目すべき取り組み事例や
学長対談など、
全15テーマで構成**

大学が生き残りをかけて、地方創生・地域再生に取り組む時が来た。本書は、地域と大学の連携やプロジェクトなど、全国各地の実例を取り上げ、その関係者への取材を中心に、学ぶべきそのノウハウを詳細に提示する。

---

## 地産地消大学

◎湯崎真梨子
定価（本体1500円＋税）

「地域」の終末論までが喧伝される今、地方大学はいかに「地域」と対峙していくのか。今、近現代の単一の価値を脱して、新たな道を探す試みが始まっている。著者は村に入り、その最前線を歩く。

---

## 幸せに暮らす集落

◎ジェフリー･S･アイリッシュ
定価（本体1800円＋税）

薩摩半島の山奥にある土喰集落。平均年齢80歳近くのこの地で、アメリカ人の著者は暮らし、人生の先輩たちから学ぶなかで、幸せになるヒントを掴んだ。この典型的な「限界集落」は「限界」どころか「幸せ」にあふれている！

---

## 学生や市民のための生物多様性読本

◎上赤博文
定価（本体2400円＋税）

環境保全上の最も重要なキーワード「生物多様性」関連の書籍は多数刊行されているが、全体を概観したものは見られない。あらゆる分野を網羅した本書は、大学生のテキスト、市民活動のバイブルとして最適の一冊である。

---

## 地域と出版

◎向原祥隆編著
定価（本体2000円＋税）

近代の絶頂期を過ぎ、都市への幻想は崩れつつあると見てよい。破壊されてきた地域は、これから新しい時代を迎える。鹿児島・奄美を拠点に活動してきた南方新社の10年を振り返り、地域における出版の可能性を探る。

---

注文は、お近くの書店か直接南方新社まで（送料無料）。
書店にご注文の際は「地方小出版流通センター扱い」とご指定ください。